*Por que odiamos*

# FUNDAÇÃO EDITORA DA UNESP

*Presidente do Conselho Curador*
Mário Sérgio Vasconcelos

*Diretor-Presidente / Publisher*
Jézio Hernani Bomfim Gutierre

*Superintendente Administrativo e Financeiro*
William de Souza Agostinho

*Conselho Editorial Acadêmico*
Júlio Cesar Torres
Luís Antônio Francisco de Souza
Marcelo dos Santos Pereira
Maurício Funcia de Bonis
Patricia Porchat Pereira da Silva Knudsen
Ricardo D'Elia Matheus
Sílvia Maria Azevedo
Tatiana Noronha de Souza
Trajano Sardenberg

*Editores-Adjuntos*
Anderson Nobara
Leandro Rodrigues

MICHAEL RUSE

# *Por que odiamos*
## *Entendendo as raízes dos conflitos humanos*

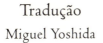

Tradução
Miguel Yoshida

Título original: *Why We Hate: Understanding the Roots of Human Conflict*

© 2022 Oxford University Press

© 2025 Editora Unesp

*Why We Hate: Understanding the Roots of Human Conflict* is originally published in English in 2022. This translation is published by arrangement with Oxford University Press. Editora Unesp is solely responsible for this translation from the original work and Oxford University Press shall have not liability for any errors, omissions or inaccuracies or ambiguities in such translation or for any losses caused by reliance thereon.

*Por que odiamos: entendendo as raízes dos conflitos humanos* foi originalmente publicado em inglês em 2022. Esta tradução é publicada por acordo com a Oxford University Press. A Editora Unesp é o único responsável por esta tradução da obra original e a Oxford University Press não terá nenhuma responsabilidade por quaisquer erros, omissões, imprecisões ou ambiguidades em tal tradução ou por quaisquer perdas causadas pela confiança nisso.

Direitos de publicação reservados à:
Fundação Editora da Unesp (FEU)
Praça da Sé, 108
01001-900 – São Paulo – SP
Tel.: (0xx11) 3242-7171
Fax: (0xx11) 3242-7172
www.editoraunesp.com.br
www.livrariaunesp.com.br
atendimento.editora@unesp.br

Dados Internacionais de Catalogação na Publicação (CIP) de acordo com ISBD
Elaborado por Vagner Rodolfo da Silva – CRB-8/9410

---

R951p

Ruse, Michael
    Por que odiamos: entendendo as raízes dos conflitos humanos / Michael Ruse; traduzido por Miguel Yoshida. – São Paulo: Editora Unesp, 2025.

    Tradução de: *Why We Hate: Understanding the Roots of Human Conflict*
    Inclui bibliografia.
    ISBN: 978-65-5711-253-3

    1. Filosofia. 2. Psicologia. 3. Biologia. 4. Antropologia. 5. Sociobiologia. 6. Arqueologia. 7. Sociologia. I. Yoshida, Miguel. II. Título.

2024-4075                                                      CDD 100
                                                                       CDU 1

---

Editora afiliada:

*À memória dos membros da reunião mensal da
Sociedade Religiosa dos Amigos (quakers) de Warwickshire,
os quais, nos anos após a Segunda Guerra Mundial, deram
tanto às crianças no grupo e cuja influência amorosa
orientou e enriqueceu toda a minha vida.*

# Sumário

Figuras . *9*

Prefácio . *11*

Agradecimentos . *15*

**Por que odiamos**

**Introdução** . *19*

1   A biologia da guerra . *43*

2   A biologia do preconceito . *85*

3   A cultura da guerra . *147*

4   A cultura do preconceito . *193*

5   Avançando . *245*

Epílogo . *303*

Referências . *305*

# Figuras

I.1 – A história da vida na Terra . *20*

I.2 – A árvore da vida, de Ernst Haeckel, *Generelle Morphologie der Organismen* (1866) . *26*

I.3 – Estrutura do argumento da *Origem* . *27*

1.1 – A tapeçaria de Bayeux . *44*

1.2 – Cartaz estadunidense de recrutamento para a Primeira Guerra Mundial . *52*

1.3 – A densidade populacional de humanos nos últimos 200 mil anos . *59*

1.4 – Pintura rupestre de um suposto humano assassino . *72*

2.1 – A história dos caçadores-coletores europeus . *96*

2.2 – A difusão da cerâmica campaniforme para as ilhas britânicas . *97*

2.3 – Lápides da Primeira Guerra Mundial . *105*

2.4 – Neandertal . *110*

2.5 – Ancestralidade neandertal nos humanos hoje em dia . *112*

2.6 – Ancestralidade denisovana nos humanos hoje em dia . *113*

2.7 – O famoso ator shakespeariano Brian Bedford em cena como Lady Bracknell . *115*

2.8 – Atividade homossexual grega . *117*

2.9 – Duração das comunas seculares em comparação com comunas religiosas . *124*

2.10 – Franklin Roosevelt em cadeira de rodas . *127*

2.11 – *In Bedlam* (William Hogarth, da série A Rake's Progress) . *131*

2.12 – Desenho de judeus como vermes, do *Der Stürme* . *138*

2.13 – Cartaz de *O judeu Süss* . *139*

4.1 – Mudanças entre 1985-2016, entre aqueles com diploma universitário e aqueles sem . *205*

4.2 – Cartaz para venda de escravos . *212*

4.3 – Vitral memorial a Oscar Wilde na Abadia de Westminster . *217*

4.4 – Esqueleto de Ricardo III . *228*

4.5 – Hitler e crianças . *237*

5.1 – Brexit: com escolaridade *versus* sem escolaridade . *266*

5.2 – Brexit: ricos *versus* pobres . *266*

5.3 – Brexit: felizes com a vida *versus* infelizes com a vida . *267*

5.4 – Cartaz de recrutamento de 1918 direcionado aos afro--americanos . *278*

5.5 – Colégio de ensino médio Robert E. Lee . *280*

# *Prefácio*

Eu fui criado como um *quaker* nos anos após a Segunda Guerra Mundial. Os *quakers* não têm os aparatos comuns da religião – pastores, igrejas ("campanários" como as chamávamos antigamente), ou credos, dogmas e esse tipo de coisa. Contudo, concluir que *quakers* não têm fortes crenças é cometer um grande erro. Eles estão à mesma altura de São Paulo. Acima de tudo, para mim, ser um quaker significou ser parte de uma comunidade com meus semelhantes, seres humanos. Nós nunca fomos muito bons em leituras literais da Bíblia, mas levávamos o Sermão da Montanha bastante a sério. "Ouvistes que foi dito: 'Olho por olho e dente por dente'. Eu, porém, vos digo: não resistais ao mau, mas se alguém te golpeia na face direita oferece-lhe também a esquerda" (Mateus 5:38-39). E: "Ouvistes que foi dito: 'Amarás o teu próximo e odiarás o teu inimigo'. Porém, eu vos digo: amai os vossos inimigos, abençoai os que vos amaldiçoam, fazei bem aos que vos odeiam e orai por aqueles que vos maltratam e vos perseguem (Mateus 5:43-44).

Esse é o nosso papel na vida e a maneira pela qual servimos nosso Senhor. Amar outros seres humanos. Os quakers falam da "luz interior", a de Deus em toda pessoa, e que ressoa até hoje. A grande elegia do poeta metafísico John Donne, exposta na parede de quase todas as casas de encontro em que os quakers se reúnem para os cultos em silêncio, sempre me inspirou e de certa maneira me assombrou:

Nenhum homem é uma ilha,
Completo em si mesmo,
Cada homem é uma parte do continente,
Uma parte do todo.
Se um torrão de terra for levado até o mar,
A Europa diminui.
Como se fosse um promontório.
Como se fosse um solar de um amigo
Ou o teu próprio:
A morte de cada homem me diminui,
pois sou parte da humanidade,
E, por isso, nunca pergunte por quem os sinos dobram;
Eles dobram por ti.

(Meditação 17, *Devoções para ocasiões emergentes*, 1624)

Eis o paradoxo que nunca me abandonou, não mudou quando perdi a fé aos 20 anos de idade. Se somos tais seres sociais, como podemos ser tão odiosos um com o outro? Na minha infância, as memórias da Segunda Guerra Mundial pairavam sobre todos nós: Polônia, a queda da França, a blitz, Barbarossa, Pearl Harbor, Stalingrado e, no caminho para o fim, a Batalha do Bulge e o bombardeio de Dresden. Do outro lado do mundo, Hiroshima e Nagasaki. De todo modo, isso apenas confirmou o que todos já sabíamos. A Segunda Guerra

*Por que odiamos*

Mundial era a mais recente, mas a Primeira Guerra Mundial – a Grande Guerra – era a que permeava cada aspecto de nossa cultura. Minhas professoras no ensino fundamental eram mulheres solteiras que haviam perdido seus noivos e maridos nos campos de batalha de Flandres. Nos parques, homens solitários vagavam sem rumo – "atordoados", "traumatizados", como nos diziam em termos piedosos. Entrar na sala de visitas, usada apenas aos domingos e em ocasiões especiais, como funerais; ali havia uma foto do tio Bert com 18 anos de idade, orgulhoso com seu novo uniforme. Morto aos 20 em Passchendaele.[1] Depois fui ao Canadá, quando tinha 22 anos de idade, e logo descobri que foi a Grande Guerra que definiu aquele país – assim como outras partes do Commonwealth, notavelmente a Austrália e a Nova Zelândia. Os triunfos – quando os canadenses, na Páscoa de 1917, tomaram a colina de Vimy, que havia resistido a muitas outras ofensivas anteriores – e tragédias – quando em 1º de julho de 1916, o primeiro dia da Batalha do Somme, aproximadamente oitocentos membros do regimento Newfoundland avançaram nas trincheiras e na manhã seguinte, na conferência matinal, apenas 68 estavam presentes. Todos os dias, indo e vindo da universidade, eu passava pelo local de nascimento de John McCrae, autor do amplamente citado poema de guerra: "Nos campos de Flandres".

Some-se a isso a terrível maneira como nos comportamos uns com os outros em nossa vida cotidiana. Acima de tudo, nos anos após a guerra, conforme nos tornávamos cada vez mais conscientes dos horrores do Holocausto, vimos a qual

---

1 Combate da Primeira Guerra Mundial entre britânicos e aliados contra o império alemão em outubro de 1917, na Bélgica. (N. T.)

baixeza os humanos poderiam chegar. Isso era tão somente parte de uma história mais ampla de preconceito, e nenhum de nós pode olhar para a história sem culpa ou arrependimento. Ninguém que viva no sul dos EUA, como eu, pode evitar essas recordações diárias do terrível tratamento dos brancos com relação aos negros. Mais de dois séculos de escravidão seguidos por um século de Jim Crow.[2] Desprezo, depreciação, falta de respeito com relação a estrangeiros, a pessoas de classes distintas, a pessoas de outras etnias, àqueles de orientações sexuais minoritárias, aos adeptos de religiões diferentes, às pessoas com deficiência, aos judeus, e dos homens perante as mulheres. Não seria ingenuidade, beirando a crueldade, seguir falando sobre a natureza social — bondade inerente — dos seres humanos? Foi a nossa natureza conflitiva — tão social, tão odiosa — que me levou a escrever este livro. Eu descobri que, nas duas últimas décadas, houve descobertas e reinterpretações extremamente importantes da nossa compreensão da evolução humana. Descobertas e reinterpretações muito pertinentes para minha busca. Por fim, parece haver algumas respostas. Eu fico ao mesmo tempo impressionado e agradecido pelo que aprendi. É essa nova compreensão que quero compartilhar, menos preocupado em se você concorda ou não comigo e mais preocupado que você reconheça a importância do problema e a necessidade de continuar essa investigação. É uma obrigação moral posta a todos nós. Se você duvida de mim, pense na Ucrânia.

---

2 Um conjunto de leis de estados do Sul dos EUA que impunham a segregação racial na região em escolas, transportes coletivos e outros locais públicos. Essas leis estiveram em vigência entre 1877 e 1964. (N. T.)

# Agradecimentos

Ao trabalhar em um projeto como este, eu percebo minha sorte em estar inserido em uma comunidade de acadêmicos que compartilham comigo a convicção de que, de um modo importante, tratar das questões deste livro deve ser um esforço conjunto. Antes de tudo, quero agradecer aos antropólogos e arqueólogos cujo foco de trabalho é a guerra e suas origens. Sobretudo Douglas Fry, da Universidade da Carolina do Norte, em Greensboro, que tem sido tão solícito quanto inspirador. Outros, que responderam de maneira gentil e encorajadora às infinitas perguntas deste completo estranho, incluindo Brian Ferguson, da Universidade Rutgers; Jonathan Haas e Matthew Piscitelli, ambos do Museu Field, em Chicago; e Brian Hayden da Universidade Simon Fraser, em British Columbia. Mais próximo do meu campo de estudos, estou como sempre em débito com John Kelsay, meu colega aqui na Universidade Estadual da Florida e um especialista em teoria da guerra justa no Islã; e também a Robert J. Richards, da Universidade de Chicago, e a Joe Cain, da University College de Londres, ambos muito importantes para me ajudar a situar o pensamento evolutivo em

*Michael Ruse*

um contexto mais amplo. E sou especialmente grato aos meus alunos de pós-graduação que estiveram comigo em uma viagem aos campos de batalha no norte da França, onde, na Grande Guerra, muitos de todas as nações morreram porque seus líderes os abandonaram. Esses jovens, os que vivem hoje e os que morreram ontem, me convenceram de que eu precisava escrever este livro.

Entre os mais próximos, em âmbito profissional, Peter Ohlin, da Oxford University Press, tem sido tudo que alguém poderia desejar como um editor. Ele é meticuloso, encorajador e — algo importante quando se lida com alguém como eu — capaz de demonstrar quando saio da linha e preciso repensar o que estou dizendo e escrevendo. Em âmbito pessoal, como sempre minha esposa, Lizzie, tem me dado seu amor e compreensão — capaz de demonstrar quando saio da linha e preciso repensar o que estou dizendo e escrevendo! Meus amados cairn terriers, Scruffy McGruff e Duncan Donut, estão sempre prontos para me dizer que preciso dar uma pausa e sair para uma caminhada no parque. Neste livro, me concentro na evolução dos humanos. Somos uma parte muito pequena de toda a história.

# Por que odiamos

# Introdução

## Origens

A pré-história dos humanos começa com o Big Bang, por volta de 13,8 bilhões de anos atrás (Morison, 2014). Nosso sistema solar, aproximadamente na metade de sua vida estimada, tem cerca 4,5 bilhões de anos. O planeta Terra foi formado a partir de detritos que circundavam o Sol. A vida apareceu por volta de 3,8 bilhões de anos atrás, ou seja, assim que se tornou possível, depois dos oceanos esfriarem o suficiente para permitir sua existência e continuidade (Bada e Lazcana, 2009). Por mais ou menos metade do tempo subsequente, a vida era primitiva, organismos unicelulares – procariontes. Depois vieram os organismos multicelulares – eucariontes (ver Figura I.1).

Apesar de não ter surgido do nada, o grande evento – ao menos para nós seres humanos – foi a explosão cambriana, por volta de 550 milhões de anos atrás. Foi então que os principais grupos de seres vivos apareceram, incluindo os cordatos, um subgrupo no qual estavam os vertebrados, animais com coluna vertebral. As coisas estavam, então, avançando – peixes, anfí-

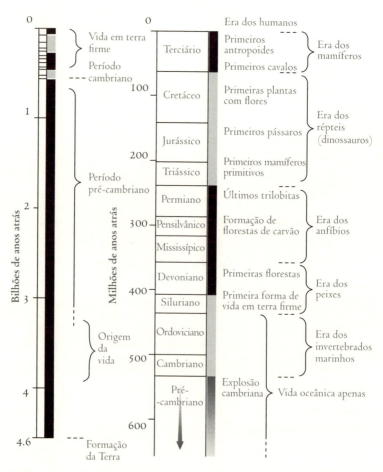

Figura I.1 – A história da vida na Terra

*Por que odiamos*

bios, répteis (incluindo os dinossauros), e depois mamíferos e aves. Os mamíferos apareceram por volta de 225 milhões de anos atrás, criaturas noturnas semelhantes a ratos tentando cuidadosamente se manter fora do caminho dos grupos dominantes, os dinossauros. Estes foram extintos há aproximadamente 65 milhões de anos, graças à perturbação planetária ocorrida pelo impacto de um meteoro ou corpo similar vindo do espaço — pássaros, seus descendentes diretos, sobreviveram —, e o caminho se abriu para os mamíferos prosperarem e se diversificarem; então vieram os primatas, há 50 milhões de anos. Avançando no tempo, chegamos, por fim, aos grandes primatas, e a importante ação — pelo menos no que diz respeito aos humanos — acontece nos últimos 10 milhões de anos. Surpreendentemente, hoje sabemos que a nossa linhagem humana — hominínios — se separou da de outros macacos, gorilas e chimpanzés por volta de 7 milhões de anos atrás, ou menos. É ainda mais surpreendente o fato de que nós somos mais próximos aos chimpanzés do que eles o são dos gorilas.

A ruptura com os outros grandes primatas veio com nossa mudança da floresta para as planícies. Isso levou ao bipedalismo. Há especulações sobre a razão pela qual isso aconteceu. Ser capaz de ficar ereto e poder observar os predadores é uma sugestão plausível. Assim como o é ponto de que sendo bípedes não somos tão rápidos, comparativamente, mas podemos alcançar distâncias muito maiores que um macaco que usa suas pernas dianteiras para se mover. Independente de se foi causa ou efeito, acredita-se que esses primeiros hominínios passaram a um tipo de existência de caçadores-coletores. Ser bípede poderia ser importante para caçar presas, que são mais rápidas que nós, mas por fim caem de cansaço. Conforme passamos a andar sobre duas pernas, nosso cérebro também começou a crescer, trazendo um aumento em inteligência. O famoso elo perdido, Luzia, uma *Australopithecus afarensis*, tem aproximadamente 3 milhões de anos. Ela andava de forma ereta, ainda que não tão bem quanto nós humanos modernos. Em compensação, ela provavelmente era muito melhor em subir em árvores. Seu cérebro tinha aproximadamente 400 cm³, quase do mesmo tamanho do de um chimpanzé, enquanto os nossos têm cerca de 1.300 cm³. É importante notar que, embora o tamanho de seu cérebro fosse comparável ao de um chimpanzé, ela estava no caminho para ter um cérebro humano (Johanson e Wong, 2009). Nossa espécie, *Homo sapiens*, apareceu há meio milhão de anos ou um pouco menos. Além da nossa linhagem, havia duas outras subespécies, os neandertais (no Ocidente) e os denisovanos (no Oriente). Ambos estão extintos. Aparentemente em nossa história passamos por gargalos. Toda a população humana descende de cerca de 14 mil indivíduos, e os humanos originários da África de menos que 3 mil indivíduos (Lieberman, 2013). Isso será parte de nossa história.

## Charles Darwin

O que causou tudo isso? A evolução por seleção natural. Em *A origem das espécies* (1859), o naturalista inglês Charles Darwin apresentou o caso de forma simples e contundente. Os organismos têm uma tendência reprodutiva a se multiplicar em progressão geométrica – 1, 2, 4, 8 – ao passo que os suprimentos de alimentos e espaço, na melhor das hipóteses, se multiplicavam em progressão aritmética – 1, 2, 3, 4. Assim, haveria o que o clérigo-economista Thomas Robert Malthus

(1826) chamou de "luta pela existência". Darwin tomou isso sem alterações: "quanto mais indivíduos são produzidos do que teriam possibilidades de sobreviver, deve haver em cada caso uma luta pela existência, seja entre um indivíduo e outro da mesma espécie, seja de indivíduos de distintas espécies, seja com as condições físicas da vida" (Darwin, 1859, p.63). De fato, é a reprodução e não a mera existência o que conta. A partir dessa ideia, e combinando-a com a crença – reforçada por mais de uma década de estudos dos cirrípedes – de que em populações naturais novas variações aparecem constantemente, Darwin defendeu um equivalente à linhagem seletiva que agricultores e criadores aplicam de maneira tão bem-sucedida na criação de novas formas – ovelhas mais peludas, gado com mais carne, pássaros cantantes mais melodiosos.

> Pode ser [...] considerado improvável, vendo que variações úteis ao homem sem dúvida ocorreram, que outras variações úteis de algum modo a cada um dos seres na grande e complexa luta pela vida, ocorressem, às vezes, ao longo de milhares de gerações? Se isso de fato ocorre (lembrando que nascem muito mais indivíduos do que poderiam sobreviver), podemos duvidar de que indivíduos que possuam qualquer vantagem, por menor que seja, sobre os outros, teriam melhores chances de sobreviver e procriar sua espécie? Por outro lado, podemos nos sentir seguros de que cada variação minimamente prejudicial seria firmemente destruída. A essa preservação de variações favoráveis e a rejeição de variações prejudiciais eu chamo de seleção natural. (ibid., p.80-1)

Mudança. Mudança, mas de um certo tipo. Os organismos parecem ter sido projetados. Eles demostram propósito. Sua formação é orientada pelas chamadas "causas finais", de acordo com Aristóteles em sua *Metafísica* (Barnes, 1984, p.1013$^b$25). Na linguagem de hoje, elas são "teleológicas". O olho é como um telescópio. Ele é dessa forma não devido à intervenção direta do Grande Óptico no céu, mas por causa da seleção natural. Aqueles organismos que funcionam — que têm características como se fossem projetadas, características que servem ao propósito de ver, cuja causa final é enxergar — sobreviverão e se reproduzirão; aqueles que não o têm não sobreviverão. Darwin chamou essas características que ajudam seus possuidores de "adaptações". Nós as vemos "mais evidentemente no pica-pau e no visco; e apenas um pouco menos evidente no mais humilde parasita que se agarra aos pelos de um quadrúpede ou às penas de um pássaro; na estrutura do besouro que mergulha na água; nas sementes plumadas levadas pela mais gentil brisa; em suma, vemos belas adaptações em todos os lugares e em toda parte do mundo orgânico" (p.60-1).

Eis o argumento central da *Origem*. Com seu mecanismo exposto, tal como era, Darwin pôde avançar rapidamente para o fato da evolução. Com o passar dos anos, a seleção natural trouxe o que ficou conhecido como "a árvore da vida" — iniciamos na base, no tronco, com os organismos mais simples, e então crescemos conforme os galhos se expandem, levando às plantas e aos animais de todo tipo. "Assim como os brotos ao crescer geram novos brotos, e estes, se forem vigorosos, ramificam e se impõem por todos os lados a muitos ramos mais fracos, assim graças à geração eu acredito que tenha sido com a grande Árvore da Vida, que preenche com seus galhos mortos e partidos as camadas da terra e cobre sua superfície com suas ramificações cada vez mais abundantes e belas" (p.130)

*Por que odiamos*

(ver Figura I.2). Assim, no restante da *Origem*, Darwin iniciou o trabalho árduo – demonstrar que a seleção natural era a força causal por trás daquilo que seu mentor, o historiador e filósofo da ciência William Whewell (1840), chamou de "consiliência de induções". Darwin olhou para uma variedade de subdisciplinas nas ciências da vida – comportamento, os registros fósseis ("paleontologia"), distribuição geográfica ("biogeografia"), sistemática, morfologia e embriologia, demonstrando como ele poderia explicar muitos problemas até então sem solução (ver Figura I.3). Por fim, a mais famosa passagem na história da ciência:

> Há grandiosidade nessa visão da vida, com seus muitos poderes, originalmente soprada em poucas formas ou em apenas uma; e que, enquanto o planeta segue girando de acordo com a lei fixa da gravidade, a partir de um começo tão simples, infinitas formas, as mais belas e mais maravilhosas, evoluíram e estão em evolução.

Como esperado, nos 150 anos desde que Darwin escreveu, houve um aumento maciço no conhecimento do funcionamento da evolução. Mais especificamente, na área da hereditariedade (Bowler, 1984, 1989). Darwin estava convencido de que novas variações continuam surgindo em populações naturais. Essa é a base sobre a qual a seleção natural funciona. Mas Darwin não sabia muito sobre a natureza dessas variações ou sobre suas causas. A única coisa em relação à qual ele era inflexível era o fato de as variações, independentemente de sua causa, serem "aleatórias", no sentido de não surgirem de acordo com as necessidades do possessor. A natureza adaptativa das características orgânicas vem da força externa da seleção natural e não de uma força

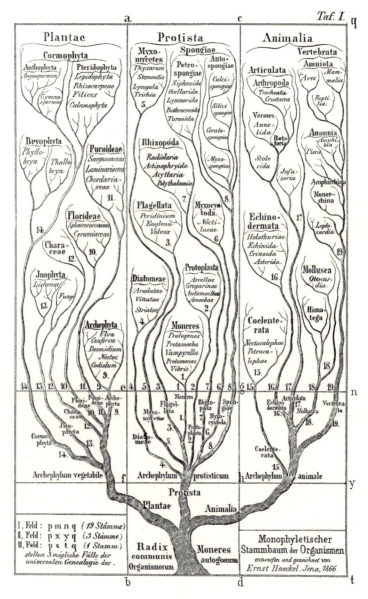

Figura I.2 – A árvore da vida, de Ernst Haeckel, *Generelle Morphologie der Organismen* (1866)

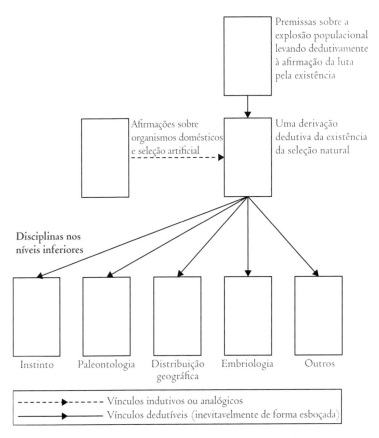

Figura I.3 – Estrutura do argumento da *Origem*. Darwin seguia (conscientemente) a *principia* de Newton ao expor as leis causais primeiro e depois utilizá-las para explicar os fenômenos empíricos: o universo heliocêntrico; o mundo orgânico.

interior dirigindo o desenvolvimento orgânico. Confirmar essa ideia foi um dos grandes triunfos da ciência, já que as teorias de hereditariedade, da genética de Mendel e depois as teorias moleculares foram desenvolvidas e ampliadas tomando como base as intuições de Darwin. Seleção natural, adaptação, evolução.

*Michael Ruse*

## *Cui bono?*

Antes de chegarmos à teorização de Darwin para os humanos, vamos dar uma pausa momentânea e fazer uma importante pergunta sobre como Darwin compreendia a seleção natural. Quem se beneficia? Quem perde? A seleção seria sempre em benefício (ou perda) de um indivíduo? Ou ele pensava que a seleção poderia ser, talvez frequentemente o era, em benefício (ou perda) do grupo? Se dois animais (ou plantas) concorrem e um ganha e é o progenitor de membros da próxima geração, e um perde e não tem sucessores, isso se passa entre dois indivíduos – logo *seleção individual*. Se dois grupos de animais (ou plantas) concorrem e um grupo vence e tem sucessores e o outro perde e não tem sucessão, então, obviamente isso ocorre entre dois grupos – logo *seleção grupal*. Vamos com calma. O fato de grupos estarem envolvidos não implica, imediatamente, que os evolucionistas falem de "seleção grupal" em oposição à "seleção individual". Seu interesse reside em quem ou o que causou a sucessão e a quem ela beneficia. Se um grupo tem membros que no geral se saem melhor do que os de outro grupo, são os membros que estão se beneficiando – os indivíduos – e então isso é uma seleção individual. Nós, obviamente, pensamos em termos de organismos de fato; mas agora que sabemos que as unidades de hereditariedade (genes) perpassam todas as coisas, a seleção individual pode ser pensada tanto em termos de genes quanto de organismos. Seleção individual significa que alguns genes se saem melhor que outros na luta por deixar cópias de si mesmo na próxima geração. Na memorável metáfora de Richard Dawkins (1976), eles são "genes egoístas" que venceram. Se, contudo, quando os grupos concorrem, o vence-

*Por que odiamos*

dor é determinado pelo grupo e não pelos indivíduos, ou seja, que os indivíduos se dão ao grupo ou se sacrificam por ele sem necessariamente esperar ou receber qualquer retorno — alguns indivíduos no grupo ganham enquanto outros não recebem nada, embora eles tenham contribuído para o sucesso dos vencedores —, isso, sim, é "seleção grupal". Os organismos individuais não foram "egoístas". Eles foram "altruístas". Você dá de uma maneira desinteressada em benefício dos membros do grupo mesmo que você não receba nada para si (West, Griffin e Gardner, 2007, 2008).

Do início ao fim, Darwin foi um selecionista individual completamente determinado. Por que ele tinha tanta convicção assim? Em parte, pelo menos, pela mesma razão que os evolucionistas atuais rejeitam a seleção grupal. Ele não achava que isso funcionava. Alfred Russel Wallace, que também desenvolveu uma teoria da seleção natural, foi desde sua infância socialista em vez de capitalista. Ele sempre foi entusiasta da seleção grupal. Ele e Darwin discutiram por causa da esterilidade da mula. Wallace achava vantajoso para as espécies progenitoras — cavalos e burros — que sua prole híbrida ineficiente fosse estéril. Darwin simplesmente não conseguia ver como seria vantajoso para qualquer dos progenitores que sua prole, a mula, fosse estéril, sendo que eles se comprometeram em produzir um híbrido. Deveria ser apenas uma função das diferentes heranças que não se entrosam e não funcionam bem juntas.

Deixe-me dizer antes de tudo que ninguém poderia ter desejado mais sinceramente o sucesso da seleção N. com relação à esterilidade do que eu; e quando eu considerei uma afirmação geral (como em sua última nota), eu sempre tive certeza de que

*Michael Ruse*

isso poderia ser resolvido, mas sempre fracassava no detalhe. Sendo a causa, conforme eu acredito, que a seleção natural não pode realizar o que não é bom para o indivíduo, incluindo nisso uma comunidade social. (Darwin 1985–, 16, 374; carta a Wallace, 6 abr. 1868)

Assim como o socialismo de Wallace o influenciava, os fatores sociais também operavam em Darwin. Foi um grande revolucionário, mas não era um rebelde. Ele foi o autor de um dos maiores desenvolvimentos na história da ciência. Ele também foi um membro de sua sociedade – de fato um membro bem seguro da classe média alta britânica. Seu avô (e o de sua esposa, pois Darwin casou-se com uma prima sua) foi Josiah Wedgwood, fundador das cerâmicas que levam seu nome e um dos mais bem-sucedidos empresários da Revolução Industrial. A família Darwin-Wedgwood era respeitada e tão rica quanto hoje são os ricos do Vale do Silício. Naturalmente, Charles Darwin estava embebido das normas de sua família e de sua classe, o que, acima de tudo, significava livre mercado. A figura por trás do trono, por assim dizer, era o economista escocês do século XVIII, Adam Smith (1776), quem – com o objetivo de melhorar o todo – pregava as virtudes do interesse próprio. "Não podemos esperar nosso jantar vindo da benevolência do açougueiro, do cervejeiro ou do padeiro, mas da sua consideração pelo seu interesse próprio. Não nos referimos à sua humanidade, mas ao seu amor-próprio, e nunca falamos com eles sobre nossas necessidades, mas sobre suas vantagens."

Essa linha de raciocínio é praticamente *a priori* verdade para alguém como Darwin. Sejam quais forem os efeitos no grupo, o início é o indivíduo. Não é de surpreender que o pensamento de Smith sobre as virtudes da divisão do trabalho – todos deveriam se concentrar em um trabalho em vez de tentar ser um faz-tudo – apareça de maneira bem significativa na *Origem das espécies*. Primeiro, havia uma divisão "fisiológica" do trabalho. "Nenhum naturalista duvida da vantagem daquilo que tem sido chamado de 'divisão fisiológica do trabalho'; assim, podemos acreditar que seria vantajoso para uma planta produzir estames apenas em uma flor ou em toda uma planta e pistilos apenas em outra flor ou em outra planta" (Darwin, 1859, p.93). Há, então, o que poderíamos chamar de uma divisão do trabalho "ecológica": "na economia geral de qualquer terra, quanto mais ampla e perfeitamente os animais e plantas são diversificados para diferentes hábitos de vida, maior é o número de indivíduos capazes de se apoiarem. Um conjunto de animais, com sua organização, mas pouco diversificado, dificilmente poderia concorrer com um conjunto mais perfeitamente diversificado na estrutura" (p.116). A imagem de um grupo formado por todos sendo um açougueiro, um cervejeiro ou um padeiro.

## Gênero humano

Agora, o que dizer do sempre interessante organismo *Homo sapiens*? Uma década após a *Origem*, Darwin se dedicou a esse tema e, em 1871, produziu *A descendência do homem*. A maior parte dessa obra é algo corriqueiro. Nós somos organismos em funcionamento assim como qualquer outro, com nossas adaptações especiais – mãos, olhos, dentes, narizes. Darwin volta sua atenção às similaridades – homologias – entre humanos e macacos, utilizando-as como evidência da ancestralidade em comum. Ninguém está dizendo que nós descendemos dos símios ou macacos existentes hoje em dia, mas sim que primatas foram nossos ancestrais. Para Darwin, um mecanismo secundário, a seleção sexual, em que a competição é muito mais por parceiros que por recursos, pode ter sido bastante significativa para a evolução humana; mas, em geral, o tratamento é ortodoxo. Nenhuma força espiritual especial explica nossa existência e natureza. Particularmente inovador foi o tratamento de Darwin com relação à sociabilidade humana. Podemos ter sido produzidos pela luta por existência, e, obviamente, por vezes, é uma luta bem sangrenta. Pergunte a um antílope na boca de um leão. No entanto, Darwin era inflexível com relação ao fato de que esse não é o modo humano, pelo menos não é o modo humano fundamental. Nós, humanos, sobrevivemos pela cooperação. Meio pão é melhor do que nenhum pão. Não somos tão fortes ou tão rápidos. Provavelmente nós evoluímos assim juntamente com nossas habilidades de convivência, para benefício mútuo. A metáfora do computador é bastante pertinente (Newson e Richerson, 2021). Em primeiro lugar, a ênfase foi no poder bruto – o cérebro é o hardware; a cultura, o software. Mas logo se tornou evidente que o poder real do computador reside menos em sua simples habilidade de realizar somas do que em facilitar a sociabilidade – a internet e o e-mail. Essa é a história dos humanos. Nossos cérebros cresceram, nossos hardwares se tornaram muito mais poderosos e eficientes. Mas o verdadeiro avanço foi como isso contribuiu para a comunicação, a socialização – nossas habilidades linguísticas, nossas emoções, nossas susceptibilidades religiosas, e tudo mais que nos ajuda a trabalhar em conjunto.

O grande apoiador de Darwin, Thomas Henry Huxley (1893) defendia que a seleção natural sempre promove habilidades para lutar e atacar e que moralidade significa ir contra nossa natureza evoluída. Darwin não aceita isso. Tribos de pessoas que se dão bem e se ajudam se saem melhor do que tribos que não o fazem.

> Não se deve esquecer que apesar de um alto padrão de moralidade trazer apenas uma pequena, ou nenhuma, vantagem para cada homem e seus filhos com relação a outros homens da mesma tribo, esse desenvolvimento no padrão de moralidade e um aumento no número de homens dotados dela certamente trará uma imensa vantagem de uma tribo sobre a outra. Não pode restar dúvidas que uma tribo em que muitos membros, possuindo em alto grau o espírito de patriotismo, fidelidade, obediência, coragem e simpatia, estavam sempre prontos para ajudar e se sacrificar pelo bem comum sairia vitoriosa em relação à maior parte de outras tribos; e isso é a seleção natural. (Darwin, 1871, I, p.166)

"Vitoriosa com relação à maior parte de outras tribos?" Seria isso um apelo à seleção grupal? De modo algum! Pouco antes dessa passagem, Darwin sugere que (aquilo que hoje é conhecido como) "altruísmo recíproco" é um fator causal importante. Você coça minhas costas e eu coço as suas: "conforme os poderes racionais e de previsão dos membros [de uma tribo] foram se tornando melhores, cada homem poderia em breve aprender a partir da experiência que, se ele ajudasse seu parceiro, ele geralmente receberia ajuda de volta" (I, p.163). Isso não é o altruísmo desinteressado de uma seleção grupal. O indivíduo se beneficia: seleção individual. Mas também parece que na passagem citada Darwin está apelando aos interesses do grupo: "se sacrificar pelo bem comum". Novamente, há uma compreensão baseada no indivíduo presente aqui. É o bem de um indivíduo que é importante, e o individual pode dizer respeito à família – ou aquilo que Darwin chamou de "comunidade social" em uma carta a Wallace. Se membros de sua família se reproduzem compartilhando elementos da hereditariedade, então você se reproduz indiretamente, por assim dizer. "Assim, um vegetal saboroso é cozido e um indivíduo é destruído; mas o agricultor planta sementes da mesma cepa e espera, confiante, conseguir quase a mesma variedade; criadores de gado desejam que a carne e a gordura estejam marmorizadas; o animal foi abatido, mas o criador segue com confiança com a mesma família" (Darwin, 1859, p.237-8). Hoje isso é conhecido como "seleção de parentesco". Em outras palavras, uma forma de seleção individual.

E quanto a Darwin e a moralidade? A noção-chave é a de "tribo". Para ser coerente com sua postura selecionista-individual, ele teria de considerar isso um grupo inter-relacionado; e ele o faz. Ele endossa um artigo de Herbert Spencer sobre tribos, no qual Spencer defende claramente que tribos se consideram unidas por um ancestral comum, independente de isso ser verdade ou não. "Se 'o Lobo', destemido em combate, torna-se um terror para as tribos vizinhas e um homem dominante em sua própria tribo, seus filhos, orgulhosos de sua ascendência, não deixarão de lado o fato de que descendem do 'Lobo'; tampouco esse fato será esquecido pelo restante da tribo que reverencia 'o Lobo', e vê razão para temer seus filhos." De fato, o restante da tribo vai querer se juntar. "Proporcionalmente ao poder e à celebridade do 'Lobo' esse orgulho e esse medo conspirarão para manter entre seus netos e bisnetos, assim como entre os dominados por eles, a lembrança do fato de que seu ancestral era 'o Lobo'" (Spencer, 1870, p.535). Darwin concorda: "nomes ou apelidos dados a partir de algum animal ou outro objeto aos progenitores ou fundadores de uma tribo são, depois de um longo intervalo, considerados representações reais do progenitor da tribo" (Darwin, 1871, p.66, n.53). Moralidade para Darwin vem de uma protoforma de seleção de parentesco — nossos pensamentos e ações são guiados pela nossa crença em parte de uma comunidade relacionada, seja isso verdade ou não. Antecipatório, os evolucionistas de hoje concordam: "estamos evolutivamente preparados a definir 'parentes' como aqueles com os quais temos familiaridade devido aos acordos de convivência e criação. Assim, indivíduos não relacionados geneticamente podem ser considerados parentes — e subsequentemente tratados como tal — se introduzidos em nossas redes de associações íntimas e frequentes (a família, por exemplo) de forma apropriada" (Johnson, 1986, p.133).

## Ódio

Aceitemos com Darwin que a chave para o sucesso evolutivo é ser adaptado e que *a* adaptação crucial para o sucesso humano tem sido nossa sociabilidade (Ruse, 2019). Isso é como uma relação de retroalimentação entre causa e efeito. Não somos tão fortes, rápidos ou ferozes, mas somos muito bons em conviver com nossos semelhantes. E as causas não são apenas psicológicas, são também fisiológicas. Já é bem difícil dar uma aula de lógica para a graduação, agora imagine se as alunas tivessem de passar por algo como o período do cio, como alguns mamíferos não humanos. A sociabilidade e a amizade são as

*Michael Ruse*

coisas que nos fazem pulsar. E, ainda assim, embora se odeie estragar esse hino de autocongratulação, é óbvio – tão dolorosamente óbvio – que isso é apenas uma parte da questão. Como o último século nos demonstra bastante bem, os seres humanos são capazes de odiar cruelmente. Nossos pensamentos e comportamentos com relação aos nossos semelhantes causam repulsa. Ou, se não, deveriam. A Grande Guerra, a Primeira Guerra Mundial (1914-1918), a depender de como se contabilizam os números, causou entre 20 milhões e 40 milhões de mortes. A Segunda Guerra Mundial (1939-1945), entre 60 milhões e 80 milhões de mortes. A Guerra Civil Russa (1917-1922), entre 5 milhões e 10 milhões. A Guerra Civil Chinesa (1927-1949), aproximadamente 10 milhões. É difícil estabelecer uma divisão entre soldados e civis. Na Segunda Guerra Mundial, 50 milhões de mortos eram civis. Há também os pogroms e similares nos países. Durante a Grande Guerra e por alguns anos depois, mais de 3 milhões de cristãos armênios foram assassinados pelos turcos. Houve os cúlaques, os camponeses-fazendeiros ricos que Stálin considerou como inimigos do Estado soviético. Nos anos 1930, pelo menos 1 milhão foi liquidado, talvez mais. Isso para não mencionar a fome causada por sua eliminação. Os alemães e os judeus – ao menos 6 milhões de mortos – serão para sempre uma mácula para o gênero humano (Friedlander, 1997, 2008). Os europeus não são os únicos. Em Ruanda, 1994, mais de 1 milhão de tútsis foram assassinados e mais de meio milhão de mulheres tútsi foram estupradas, em geral antes de uma mutilação grotesca de seus órgãos genitais.

Nós, anglófonos, deveríamos ter cuidado com nossa arrogância. Nem todo ódio envolve grandes guerras. Em Amritsar,

*Por que odiamos*

na região do Punjab, Índia, em 13 de abril de 1919, o general de brigada interino Reginald Dyer ordenou suas tropas a abrir fogo contra civis indianos desarmados (Gilmour, 2018). Pelo menos 379 pessoas foram assassinadas e outras 1.200 foram feridas. Em Tulsa, Oklahoma, em 31 de maio e 1º de junho de 1921, gangues de moradores brancos atacaram moradores negros e estabelecimentos do (bem-sucedido e de classe média) distrito de Greenwood (Ellsworth, 1992; Brophy, 2003). Entre cem e trezentos negros foram mortos. Sem condenações. Se você acha que isso não se compara aos sofrimentos de outros lugares, lembre-se que isso é apenas a ponta do *iceberg* de um ininterrupto tratamento vil dos menos afortunados por parte daqueles que estão no poder. Tulsa é uma metáfora para toda a terrível história dos Estados Unidos e sua exploração da população negra. O feriado nacional mais importante dos EUA é o 4 de julho, que celebra a assinatura da Declaração da Independência em 1776. Dessa data até o início da Guerra Civil, em 1860, a população de trabalhadores escravizados dos EUA aumentou de 700 mil para mais de 4 milhões, em uma época em que outros países, para não mencionar os estados do norte dos EUA, percebiam a grotesca imoralidade que era escravizar outros seres humanos. Os afro-americanos não foram os únicos que sofreram. Em fins do século XIX, graças à perseguição e expulsão de suas terras nativas e a fome e miséria decorrentes, o número de membros dos povos originários reduziu de um total de ao menos 5 milhões quando Cristóvão Colombo cruzou o oceano pela primeira vez para 250 mil. Você não precisa assassinar alguém para devastar suas vidas a ponto de eliminá-las. Pergunte aos britânicos dos anos 1840 sobre a fome na Irlanda. De 1845 a 1849, 1 milhão de irlandeses morreram e mais 1 milhão emigrou. É verdade que não foram os britânicos que inventaram ou importaram o pulgão da batata. Os negócios não podiam parar. "No ano do Senhor de 1846, foram exportados da Irlanda 3.266.193 *quarters* de trigo, cevada e aveia, além de farinha, grãos, ervilhas e centeio; 186.483 cabeças de gado, 6.363 bezerros, 259.257 ovelhas, 180.827 suínos" (Jones, 1849, p.10). Comida suficiente para alimentar pelo menos metade da população irlandesa.

## O problema

Diante do quadro otimista pintado anteriormente sobre nossa natureza social, como abordar esse lado terrível de nossa natureza? Apenas culpamos alguns poucos membros pervertidos de nossa espécie? Ou estamos todos marcados pelo pecado de Adão, como asseguram os calvinistas? Se recorremos à biologia em busca de ideias sobre nossa natureza social, também devemos fazê-lo para entender nossa natureza satânica. A resposta vem imediatamente. Conforme nos disse Charles Darwin, a vida é uma luta e o vencedor leva tudo. Em um mundo dos genes egoístas, o vencedor ganha e o perdedor perde, simples assim. Thomas Henry Huxley disse a verdade no fim das contas. O poder está certo. O general Friedrich von Bernhardi, então membro do Estado-Maior alemão, expôs o caso de maneira direta em seu *Germany and the Next War* [A Alemanha e a próxima guerra], publicado pouco antes da Primeira Guerra Mundial. "A guerra é uma necessidade biológica de primeira importância, um elemento regulador na vida do gênero humano que não pode ser descartado, uma vez que sem ela virá um desenvolvimento insalubre, que exclui qualquer avanço da raça e, portanto, qualquer processo real de civilização. 'A guerra é o pai de todas as coisas'" (von Bernhardi, 1912, p.18). Ele usa com alegria a autoridade de Darwin: "A luta pela existência é, na vida da Natureza, a base de todo desenvolvimento saudável" (p.18).

Isso tudo parece confuso. É natural ser bom, então tudo bem. Ser ruim é tão natural quanto, mas isso não é bom. Como conciliamos isso? Neste livro, me concentro em dois aspectos do ódio – a guerra e o preconceito. Estes, abarcando o ódio em âmbito grupal e em âmbito individual, evidentemente são partes importante dessa história. A já citada contabilização de mortes nos dois conflitos mundiais confirma o lugar da guerra na minha narrativa. As atitudes, desde o início da vida europeia no Novo Mundo, com relação aos povos não europeus, confirma o lugar do preconceito na minha narrativa. Guerra e preconceito estão sempre completamente separados? Provavelmente não. David Hume destaca que na guerra tendemos a considerar o inimigo como inferior, como um povo destituído de qualidades: "Aqueles que nos prejudicam e nos desprezam nunca deixam de animar nossa raiva ou ódio. Quando nossas nações estão em guerra com qualquer outra, as detestamos sob o caráter de cruéis, pérfidas, injustas e violentas". (Hume, 1739-40, p.225). Pode se desconfiar de que essa sobreposição aponte para causas comuns; deixemos isso de lado por um instante. Aqui, minha preocupação é que ambos envolvem o ódio pelo semelhante, os humanos. Todo tipo de ódio é contemplado pela guerra e pelo preconceito? Mais uma vez, provavelmente não. Não tenho certeza se o genocídio – assassinato em massa de grupos por outros: armênios pelos turcos (1915-1923), cúlaques pelos soviéticos (1932-1933), judeus pelos alemãos (1939-1945) – se encaixa nessas categorias. Para que não me escape meu assunto, eu o enquadro.

Meus dois primeiros capítulos se deterão naquilo que os cientistas tem a dizer sobre a guerra e o preconceito, suas naturezas e suas causas. Eu sou um evolucionista, então acredito que as respostas ao presente devem ser encontradas no passado. Posto de maneira simples: devemos aprender que nós humanos fomos caçadores-coletores e que a seleção natural nos tornou completamente adaptados para nosso estilo de vida. Especialistas em evitar conflitos e com poucos motivos para desprezar os outros. Então veio a agricultura e tudo mudou. Nossas eficientes adaptações anteriores não estavam mais tão adequadas às nossas novas circunstâncias e estilos de vida. Conflitos, individuais e grupais, surgiram. Nos dois capítulos seguintes, vou examinar o que aqueles que se concentram na cultura, nas humanidades – principalmente filosofia, literatura, estudos religiosos (sem excluir a teologia) e história – tiveram a dizer sobre guerra e preconceito, suas naturezas e suas causas. Esses capítulos complementam e não contradizem os anteriores. Eu mostrarei como nós temos lutado para compreender a forma como as coisas mudaram e todas as implicações para a situação em que nos encontramos agora. No capítulo final, me pergunto se é possível conciliar as tensões de nossa posição. Podemos avançar, trazendo o conhecimento de nosso passado biológico junto à consciência de nosso presente cultural para falar positiva e criativamente dos desafios que estão diante de

*Por que odiamos*

nós? Podemos moderar ou eliminar a guerra e o preconceito? O que há de maravilhoso em nossa natureza humana é que, embora ela ceda sob o peso da história, ela não deixa que essa história seja o único determinante. Ela tem o espírito e as habilidades para revidar e reposicionar nosso caminho pelo tempo de um modo muito melhor. Eu sou um otimista incurável. Será que meu otimismo tem justificativa?

# 1

## *A biologia da guerra*

## Tipos de guerra

Comecemos com uma taxonomia algo informal da guerra, ou melhor, guerras. As categorias devem servir como um guia e, como veremos, em geral não são algo estritamente objetivo, mas dependem de diferentes perspectivas. Primeiro, quando se pensa em guerra, há a guerra *ofensiva*. Um lado persegue o outro. Um exemplo paradigmático ocorreu na Inglaterra em 1066, a Batalha de Hastings, quando o duque da Normandia – "Guilherme, o Conquistador" –, querendo a coroa para si, invadiu e derrotou o então rei anglo-saxão, Harold Godwinson. O rei anterior, Eduardo, o Confessor, morreu sem deixar filhos em 1066, deixando em aberto uma luta pela sucessão. O rei norueguês, Haroldo III, ao lado de Tostigo, irmão de Harold Godwinson, invadiu pelo norte. O exército deles foi derrotado por Harold na Batalha de Stamford Bridge (no condado do leste de Yorkshire, província do norte) em fins de setembro; tanto Haroldo III da Noruega quanto Tostigo foram mortos. O único rival remanescente era Guilherme – ele sustentava que Eduardo lhe prometera a coroa –, que chegou ao sul da Inglaterra também em fins de setembro e, com isso, forçou Harold Godwinson a marchar para o sul com seu exército exaurido para combater o invasor. Eles se enfrentaram em uma colina nos arredores de Hastings, uma cidade costeira na região do atual condado de East Sussex. A batalha de 14 de outubro durou todo o dia. Primeiro, as forças de Harold estavam se saindo bem, resistindo. Então as forças de Guilherme simularam uma derrota, fingiram recuar fugindo morro abaixo. As forças de Harold os seguiram e caíram em uma emboscada, e foi isso. Harold foi morto no fim da batalha, atingido no olho pela mais famosa flecha da história inglesa. O duque vitorioso marchou, então, para o norte. Foi corado rei Guilherme I (1066-1087) em Londres no Natal de 1066. Depois disso, foi apenas uma questão de dividir a Inglaterra entre os nobres de Guilherme e a conquista normanda estava encerrada. Um exemplo perfeito de uma guerra ofensiva (ver Figura 1.1).

Figura 1.1 – A tapeçaria de Bayeux. Uma tapeçaria bordada de setenta metros de comprimento, provavelmente feita na Inglaterra em fins do século XI, mostrando os acontecimentos da Batalha de Hastings.

*Por que odiamos*

Um exemplo paradigmático de uma guerra *defensiva* é a dos russos em 1812, quando enfrentaram a invasão das tropas napoleônicas. O conflito iniciou-se em 24 de junho quando a *grande armée* de Napoleão cruzou o rio Neman com o objetivo de combater e derrotar o exército russo. A razão da invasão não tinha tanta relação com a Rússia em si, era na verdade uma tentativa de impedir os russos de fazer comércio com os britânicos, principais inimigos de Napoleão. Com isso, ele esperava forçar um pedido de paz. Como aqueles que leram *Guerra e paz*, de Tolstói, sabem muito bem, de início as forças francesas foram incrivelmente bem-sucedidas, superando os russos na Batalha de Smolensk em agosto. Mas os russos bateram em retirada, destruindo tudo em seu caminho, impedindo, assim, que os franceses se reabastecessem conforme avançavam. Uma segunda vitória francesa se deu na Batalha de Borodino no início de setembro, seguida por mais uma retirada russa. Em meados de setembro, Napoleão entrou em uma Moscou vazia, em chamas por conta de incendiários russos. O tsar Alexandre I, ainda livre, não se rendeu. Em fins de outubro, com poucos suprimentos e temendo a chegada do inverno russo, Napoleão deixou Moscou e iniciou a retirada para a Polônia. Devastado pelo clima feroz, pela falta de suprimentos e pelo constante fustigar das forças russas dirigidas por Mikhail Kutuzov, este foi o início do fim para Napoleão. A Rússia se defendeu e a França foi humilhada. A história se encaminhava para a Batalha de Waterloo, em 18 de junho de 1815.

Há também a guerra *civil*. Olhe brevemente para a Guerra Civil Inglesa, em meados do século XVII, entre *cavaliers* (apoiadores de Carlos I) e cabeças redondas [*roundheads*] (apoiadores de Oliver Cromwell). Tudo começou no século anterior quando

*Michael Ruse*

Henrique VIII, que reinou entre 1509 e 1547 e foi famoso por ter tido seis esposas, após não receber a permissão do papa para se divorciar de sua primeira esposa, Catarina de Aragão, e se casar com Ana Bolena, declarou a Inglaterra um país protestante (Brigden, 2000). Depois de Henrique, veio por um período breve seu filho Eduardo VI (1547-1553), protestante. Logo, após um reinado de nove dias de Lady Jane Grey, protestante, veio a filha mais velha de Henrique, Maria (1553-1558), filha de Catarina de Aragão, católica; sucedendo-a, por um longo tempo, a filha mais nova de Henrique, Elizabeth (1558-1603), nascida de Ana Bolena, protestante. Ela, que notoriamente morreu virgem, foi sucedida por Jaime I (1603-1620), da Escócia, protestante, e então por seu filho Carlos I (1620-1649), também (de um modo um tanto estranho) protestante (Kishlanski, 1997). O problema começou com Maria, que era fervorosamente católica e mandava seus cidadãos para fogueiras devido às suas crenças protestantes heréticas. Muitos fugiram para o continente e se juntaram aos calvinistas de Genebra. Quando retornaram, eles ("puritanos") eram muito mais protestantes que aqueles que haviam ficado, que ficaram sujeitos à pompa do catolicismo (cerimônias e construções) mesclada a uma teologia calvinista moderada. Essas diferenças perduraram ao longo do século XVII e foram as principais questões sob o reinado de Carlos I, que muitos consideravam perigosamente próximo do catolicismo. Sua esposa francesa era católica, para começar, e ele tinha uma estranha predileção por rituais anglicanos elevados. Carlos II, filho de Carlos I, provavelmente era católico em segredo, e seu irmão Jaime II era publicamente católico, o que o levou a ser destronado e substituído por sua irmã protestante Maria e seu marido holandês protestante, William.

*Por que odiamos*

Essas tensões religiosas, crescentes na década de 1630, foram acompanhadas por uma disputa entre Carlos I e seu Parlamento. Embora o rei tivesse a autoridade e o poder para convocar e dissolver o Parlamento, era este que aprovava as leis de impostos e fornecia o dinheiro. Nos anos 1640, as coisas se converteram em uma crise com uma série de guerras intermitentes entre os partidários do rei, os realistas (*cavaliers*, usando roupas chiques, bem retratadas por Anthony van Dyck), e os parlamentaristas (cabeças redondas, vestindo roupas sóbrias, com capacetes em forma de uma tigela invertida). Por fim, estes venceram, Carlos I foi capturado, julgado culpado por traição e decapitado em 30 de janeiro de 1649. Nos anos 1650, o interregno, a Inglaterra foi governada pelo líder dos parlamentaristas Oliver Cromwell, o "Lorde Protetor". Em 1660, Carlos II foi reconduzido ao trono, embora a partir de então o Parlamento britânico tivesse muito mais controle do que os monarcas absolutistas do continente. No início da Primeira Guerra Mundial, o *kaiser* Guilherme, na Alemanha, o imperador Francisco José, na Áustria-Hungria, e o tsar na Rússia tinham um poder que os monarcas britânicos haviam perdido mais de dois séculos antes.

A seguir, há a guerra *revolucionária*, como ocorreu nos Estados Unidos entre 1770 e 1783, quando as colônias americanas se libertaram da suserania britânica e se declararam independentes, fato que os britânicos por fim aceitaram (Middleton, 2011). Como as colônias eram parte do Império Britânico (como foi chamado mais tarde) no período inicial da guerra, esta poderia ser chamada de guerra civil. Quando se aproximava de seu fim, era uma guerra revolucionária. O pano de fundo para o que aconteceu estava evidentemente vinculado ao fato de que, quase desde o início da povoação no século XVII, as colônias americanas tiveram que se virar sozinhas e se autogovernar. Assim, houve grande ressentimento quando, em 1770, para pagar as dívidas de guerras anteriores – por exemplo, a Guerra dos Sete Anos entre Inglaterra e França –, o governo britânico decidiu dividir os custos com as colônias. Os conflitos irromperam e, em agosto de 1776, estas proclamaram sua independência. A luta continuou, de uma maneira um tanto exacerbada pela França, que tentava aproveitar a oportunidade para atingir os britânicos assinando uma aliança formal com o novo governo americano. Por fim, após os britânicos (comandados pelo general Cornwallis) terem sido derrotados (pelos americanos comandados por George Washington e franceses, pelo conde de Rochambeau), na Batalha de Yorktown (na Virgínia) encerrada em 19 de outubro de 1781, as negociações começaram. Em 3 de setembro de 1783, o Tratado de Paris foi assinado entre a Grã-Bretanha e os Estados Unidos, garantindo ou reconhecendo (a depender da perspectiva) a independência norte-americana.

Avançando, poderíamos distinguir também a guerra *nuclear*, como em Hiroshima e Nagasaki, no Japão, em 1945, embora de algum modo isso poderia ser considerado parte do que começou como uma guerra defensiva, na medida em que os Estados Unidos reuniram esforços para revidar a agressão japonesa a Pearl Harbor (Gordin, 2007). A lista continua. Obviamente, há a guerra de *guerrilha*, tal como se viu no Quênia entre 1952 e 1960, quando os rebeldes atacaram o exército inglês e os cidadãos leais à colônia britânica: "A falta de armamento pesado por parte dos insurgentes e as posições fortemente entrincheiradas da polícia e das forças voluntárias significavam que os ataques

Mau Mau eram realizados apenas à noite e quando as posições dos lealistas eram fracas. Os ataques, quando ocorriam, eram rápidos e brutais, uma vez que os insurgentes conseguiam identificar com facilidade os leais à colônia, muitas vezes residentes das mesmas comunidades" (Anderson, 2005, p.252). Em outras palavras, não batalhas de larga escala, mas ataques a pontos fracos. Os britânicos venceram a batalha e (de maneira horrível) executaram mais de mil rebeldes. Os quenianos conquistaram sua independência.

Seria possível continuar. Por exemplo, guerra *privada*, quando um indivíduo (ou talvez um pequeno grupo) enfrenta uma nação inteira por uma ofensa percebida: John Brown, no século XIX, com relação à escravidão; Osama bin Laden, no século XX, com relação aos ataques dos Estados Unidos aos mulçumanos no Oriente Médio. Esses exemplos bastam para o que nos propusemos. A guerra vem em diferentes formas ou situações. Fundamentais são as semelhanças, mais obviamente a de que as pessoas decidem ou se sentem forçadas a matar umas às outras.

## Macacos assassinos?

As guerras se tratam da matança de humanos por outros humanos. A premissa/conclusão darwiniana primordial é de que os seres humanos se distinguem pelo fato de sermos óbvia e evidentemente uma espécie social. Uma espécie moral. Mas isso não evita ou torna impossível conflitos intraespecíficos. Tudo bem. Depois da Batalha de Stamford Bridge, somente 24 do total de trezentos barcos foram necessários para levar os sobreviventes noruegueses. Em uma população total de mais ou menos 3 milhões, na Batalha de Hastings cada lado trazia provavelmente cerca de 10 mil homens. Acredita-se que 4 mil ingleses e cerca de 2 mil normandos foram mortos. Uma cifra pequena se comparada ao que estava por vir, mas ainda assim não são números que um sargento recrutador exibiria. Avançando pelos séculos, os números são muito maiores. Das tropas napoleônicas, apenas 27 mil sobreviveram à volta para casa: aproximadamente 370 mil mortos e 100 mil prisioneiros ficaram na Rússia. Na Guerra Civil inglesa, cerca de 34 mil parlamentaristas e cerca de 50 mil realistas foram mortos. Somem-se a isso ao menos 100 mil civis, homens e mulheres, que morreram por doenças relacionadas à guerra. Em outras palavras, quase 200 mil pessoas de uma população de aproximadamente 5 milhões. Hiroshima e Nagasaki foram ainda mais horríveis. Antes da bomba, Hiroshima tinha uma população total de 255 mil. Foram 66 mil mortos e 69 mil feridos – mais da metade da população. Em Nagasaki, antes da bomba, a população total era de 195 mil. Foram 39 mil mortos e 25 mil feridos – quase um terço de seus habitantes. Qual o preço da sociabilidade agora? Para o psicólogo de Harvard Joshua Greene: "Nós temos cérebros cooperativos, aparentemente, porque a cooperação fornece benefícios materiais, recursos biológicos que permitem que nossos genes façam mais cópias de si mesmos. Do pó evolutivo cresce a flor da bondade humana" (Greene, 2013, p.65). A flor da bondade humana? Parecem mais ser ervas daninhas.

Muitos acreditam que devemos adicionar ainda outro ingrediente a esse caldo. Há uma linha de pensamento bastante difundida – talvez não à toa popular nos anos após a Segunda Guerra – que tem uma explicação para nossa natureza violenta.

*Por que odiamos*

Deixando de lado as aparências, apesar da camada superficial de sociabilidade, nós humanos somos os macacos descontrolados, malvados até o âmago (ver Figura 1.2). Os macacos com armas matando outros macacos no início do filme *2001: Uma odisseia no espaço* são o melhor exemplo dessa abordagem. Ele representou um tema bastante ensaiado. O paleoantropólogo Raymond Dart foi o seu criador moderno. Corretamente reconhecido como a pessoa que identificou, em 1924, o bebê de Taung, *Australopithecus africanus* — um ancestral humano (hominínio) —, Dart, nos anos 1950, estava embarcando em especulações. Para usar uma metáfora apropriada, ele não tinha papas na língua com relação ao seu ponto de vista. Nós éramos carnívoros e não nos importávamos tanto com quem comíamos. Fosse por escolha ou por necessidades, comíamos uns aos outros. Isso explica muito: "A abominável crueldade da humanidade com relação aos humanos forma uma de suas características irredutíveis e aspectos diferenciadores; e é explicável apenas em termos de sua origem carnívora e canibal" (Dart, 1953, p.208). Isso era uma introdução ao seu assunto:

> Os arquivos da história humana, manchados de sangue e repletos de carnificina desde os mais antigos registros do Egito e da Suméria até as atrocidades mais recentes da Segunda Guerra Mundial, condizem com o canibalismo universal primitivo, as práticas de sacrifício com animais e humanos e seus substitutos em religiões formalizadas, e as práticas globais de escalpelamento, caça de cabeças, mutilação corporal e necrofilia na proclamação desse diferenciador sanguinário comum, esse hábito predatório, essa marca de Caim que separa o homem em termos dietéticos de seus parentes antropoides e o alia aos mais mortíferos dos carnívoros. (p.208-9)

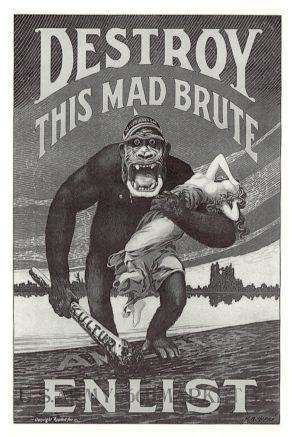

Figura 1.2 – Cartaz estadunidense de recrutamento para a Primeira Guerra Mundial

Dart foi retomado por Robert Ardrey, um roteirista estadunidense, que por ter tido problemas com o anticomunismo de McCarthy se mudou para a África, onde se tornou um autor de best-sellers sobre nossas origens. Ele trazia uma visão do gênero humano – *African Genesis* [gênese africana] – que admitia aberta (e orgulhosamente) ser inspirada no geralmente renegado e ridicularizado Dart. Ardrey era sério e respeitado,

*Por que odiamos*

mas não estava na rota do Prêmio Nobel, diferentemente do pai da etologia, Konrad Lorenz. Em seu grande sucesso *A agressão: Uma história natural do mal*, Lorenz também abraçou o tema do macaco assassino com entusiasmo. Todos os animais têm mecanismos internos para impedi-los de causar danos a membros de sua espécie.

É o caso, com certeza, dos cachorros, nos quais eu vira repetidas vezes que, quando o perdedor em uma luta de repente adotava a posição submissa e deixava à mostra o seu pescoço desprotegido, o vencedor realizava no ar o movimento de sacudir até a morte, próximo ao pescoço do cachorro moralmente derrotado, mas com a boca fechada, isto é, sem morder. (Lorenz, 1966, p.133)

Os seres humanos, lamentavelmente, são a exceção. "Na evolução humana, nenhum mecanismo inibidor do homicídio era necessário, porque a morte rápida era de algum modo impossível; a vítima em potencial tinha oportunidade suficiente para evocar a pena do agressor com gestos de submissão e atitudes tranquilizadoras" (p.241). A seleção natural nos decepcionou. Nós não desenvolvemos inibições que nos impeçam de matarmos uns aos outros. Então veio a invenção de armas artificiais. Ficamos indefesos: "a posição do homem estava muito próxima àquela da pomba que, por algum truque sobrenatural da natureza, de repente adquiriu o bico de um corvo".

Avançando rapidamente pelos cinquenta anos seguintes, a tese do macaco assassino continua em alta conta. Os proeminentes psicólogos evolutivos John Tooby e Leda Cosmides chafurdaram nisso. Eles nos garantem que: "A guerra está presente por toda a pré-história". Não é de surpreender: "Sempre que os registros arqueológicos tenham provas suficientes para permitir um juízo, podem-se encontrar vestígios de guerra. Ela pode ser encontrada em todas as formas de organização social – em bandos, chefaturas e Estados. Era uma parte regular da vida de caçadores-coletores sempre que as densidades populacionais não eram extremamente baixas e, em geral, mesmo em hábitat marginais severos" (Tooby; Cosmides, 2010, p.191). O antropólogo da Universidade do Sul da Califórnia Christopher Boehm escreve: "Assim, entre 45 mil AP [anos antes do presente] e 15 mil AP ao menos, ou talvez um pouco depois, há indícios em todas as sociedades humanas de uma combinação crônica de competição masculina pelas fêmeas e competição recorrente e intensa por recursos estimulando algum nível de conflito letal entre bandos" (Boehm, 2013, p.326). Filósofos se somam a esse coro: "A violência seguiu nossa espécie em todos os passos de sua longa jornada pelo tempo. Dos corpos escalpelados de antigos guerreiros aos homens-bomba que aparecem nas manchetes dos jornais hoje, a história está embebida de sangue humano" (Livingstone Smith, 2007, p.8). Elaborando: "Os seres humanos guerreiam porque é nossa natureza fazê-lo, e dizer que a guerra é apenas uma escolha sem levar em conta como nossas escolhas crescem no fértil solo da natureza humana é uma receita para a confusão". Nosso escritor está bem acompanhado: "A guerra em si, contudo, não necessita causa específica para ser estimulada, mas parece enxertada na natureza humana e até considerada nobre em si, à qual o homem se inspira pelo amor à glória, livre de motivos egoístas" (Kant, 1795, p.151). Mais recentemente, temos o sucesso de vendas e astro acadêmico Steven Pinker. Nós humanos somos um tipo violento – "a maior parte de nós – incluindo você, caro leitor – estamos programados para a violência, mesmo que muito provavelmente nunca tenhamos uma ocasião para utilizá-la" (Pinker, 2011, p.483). É verdade que "quando os homens estão em um confronto cara a cara eles em geral exercem um autocontrole. Mas essa reticência não é um sinal de que os humanos são gentis e compassivos". Assim, pura e simplesmente. Somos bonzinhos apenas por prudência.

Isso levanta uma questão: não há mais nada a ser dito sobre isso? O primeiro termo que vem à mente à medida que essas "Cassandras" terminam seus discursos é "consoladores de Jó".[1] Primeiro, Ardrey dá sua opinião sobre a natureza humana: "É uma estrutura malfeita, e é difícil imaginar um edifício menos atrativo. Seu acinzentado é chocante. Suas paredes estão rachadas e são muito finas. Suas fundações são rasas, sua antiguidade insignificante. Não há sons de bandas, não há bandeiras ao vento, nenhum símbolo glamoroso invoca nossos corações nostálgicos". Ele então oferece uma saída. "Por mais humilhante que o caminho possa ser, o homem acossado pela anarquia, banditismo, caos e extinção deve, em última instância, recorrer àquela câmara de horrores, a iluminação humana. Pois não tem mais para onde se voltar" (p.352-3). Todos temos os potenciais de um romance de Thomas Hardy.

---

1 "Consoladores de Jó" faz referência à passagem do livro bíblico de Jó no qual ele acusa os que querem consolá-lo de o fazer com discursos vazios. Já o termo "Cassandra" remonta à mitologia grega antiga, especificamente a uma sacerdotisa troiana, amaldiçoada por Apolo, cujas previsões, apesar de corretas, não eram acreditadas. (N. T.)

*Michael Ruse*

# Explicações darwinistas

Se com "darwinista" queremos dizer na perspectiva do próprio Charles Darwin, então nada disso é muito darwinista. Podemos ser macacos assassinos, mas precisamos de alguma razão adaptativa para isso. Macacos assassinos são predispostos à violência, mas os humanos darwinistas são sociais e vão à guerra somente quando há boas razões para tanto. Nós não perseguimos nossos semelhantes espontaneamente. Para entender, voltemos à "câmara dos horrores". Especificamente, uma abordagem que presta atenção àquilo que nossa teoria nos diz sobre a natureza humana: pensemos de forma darwinista. O antropólogo Douglas P. Fry (2013a) nota que o slogan que deveria ser entoado infinitamente é: "Esse comportamento (ou pensamento) promove processos darwinistas? Isso leva a uma sobrevivência e reprodução ampliadas?". Talvez sejamos brutos. Prove-o. Não tome isso como pressuposto. Por que fazemos — por que motivos faríamos — o que fazemos? A guerra é perigosa. Se ela não valer a pena, ninguém vai fazê-la. A presunção é de paz, até que se prove o contrário. Nem sempre a paz vence, e esse último século tragicamente nos demonstra isso. Mas é a hipótese nula, tal qual. Então por que a guerra? Por onde começar a responder uma pergunta como essa? Três linhas de evidência parecem promissoras. A primeira é a arqueologia: o que aprendemos com os vestígios dos hominínios e de seus artefatos? Em segundo, os povos: o que aprendemos dos grupos de pessoas que aparentemente têm sido os menos afetados pela civilização moderna? A terceira, os primatas: o que nossos parentes mais próximos nos dizem?

*Por que odiamos*

## Arqueologia

O que aprendemos com a arqueologia? Evidências demonstram, claramente, que a guerra é uma invenção relativamente recente. Durante a maior parte da existência dos hominínios desde a separação dos macacos, não havia guerra. Segundo o antropólogo Brian Ferguson (2013a, p.126): "Nós não temos guerra embutida em nós. Nós aprendemos a fazê-la".

É verdade que em alguns casos a guerra poderia estar presente sem deixar qualquer vestígio. Contudo, a comparação entre inúmeros casos, de diferentes regiões, demonstra alguns padrões evidentes. Nos mais antigos vestígios, além de ocasionais atos de canibalismo, não há evidências de guerra e poucas evidências de violência entre as pessoas. No Mesolítico europeu [15000 AP-5000 AP], a guerra é algo esparso e episódico, e ela está ausente no comparável Epipaleolítico [20000 AP-8000 AP] no Oriente Próximo. (Ferguson, 2013b, p.191)

Na maior parte de nossa existência, até 15 mil anos atrás ou um pouco mais, como eu havia mencionado na Introdução, os *Homo sapiens* eram caçadores-coletores. Vivíamos em bandos nômades de mais ou menos cinquenta pessoas, caçando e coletando, indo atrás de presas e colhendo frutos, raízes e coisas do tipo. A cooperação era necessária, e isso teria levado às forças que impulsionaram a nossa evolução. Deixamos nossos parentes nas florestas e nos mudamos para as planícies. Com isso veio o bipedalismo e, pelas mesmas razões ou outras correlatas, nossos cérebros – e consequentemente nosso poder de raciocínio – começaram a aumentar. Vivíamos em grupos, com capacidade de nos movimentar, utilizar (e esgotar) os recursos disponíveis, e nos realocar assim que necessário.

Veja a Figura 1.3 demonstrando a densidade populacional relativa no planeta nos últimos 200 mil anos (Hass; Piscitelli, 2013, p.177). Desconfio que sua primeira reação será como a minha: "Por que você está me mostrando isso? É apenas um monte de espaços vazios idênticos". Um olhar mais cuidadoso demonstra que não é apenas um monte de espaços vazios. A imagem, desde o canto inferior direito, apresenta um gráfico que começa a aumentar de maneira lenta e sobe abruptamente até perder de vista. Algo aconteceu. Deixemos isso de lado por agora e vamos nos concentrar no período que o antecede. Havia espaço para todos, uma quantidade imensa de espaço. Como dito, vivíamos em grupos nômades, aproveitando-nos dos recursos disponíveis. Os caçadores-coletores não ficavam apenas nas amplas planícies africanas. Às vezes, vivíamos muito próximo de outros grupos, mas ainda havia espaço de sobra para todos. Por que lutar? Por que colocar nossas vidas em risco? Talvez você capture algumas das mulheres deles, talvez eles capturem mais das suas mulheres. Talvez alguns bravos jovens vissem uma carreira mais promissora em outro grupo. Não há dúvidas de que essas coisas aconteciam de vez em quando, o suficiente para que ao longo do tempo os genes da espécie de espalhassem. Certamente isso não era uma preocupação dos caçadores-coletores. Poderia muito bem ter sido uma troca pacífica. Há espaço de sobra para todos. Siga em frente e saia do caminho deles.

Essa é a questão darwiniana central. Não havia necessidade de guerra. Assim, não há guerra e não há uma propensão inata à guerra. Aqueles que seguiram em frente foram os que sobrevi-

*Por que odiamos*

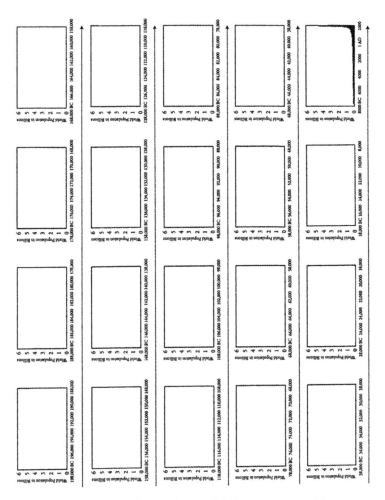

Figura 1.3 – A densidade populacional de humanos nos últimos 200 mil anos. (Cortesia de Jonathan Hass)

veram e se reproduziram. Então, o que mudou tudo? Em uma palavra: *agricultura*. Devem-se reconhecer outros fatores que contribuíram para tanto, principalmente aqueles que tornaram possível aos humanos fazer guerra. Como destaca o antropólogo

Frank Marlowe (2010, p.264), pequenos grupos não estão preparados para luta sistemática: "Se a guerra fosse algo predominante, deveríamos esperar que os coletores preferissem, sempre que possível, viver em grupos locais maiores para se defender de forma mais efetiva". Para Douglas Fry et al.: "Mudanças associadas com o desenvolvimento da complexidade social — tais como assentamento, desenvolvimento de desigualdades sociais, crescimento populacional, ascensão de líderes ambiciosos, acúmulo de alimentos e outros itens para saquear — aumentam muito a probabilidade de guerra". Mas o gatilho para isso tudo foi a agricultura. "As primeiras evidências claras da guerra vêm com o desenvolvimento da agricultura" (Fry, 2013b, p.112); citando Raymond Kelly (2000, p.2) para justificar: "seguindo 'condições globais de ausência de guerra que haviam persistido por muitos milhões de anos'". Começando com força há cerca de 10 mil anos, biologicamente a agricultura foi um grande sucesso. Fortuitamente, de um lado vieram animais e plantas prontos para serem domesticados e cultivados. Gado, ovelhas, porcos, frango, arroz, trigo, batatas. Sem mencionar cachorros para guarda e ajuda em geral. De outro, surgiu a habilidade de criar ferramentas e artefatos úteis. A cerâmica muito provavelmente remonta a mais dez mil anos antes disso (Craig et al., 2013). Ela começa, agora, a desempenhar um papel central de apoio. Sofisticadas pedras para moagem aparecem, possibilitando uma quantidade enorme de novas fontes de energia. Para onde isso tudo leva? Não é surpresa: "agricultores procriam muito mais rapidamente que caçadores-coletores" (Lieberman, 2013, p.188).

Hoje, desconfio que a maior parte de nós que somos pais tendemos a pensar nos filhos como um dreno de recursos —

*Por que odiamos*

roupas, escola, moradia, videogames e muito mais. Naquela época era o oposto. "Depois de alguns anos de cuidado, os filhos dos agricultores podem trabalhar nos campos e em casa, ajudando a cuidar da colheita, criar animais, educar crianças menores e processar alimentos. De fato, boa parte do sucesso da agricultura é que os agricultores cultivavam sua própria força de trabalho de maneira mais efetiva que caçadores-coletores, enviando a energia de volta ao sistema, elevando assim as taxas de fertilidade."

E assim começou a explosão populacional que vimos na imagem anterior, de baixo para cima no canto direito.

> Somente durante o Holoceno os humanos de fato passaram por um crescimento populacional exponencial. Imediatamente antes do Holoceno (19000 AP-13000 AP), as populações estimadas do Pleistoceno tardio da Austrália, Ásia, Europa e África somadas eram de cerca de 500 mil pessoas ou 0,3 pessoa por 100 km² (Haas; Piscitelli, 2013). Para efeitos comparativos, em uma amostra existente de coletores no Holoceno da África, Ásia, Austrália, América do Norte e América do Sul [...] a densidade populacional média é de 34,12 pessoas por 100 km², montante 113 vezes maior que a densidade populacional estimada para toda a população de coletores do mundo perto do fim do Pleistoceno. (Fry; Keith; Söderberg, 2020, p.311)

Os desdobramentos disso foram imediatos e fatais. Já não havia mais espaço para se afastar de concorrentes em potencial. Cada vez mais, era preciso viver juntos, e a pressão para tomar as terras vizinhas era cada vez maior. Além disso, se os vizinhos fossem bons agricultores, havia crescentes razões para tomar a terra deles, mesmo diante de um risco em potencial. Já não havia mais a possibilidade dos vizinhos simplesmente se levantarem e irem embora. Essa é a questão central da agricultura. Você já não é mais nômade, você está preso à sua terra. A guerra começou. "Na maior parte das formulações, aparecem alguns parâmetros básicos: populações maiores, mais sedentarismo, coleta concentrada em locais com delimitação espacial e altamente produtivos, armazenamento de alimentos, definição de grupos sociais mais distintos e hierarquia sociopolítica. Tudo isso se aplica, com variações locais, ao Mesolítico europeu" (Ferguson, 2013b, p.299). Ou algo similar. "Na ilha Kodiak [Alasca] os registros arqueológicos remontam a 7.500 anos. Nos primeiros 5 mil anos inexistem evidências de guerra" (Fry; Keith; Sönderberg, 2020, p.313). Chegamos, então, "ao primeiro aproveitamento de formas do relevo para defesa, tal como montar acampamentos em colinas altas e promontórios, por volta de 1100 AP. Poucos séculos depois, grandes vilas defensivas aparecem nos registros arqueológicos". E, assim, "a desigualdade surge ao lado do desenvolvimento da caça a baleias e, por fim, se estende para abranger conflitos armados endêmicos e em grande escala mobilizados por grandes barcos e ataques a terras distantes". Não temos a guerra embutida em nós. Nós, com certeza, aprendemos a fazê-la.

## Sociedades atuais

A segunda linha de evidência são as sociedades atuais. Mais uma vez, há indicações de que a guerra não é inata nem inevitável. A Hadza é uma sociedade caçadora-coletora, de cerca de 1.200 indivíduos, vivendo na África Oriental (Tanzânia). Assim

Por que odiamos

como com muitas outras sociedades, a civilização segue impingindo e alterando as formas tradicionais de vida. O álcool tem um efeito devastador, mas sabemos o suficiente para fazer algumas observações gerais. "O povo tradicional Hadza pode ser classificado como igualitário, tolerante e autônomo. Eles tendem a evitar conflitos por meio do afastamento e tolerância, do mesmo modo que os membros da maior parte de sociedades nômades [...]. Em situações conflituosas, os Hadza, assim como outros coletores nômades, preferem se retirar [...], e a maioria dos homens e mulheres nunca matou ninguém. A vingança de sangue não é praticada" (Butovskaya, 2013, p.292). Sociedades como essa – e isso não é atípico – contribuem para a tese geral.

"Não atípico"? Isso é verdade? Muitos outros acreditam que haja muitas contraevidências a isso, mais notavelmente os extensos e detalhados estudos e descobertas de Napoleon Chagnon acerca dos Yanomami – cerca de 15 mil indivíduos em 200 comunidades – no sul da Venezuela e no norte do Brasil.

> Estudos sobre os Yanomami do Amazonas durante os últimos 23 anos mostram que 44% dos homens com idade estimada de 25 anos ou mais participaram no assassinato de alguém, que aproximadamente 30% das mortes de homens adultos são por causa da violência e que quase 70% de todos os adultos acima de uma idade estimada de 40 anos perderam um parente genético próximo por causa da violência. Os dados demográficos indicam que os homens que mataram têm mais esposas e prole que os que não mataram. (Chagnon, 1988, p.985)

Vingança por danos anteriores é quase sempre o motivo mais explícito. Cerca de 10 a 20 membros de um grupo saem em uma missão que, em geral, leva vários dias de viagem, e as vítimas – comumente um ou dois – são abatidos por flechas. A maior parte dos que atacam mataram somente um, mas, assim como pilotos de guerra, alguns são ases com mais de dez mortes. Aqueles que matam são conhecidos como "unokais". Estes tendem a ser líderes, e uma vez que os Yanomami são polígamos e seus líderes possuem seis ou mais esposas, os unokais tendem a ter mais esposas que os não unokais, como seria de se esperar (Tabela 1.1, baseada em Chagnon, 1988, tabela 3, p.989). Isso se mostra no levantamento da prole dos unokais em comparação com a dos não unokais (Tabela 1.2, baseada em ibid., p.989). Dentro do contexto, a conclusão se apresenta: tornar-se um unokai vale a pena. "É uma entre várias características masculinas valorizadas pelos Yanomami e um componente integral em um complexo mais geral de objetivos perseguidos pelos homens. Todas as características mencionadas tornam alguns homens mais atraentes como parceiros em casamentos arranjados e predispõem alguns deles a assumirem os riscos envolvidos em se apropriar de fêmeas adicionais pela força. Ambos os caminhos levam a um sucesso reprodutivo maior" (p.990).

Como esperado, Chagnon teve (muitos) críticos. Da nossa perspectiva, dois são particularmente salientes. Primeiro, Chagnon não está falando de pequenos grupos de caçadores-coletores em amplas planícies africanas. "Diferentemente da visão difundida à época dos primeiros trabalhos de campo de Chagnon, as sociedades nativas pré-colombianas do norte da Amazônia não eram caracterizadas pelo pequeno tamanho e organização simples dos horticultores itinerantes etnograficamente conhecidos". Ao contrário: "A etnohistória e a arqueologia revelam grandes assentamentos ribeirinhos, próximos à

Tabela 1.1 – Número médio de esposas de unokais comparado com os não unokais

| Idade | Unokais | | | Não unokais | | |
|---|---|---|---|---|---|---|
| | n | Quantidade de esposas | Média de esposas | n | Quantidade de esposas | Média de esposas |
| 20-24 | 5 | 4 | 0,80 | 78 | 10 | 0,13 |
| 25-30 | 14 | 13 | 0,93 | 58 | 31 | 0,53 |
| 31-40 | 43 | 49 | 1,14 | 61 | 59 | 0,97 |
| > 41 | 75 | 157 | 2,09 | 46 | 54 | 1,17 |
| Total | 137 | 223 | 1,63 | 243 | 154 | 0,63 |

Tabela 1.2 – Média de filhos dos unokais comparado com os não unokais

| Idade | Unokais | | | Não unokais | | |
|---|---|---|---|---|---|---|
| | n | Quantidade de filhos | Média de filhos | n | Quantidade de filhos | Média de filhos |
| 20-24 | 5 | 5 | 1,00 | 78 | 14 | 0,18 |
| 25-30 | 14 | 22 | 1,57 | 58 | 50 | 0,86 |
| 31-40 | 43 | 122 | 2,83 | 61 | 123 | 2,02 |
| > 41 | 75 | 524 | 6,99 | 46 | 193 | 4,19 |
| Total | 137 | 673 | 4,91 | 243 | 380 | 1,59 |

escala urbana, vinculados por conexões comerciais, casamento, guerra, aliança e ritual. Esses sistemas alcançavam sociedades de menor escala no interior de regiões montanhosas. Sem sombra de dúvida, eram mundos sociais cheios de tumulto, mudança e conflito" (Ferguson, 2015, p.382). Segundo, havia muita ação depois disso. Por exemplo: "Expedições de captura de escravizados pelos ou para os europeus chegaram até os rios Negro, Branco e Orinoco, que circundam as montanhas Yanomami, a partir de 1620, mais ou menos rapidamente devastando as

*Michael Ruse*

sociedades das terras baixas". Seguindo: "Nos anos 1730, a captura de cativos alcançou seu pico, com cerca de 20 mil destinados aos portugueses entre 1740 e 1750. Essas guerras por cativos transformaram totalmente o mundo indígena do norte da Amazônia" (p.382).

Os Yanomami não são relevantes para nossa discussão, e, mesmo se fossem, a alegação que os mais ferozes são os que têm a maior prole é questionável. Por um lado, a idade parece ser, ao menos, um fator causal importante. Quanto mais se vive, ou não, mais provável é ter uma prole grande ou não. Por outro, ser feroz também pode ser contraproducente. Pode-se morrer quando se é jovem e suas chances reprodutivas são levadas a uma conclusão abrupta. Os Yanomami "não representam o gênero humano em um estado de natureza, e sim foram muito 'tocados' pelo mundo imperial por séculos. A sociedade estudada por Chagnon foi drasticamente reestruturada pelo contato com o mundo ocidental, tanto no interior dos grupos quanto entre grupos locais" (p.403). De todo modo: "Não há indícios de que a participação em assassinatos leva a qualquer aumento no sucesso reprodutivo, ao contrário, é mais provável que o diminua" (p.403).

## Primatas

E quanto às analogias com primatas? Aqui, certamente, a tese de que a guerra não é inata desmorona. Desde os estudos de Jane Goodall (1986) de longa duração sobre chimpanzés na África, sabemos que estes são de fato macacos assassinos. Bandos deles saem e matam outros (sobretudo machos, mas também fêmeas). "Com a quantidade de locais de estudos de chimpanzés na África aumentando e com o acúmulo de informação de estudos de longa duração, tornou-se evidente que a agressão intraespecífica constitui um risco difuso para os chimpanzés" (Wilson, 2013, p.370). Algumas mortes acontecem no interior dos grupos. Contudo, "a maior parte dos assassinatos (67%) envolve ataques entre grupos distintos [...] Logo, o assassinato intergrupos parece ser um traço difundido dos chimpanzés, e não o resultado de circunstâncias peculiares a um ou poucos locais de estudo" (Wilson, 2013, p.370).

Isso parece definitivo. A hipótese dos humanos como macacos assassinos está de volta ao jogo (Pinker, 2011). Calma lá! Primeiro, lembre-se, somos igualmente relacionados aos chimpanzés-pigmeus, os bonobos. A regra deles para a vida aparentemente é: faça amor, não guerra! "Os bonobos machos não formam os bandos coesos associados ao comportamento masculino cooperativo assassino dos chimpanzés. Ao contrário, a agressão bonobo é leve. Disputas e tensões sociais entre os bonobos estão geralmente dispersas pelo comportamento sexual" (White; Waller; Boose, 2013, p.329). Aparentemente, bonobos e chimpanzés se separaram há cerca de 1 milhão de anos ou mais (mais ou menos 1 milhão!), com o alargamento do rio Congo mantendo os chimpanzés ao norte e os bonobos ao sul. Uma variedade de hipóteses sugeridas mas não definitivas tem sido proposta para os diferentes caminhos que cada um tomou com relação à violência. Um, mais óbvio, é que o hábitat bonobo é mais rico em alimentos vegetais de baixo crescimento ("vegetação herbácea terrestre"). Um estudo descobriu que enquanto 37% da dieta bonobo eram compostos por tais alimentos, somente 7% da dieta dos chimpanzés eram de similares. Há menos necessidade de competição para os bonobos acessarem essa fonte. Uma segunda hipótese é que, enquanto as árvores frutíferas servem de alimento para ambas as espécies, elas são mais abundantes e mais consistentemente disponíveis nos habitat bonobos. Do mesmo modo, há menos necessidade de competição para acessar essa fonte de comida. Em terceiro, acredita-se que os locais de alimentação sejam maiores nos hábitats bonobos do que nos dos chimpanzés. Os bonobos machos não são impelidos uns contra os outros, lutando por parceiras etc., tal como são os chimpanzés. Igualmente importante, as fêmeas bonobo têm maior facilidade em formar bandos, trabalhando juntas e tornando mais difícil para um macho chegar e se impor, ou um bando deles chegar e se impor. Graça social é mais importante que a força grupal.

Uma segunda nota de alerta com relação a tratar o comportamento do chimpanzé como definitivo para os humanos é que, como vimos, desde a separação os humanos assumiram estratégias reprodutivas muito distintas, saindo das florestas mais restritas e indo para as planícies mais espaçosas e com menor inclinação para ou necessidade de lutar por comida e espaço. Segundo Daniel Lieberman: "Os maiores benefícios de cérebros maiores foram provavelmente ligados a comportamentos que não podemos detectar em registros arqueológicos". Entre esses está a habilidade de cooperar. Realmente somos muito bons no trabalho conjunto, em compartilhar comida, na criação de filhos alheios – sim, disse este autor, assentindo vigorosamente com a cabeça depois de 55 anos de docência – e muito mais. "Comportamentos cooperativos, contudo, requerem habilidades complexas, tais como a de se comunicar efetivamente, controlar impulsos agressivos e egoístas, compreender os desejos e intenções dos outros e acompanhar as complexas interações sociais no grupo". Macacos simplesmente não estão preparados para isso. "Os macacos às vezes cooperam, como quando caçam, mas eles não podem fazê-lo tão efetivamente em muitos contextos. Por exemplo, chimpanzés fêmeas compartilham comida somente com sua cria e os machos quase nunca compartilham" (Lieberman, 2013, p.110).

## Complexidade?

Esse é o caso para a guerra como algo relativamente recente – por volta de 10 mil anos– e causado pela mudança para a agricultura. Pela maior parte da nossa existência, certamente antes mesmo de sermos humanos completamente modernos, nós fomos caçadores-coletores com pouca tendência a entrar em grandes brigas com os outros. Isso não quer dizer que a evolução humana tenha terminado há muito tempo. Sempre houve desafios contínuos, por comida, por abrigo etc. Desde cerca de 200 mil anos atrás, nós certamente nos desenvolvemos de maneira a tornarmo-nos mais capazes de coisas avançadas, que nos ajudaram a caçar e guardar suficientemente bem para prosperar. Aprendemos a falar uns com os outros e tudo aquilo que isso implica, aprendemos a fazer ferramentas sofisticadas, começamos a processar nossa comida, como defumar carne para que durasse mais – como bônus, com certeza como parte da harmonia e identidade grupal, começamos a fazer pinturas rupestres sobre nós mesmos e nossas caçadas bem-sucedidas, e por vvezes desenvolvemos técnicas de vínculos incluindo algo, como veremos, notavelmente similar à religião. É plausível que sociedades simples se mantivessem afastadas de conflito; mas, ao passo que nossas sociedades se tornaram mais complexas, não seria ainda mais plausível supor que elas pudessem ter começado a cobiçar as coisas de outros grupos – suas mulheres, seus melhores territórios, suas posses – ou temer que outros cobiçassem o que era deles? Daí vêm o planejamento e o conflito bélico.

Essas são questões controversas. Aparentemente há um acordo geral de que é necessária uma sociedade um tanto complexa para travar uma guerra. "A guerra tanto fomenta quanto exige organização" (Grayling, 2017, p.121). Essa é uma condição necessária. Notamos o comentário de Frank Marlowe (2010) de que pequenos grupos simplesmente não serão capazes de travar uma guerra de maneira significativa. Há complexidade/organização suficiente? Alguns defendem que sim. Marc Kissel e Nam C. Kim defendem o que chamam de "guerra emergente". Eles destacam que "as capacidades cognitivas e comportamentais associadas à 'modernidade comportamental' [linguagem, habilidade de fazer ferramentas, e similares] teriam garantido aos nossos ancestrais a habilidade de produzir ideias culturais e atitudes sobre violência, e de cooperar para utilizá-la ou evitá-la" (Kissel; Kim, 2019, p.143). Eles enfatizam a importância que o desenvolvimento das habilidades linguísticas teria para se travar uma guerra de maneira bem-sucedida. Em termos gerais: "Nós sustentamos que: a) a guerra provém de sofisticadas habilidades de socialização, alta cognição, pensamento simbólico e comunicação; e b) essas habilidades emergem gradualmente por todo o Pleistoceno, concedendo aos grupos ancestrais a capacidade de se engajar em agressões entre grupos e violência".

Verdade. A questão é: alguma vez eles usaram essa capacidade? Presumidamente, eles tinham a capacidade de produzir óperas como Mozart, mas há dúvida se alguma vez eles o fizeram. Basicamente, o que vale é o resultado. Encontramos quais-

*Por que odiamos*

quer indícios de guerra – corpos de pessoas que morreram em conflitos, por exemplo? Certamente há muitos corpos do Pleistoceno, dos quais boa parte demonstra sinais de um fim violento. Isso não significa guerra. Se meu irmão e eu vamos atrás do tipo que roubou a esposa dele e se o matamos, isso não seria guerra. Se formamos uma gangue rebelde e o matamos, isso não é guerra. Se nos livramos de uma anciã que está consumindo muitos recursos, isso não é guerra. Quando se começa a colocar a questão nesses termos, a evidência da guerra antes de 10 mil anos atrás começa a parecer insignificante. O sociólogo Robert Bellah escreveu de maneira perspicaz:

> Embora não haja um passado pacífico para recordar – caçadores-coletores com frequência tinham taxas de homicídios maiores que as de nossas cidades –, a guerra parece ser correlata de uma intensificação econômica e parece emergir em períodos pré-históricos relativamente recentes. Depende muito do que queremos dizer com guerra: homicídio, vingança, mesmo ataques ocasionais não são raros entre caçadores-coletores. Mas um conflito armado organizado e dirigido para conquista de território de fato só vem a aparecer quando os recursos estão localmente concentrados e outras opções são menos atraentes. (Bellah, 2011, p.195)

Nenhuma guerra antes de 10 mil anos atrás? Notoriamente, há o caso de Jebel Sahaba[2] no vale do Nilo, onde 61 corpos foram encontrados, quase metade deles mortos violentamente (Kelly, 2005; Haas e Piscitelli, 2013). Contudo, a interpretação

---

2 Trata-se de um cemitério descoberto na década de 1960 em Jebel Sahaba, norte do Sudão. (N. T.)

desse achado como indício de guerra tem sido questionada e, de qualquer modo, sua datação de cerca de 11.500 anos atrás está dentro dos limites mencionados. Isso também vale para o pequeno grupo de vestígios encontrado no Quênia. Eles datam de cerca de 10 mil anos atrás, e nesse caso a interpretação de guerra também tem sido questionada (Lahr et al., 2016a, 2016b; Stojanowski et al., 2016). A guerra poderia ter acontecido, mas não há evidência sólida. Provas contingentes, como arte nas cavernas, tampouco ajudam. Embora algumas das figuras mais citadas possam retratar um assassinato, isso não quer dizer que se trata de humanos. Uma das mais famosas possui cauda! (ver Figura 1.4). Em suma, embora tenhamos uma compreensão cada vez maior dos nossos ancestrais caçadores-coletores, sua natureza belicosa não está comprovada. Isto é, até o surgimento da agricultura, incluindo a aquicultura para regiões costeiras.

Figura 1.4 – Pintura rupestre de um suposto humano assassino. (Caverna de Pech Merle no sudoeste da França, por volta de 20 mil anos atrás.)

*Por que odiamos*

# Razões

Podemos relacionar a taxonomia da guerra do início deste capítulo à discussão causal que fizemos no meio dele? Os tipos catalogados de guerra se encaixam na hipótese de que a "agricultura mudou tudo"? Certamente, por mais avançadas que as sociedades de caçadores-coletores fossem, dificilmente poderia se esperar uma correspondência exata ou mesmo significativa. Já é ruim o bastante fazer essa separação de tipos no presente. A Guerra da Crimeia, travada em meados do século XIX entre a Rússia e a aliança de França e Reino Unido, foi ofensiva ou defensiva? De maneira mais imediata, o tsar era visto como uma ameaça aos seus súditos católicos romanos, favorecendo os ortodoxos; a longo prazo, vemos a relutância dos aliados, o Reino Unido em particular, em deixar a Rússia tomar o território do Império Otomano (Turquia) em decadência. Ambos os lados, com razão, teriam admitido que estavam na ofensiva. Ambos os lados, com razão, poderiam dizer que estavam defendendo o *status quo*.

Assim, é possível dizer algumas coisas importantes sobre a hipótese da agricultura e a guerra na contemporaneidade. Vamos supor que as guerras se iniciam de forma espontânea, porque o povo está entediado e decidiu que prefere matar pessoas a assistir televisão ou jogar futebol. Pareceria então que o que falamos sobre causalidade nessas últimas seções não tem muita relevância. Por que será que as sociedades de caçadores-coletores não decidiam de vez em quando destruir outras sociedades só pela diversão? Sem motivo, apenas para evitar o tédio ou coisa do tipo. Bem, se acontece, precisaríamos de exemplos atuais para tornar isso plausível. A viagem de Guilherme, o Conquistador para a Inglaterra não se encaixa no padrão necessário.

Guilherme não partiu somente "pela diversão". Ele queria a coroa da Inglaterra, o que conseguiu. Napoleão teria cometido um erro terrível ao invadir a Rússia. Erro ou não, ele não atacou "pela diversão". Ele queria pressionar seu arquirrival, o Reino Unido. É claro, na perspectiva de Kissel e Kim, se pode argumentar que, no passado distante, povos guerreavam por outras razões. Se sim, precisaríamos estipular razões e definir por que as evidências científicas atuais seriam irrelevantes. Poderia ser o caso: mas por quê?

Nem todas as guerras têm os mesmos motivos. A Guerra Civil inglesa ocorreu principalmente em torno da disputa entre os aspirantes ao poder – o rei ou o Parlamento. Mas um motivo subjacente determinante foi aquele que causava muito conflito no continente – a Guerra dos Trinta Anos. A Inglaterra era protestante ou católica? O protestantismo prevaleceu, embora o golpe final no coração das aspirações católicas só tenha sido desferido no fim do século XVII, quando Jaime II foi deposto. Vamos tratar algumas dessas questões de maneira mais detida no Capítulo 3, mas mesmo aqui podemos ver que não há necessidade de invocar a hipótese do macaco assassino. Boa parte da tensão, ou toda, girava em torno de quem ficaria no comando. Diferentemente da época dos caçadores-coletores, quando era possível se afastar de estranhos que não compartilhassem as mesmas ideias e valores, os ingleses estavam ilhados uns com os outros. Isso, por fim, levou ao conflito. Como sempre, a verdade está nos detalhes. As causas da Guerra Civil inglesa não são as mesmas da Guerra Civil americana; mas nesses casos, como em outros correlatos, as respostas não residem em suposições simplistas sobre a natureza humana, mas em compreender por que a natureza humana, que nos serviu por quase toda a história do *Homo sapiens*, poderia estar em risco e entrar em colapso no novo mundo. Um novo mundo iniciado pela agricultura, e transformado agora em uma sociedade muito diferente e com desafios totalmente novos.

## Assassinos natos?

Algum desconforto ainda pode pairar. Voltemos à hipótese do macaco assassino. Será que a deixamos de lado muito rapidamente? Mesmo que não seja o produto óbvio da evolução humana tal como a compreendemos agora, será que perdemos algo? A resposta surpreendente é que há uma peça faltante do mistério. A ironia é que ela aponta para fora do cenário do macaco assassino. Narrativas dos conflitos bélicos reais sugerem fortemente que o desejo e a habilidade de matar nossos semelhantes está muito longe de ser confirmada. Para a maior parte de nós tal desejo inexiste! "Durante a Segunda Guerra Mundial, o general de brigada do exército estadunidense S. L. A. Marshall perguntou a alguns soldados rasos [os quais ele estava entrevistando] o que eles faziam na batalha" (Grossman, 2009, p.3). Suas descobertas foram surpreendentes: "de cada cem homens na linha de fogo durante o período de um confronto, uma média de apenas quinze ou vinte 'participavam com suas armas'. Isso era consistentemente verdadeiro 'se a ação se estendesse por um dia, dois ou três'". Marshall se esforçou para enfatizar que os soldados que não disparavam não eram vacilantes ou covardes. Em geral, o oposto disso. Perguntando àqueles que haviam recentemente entrado em confronto direto contra europeus ou japoneses: "Os resultados foram consistentemente os mesmos: somente 15% a 20% dos atiradores estadunidenses em combate durante a Segunda Guerra Mundial atiravam no inimigo". Contudo: "Aqueles que não atiraram não fugiram e nem se esconderam (em muitos casos se arriscavam a enfrentar grandes perigos para resgatar colegas, pegar munições ou levar mensagens), mas eles simplesmente não disparavam suas armas contra o inimigo, mesmo quando enfrentavam ondas repetidas de cargas *banzai*"[3] (ibid., p.3-4). Medido em termos de estresse psicológico, os médicos estão em ótima forma, assim como, talvez surpreendentemente, os oficiais. Você pode pensar que eles, antes dos outros, estariam esgotados. Na verdade, não. "De fato, é um pressuposto geralmente aceito da guerra moderna que se um oficial estiver atirando em seu inimigo, ele não está fazendo o seu trabalho." Isso não é por ele ser covarde. Na Primeira Guerra Mundial, 27% dos oficiais servindo na Frente Ocidental foram mortos, em contraste com 12% dos soldados. Isso deve-se mais ao fato de ele não ter a tensão psicológica de matar outro ser humano. "Em relação aos soldados, os oficiais naquela guerra tinham 50% menos chance de estar psicologicamente incapacitados" (ibid., p.63).

Então como os exércitos matam tantos dos seus oponentes? A resposta não está nos esquadrões especiais de matadores malucos, do tipo James Bond. A resposta é mais evidente. A matança é feita à distância. Pense dessa maneira: se, na Segunda Guerra Mundial, você houvesse pedido a um simpático jovem britânico — ou norte-americano, tanto faz — para pegar uma arma, entrar em uma vila e matar quinhentas pessoas

---

3 Cargas ou ataques *banzai*: tática utilizada pelo Exército japonês durante a Segunda Guerra Mundial que consistia em um ataque suicida frontal em massa pelos soldados japoneses. (N. T.)

aleatoriamente – homens, mulheres e crianças (na guerra, provavelmente mais mulheres e crianças que homens) –, eles te olhariam como um monstro moral. Mas estando dentro de um bombardeiro Lancaster, como navegador, digamos, o jovem não terá receios em jogar bombas na cidade abaixo dele. É o mesmo em outros lugares. Por que os "marinheiros não sofrem das mesmas aflições psiquiátricas que seus irmãos em terra? Marinheiros sofrem e queimam e morrem tão terrivelmente quanto os combatentes em terra. Morte e destruição recaem sobre todos eles. Ainda assim, eles não se dobram. Por quê?". Mesma resposta de antes: "a maior parte deles não tem que matar ninguém diretamente, e ninguém está específica ou pessoalmente tentando matá-los" (ibid., p.58).

Esse é o ponto. Caçadores-coletores não matavam grupos vizinhos – não havia necessidade, e eles poderiam se ferir. De fato, havia uma vantagem adaptativa real em não querer matar os outros. Eles, por sua vez, poderiam querer te matar. Mas ninguém lhes dava a opção de subir em um bombardeiro para perseguir outros grupos. Dessa forma, não se criavam emoções sobre esse tipo de situação. E note, incidentalmente, que tudo isso é seleção individual. Não quero pessoas me matando ou à minha família. Você pode ter percebido que Konrad Lorenz apela à seleção grupal, uma grande favorita nos anos 1950, quando ele escreveu. Ele supunha que nós não matamos o derrotado para o bem do grupo. Isso pode fazer alguém suspeitar que há algo errado. Humanos não fazem as coisas pelo bem do grupo a não ser que haja algo em troca – reciprocidade, ajuda a parentes etc. A hipótese do macaco assassino é construída sobre fundamentos teóricos débeis e contraria evidências empíricas.

*Michael Ruse*

# Hobbes contra Rousseau

Uma questão cínica. Estaríamos simplesmente evocando aquela velha discussão do "bom selvagem"? O mito de que tudo era doce e luminoso até a civilização chegar e isso ir pelo ralo? O que mais você esperaria de alguém (como eu) que teve uma infância *quaker*, cujos efeitos (segundo sua própria confissão) ainda são poderosos? Embora ele nunca use o termo "bom selvagem", este em geral é atribuído a Jean-Jacques Rousseau, figura do Iluminismo francês, que supostamente nos via a todos originalmente em um estado feliz de natureza, de algum modo semelhante ao que foi proposto anteriormente neste capítulo (Lovejoy, 1923). Nesse aspecto, ele se opunha ao filósofo político inglês Thomas Hobbes, pensador do século XVII a quem em geral se atribui uma visão mais realista. Hobbes escreveu no tempo da Guerra Civil inglesa e via o conflito como nosso estado natural. "Tudo aquilo, portanto, que ocorre em tempo de guerra, quando cada homem é inimigo de cada homem, igualmente ocorre quando os homens vivem sem qualquer outra segurança que não aquilo que sua própria força e sua própria invenção possam lhes proporcionar" (Hobbes, 1651). Sem indústria, sem cultura, sem navegação e, logo, sem comércio, sem edifícios significativos, sem geografia ou geologia, sem artes, letras, sociedade — "e o que é o pior de tudo, medo e risco contínuo de morte violenta; e a vida do homem solitário, pobre, desagradável, brutal e curta".

É certo que Rousseau tinha uma perspectiva diferente das coisas. No caso do "homem selvagem, destituído de toda espécie de inteligência [...] seus desejos nunca vão além de suas vontades físicas. Os únicos bens que ele reconhece no universo

*Por que odiamos*

são alimento, uma fêmea, e o sono: o único mal que ele teme é a dor e fome" (Rousseau, 1755, p.14). Isso tudo contribui para um estado de coisas bastante pacífico.

> Com paixões tão pouco ativas e um freio tão eficaz, os homens, sendo mais selvagens que maus e mais preocupados em se proteger do mal que lhes poderia ser feito do que em fazê-lo aos outros, não estavam sujeitos, de modo algum, a rixas perigosas. Como não mantinham qualquer tipo de relação entre si, eram alheios à vaidade, consideração, estima e desprezo; não tinham a menor noção de propriedade e nenhuma concepção real de justiça; eles olhavam para cada violência à qual estavam sujeitos mais como uma injúria que facilmente poderia ser reparada do que como um crime a ser punido; e eles nunca pensavam em se vingar, a menos que talvez de forma mecânica e no calor da hora, como um cão às vezes morde uma pedra que é atirada nele. (ibid., p.20)

Hobbes e Rousseau. De certo modo, eles são *yin* e *yang* das coisas. Ambos estão certos, e é tomando-os juntos que o verdadeiro quadro começa a emergir. Ninguém nega que a guerra pode levar a um estado hobbesiano. Nós, que tomamos a Guerra Civil inglesa como um de nossos exemplos, certamente não. Certamente não Rousseau, cujo raciocínio completo é que o estado original do gênero humano deu origem ao progresso e ao desenvolvimento da inteligência, da cultura e da tecnologia, incluindo a agricultura. O que possibilita – a certeza – da guerra. Propriedade, civilização, novas paixões deram espaço a "conflitos perpétuos, que sempre acabam em batalhas e carnificinas. A sociedade nascente deu origem ao terrível estado de guerra; os homens aviltados e desolados não podiam mais voltar atrás ou renunciar às suas aquisições infelizes, mas ao trabalhar apenas para sua própria confusão pelo abuso das faculdades que lhes dignificam, colocaram a si mesmos às portas de sua ruína" (ibid., p. 29).

Realmente não parece ser uma questão de escolher Rousseau porque ele faz você se sentir bem, ou porque ele justifica o Sermão da Montanha. Ele oferece uma hipótese empírica – não violência e então, dada a propriedade (em que a agricultura teve um papel causal significativo), conflito. Isso antecipa de fato em muitos aspectos a posição assumida neste capítulo, a hipótese nula, como apresentada, de que a guerra seria uma intrusa trazida por circunstâncias. A seu modo, Rousseau é tão ultradarwinista quanto possível. Não é uma questão de rejeitar Hobbes. É apenas questão do que se encaixa aqui. Uma conclusão, por acaso, que está em sintonia com o pensamento antropológico atual sobre esses temas. Alan Page Fiske e Tage Shakti Rai em *Virtuous Violence* [Violência virtuosa] (2014) argumentam de forma convincente que, longe de nossa natureza social nos impedir de ter emoções violentas que possam entrar em ação, a violência pode ser um fator importante para manter a socialização! Ela promove intimidade dentro de grupos. O exemplo mais óbvio é o de pais castigando seus filhos. Isso é a antítese do comportamento do macaco assassino. Ele garante que os filhos serão bons membros do grupo interno. Isso também acontece com os conflitos entre adultos. Os machos às vezes competem violentamente (assim como o fazem os primatas superiores) por status. Matar uns aos outros acabaria com o seu propósito. É mais provável que um grupo com papéis e status bem definidos funcione melhor que outro sem estruturas similares. E há muitos outros exemplos, como os ritos de iniciação dolorosos.

Se você o interpreta não como dizendo que não há violência – "um cão morderá a pedra"[4] –, mas que não há violência sistemática, de natureza bélica, Rousseau está certo. Mas Hobbes também está, pois se as circunstâncias mudam drasticamente – agricultura – as adaptações para um propósito, a harmonia grupal, podem ser desviadas (pervertidas?) para outros fins.

## Pecado original *redivivus*?

Depois de dialogar com os críticos, é hora de concluir a discussão tornando-nos críticos. Se a hipótese do macaco assassino – éramos matadores natos desde o começo – está sendo rejeitada, por que ela tem tanta aderência ao nosso imaginário? O filósofo A. C. Grayling (2017, p.160), em uma análise geral análoga à minha – "a guerra é um artefato dos arranjos políticos, econômicos e culturais que evoluíram quando as sociedades sedentárias emergiram na história cerca de 10 mil anos atrás" –, aponta o problema e sua causa: religião (ibid., p.127). Dart (1953) entrega o jogo. Ele começa seu texto com uma reflexão teológica: "De todos os animais o animal homem é o pior, Para os outros e para si o pior inimigo", citando *Christian Ethics* [Ética cristã] de Richard Baxter (1615-1691). Compare Zacarias 8,10: "Porque antes destes dias não tem havido salá-

---

4 Referência ao Sermão n.71 de Charles Spurgeon, pregador batista inglês do século XIX. A frase completa é: "Um cão morderá a pedra que é atirada nele, mas um homem se ressentiria do dano causado por quem jogou a pedra", cf. Spurgeon. *Spurgeon's Sermons vol. 2: 1856*. Grand Rapids, MI: Christian Classics Ethereal Library. Disponível em: https://www.ccel.org/ccel/s/spurgeon/sermons02/cache/sermons02.pdf. (N. T.)

rio para os homens, nem lhes davam ganhos os animais; nem havia paz para o que entrava nem para o que saía, por causa do inimigo, porque eu incitei todos os homens, cada um contra o seu próximo". Lembre-se também: "esse diferencial comum de sede de sangue, esse hábito predatório, essa marca de Caim que separa o homem dieteticamente de seus parentes antropoides". O fato é que estamos tomando a sabedoria da Bíblia em vez de tomá-la das rochas. Estamos a um passo da tese agostiniana do pecado original. Somos todos marcados primeiro porque Eva e depois Adão desobedeceram a Deus e comeram a maçã proibida. Mesmo o mais secular entre nós, vivendo como nós em uma sociedade cristã, está sujeito a esse tipo de pensamento. Não há necessidade de seguir e aceitar a segunda parte da história agostiniana: "expiação substitutiva". Jesus morreu em agonia na cruz para nossa salvação.

Como o paleoantropólogo Raymond Tuttle destaca, Dart, Ardrey e outros estão escrevendo em uma época receptiva a esse tipo de pensamento, a Segunda Guerra Mundial e o pós-guerra. "Nos anos 1960 e 1970, conforme a conflagração no Vietnã escalava e a crise dos mísseis cubanos ameaçava o hemisfério norte com a a destruição nuclear, Robert Ardrey (1908-1980), Konrad Lorenz (1903-1989) e outros dramaturgos e escritores de livros populares visualizaram o macaco assassino de Dart em cada ser humano, não apenas nos antigos homens das cavernas" (Tuttle, 2014, p.5). A historiadora Erika Milam, em seu penetrante *Creatures of Cain* [Criaturas de Caim] (2019), argumenta de maneira similar. Isso não faz com que a afirmação seja verdadeira. Tampouco significa que alguém que rejeita a hipótese do macaco assassino seja antirreligioso em geral e anticristão em particular. Muitos cristãos – para começar a Igreja Ortodoxa

*Por que odiamos*

Oriental e os cristãos ocidentais, como os *quakers* – rejeitam a teoria do pecado original de Santo Agostinho, preferindo a antiga posição de Irineu de Lyon, cuja teoria "encarnacional" vê a morte de Jesus na cruz não como um sacrifício, mas como um exemplo do amor perfeito. Somos a imagem e semelhança de Deus, então por que razão seríamos macacos assassinos? Nem a teologia nem o mundo empírico dão sustentação a isso. Tuttle destaca, de maneira incisiva, que simplesmente não fomos feitos para sermos assassinos. "De fato, dada a falta de dentes temíveis e outros meios morfológicos ou tecnológicos para matar um ao outro, o argumento provável é que eles viveram consistentemente em grupos com coortes consideráveis de adultos machos sob a possibilidade onipresente de que eles poderiam enfrentar predadores carnívoros, que eram mais formidáveis em número e variedade que os modernos" (ibid., p.593).

Em suma, a tese deste capítulo está confirmada. "Pelo fato de haver menos hominídeos no Plioceno e no Pleistoceno, a migração coletiva para se afastar de grupos antagônicos parece ter sido uma opção disponível. Além disso, desenvolver relações mutuamente benéficas provavelmente seria uma opção melhor para uma ou ambas as partes, em vez de ter de planejar e realizar ataques em detrimento de procurar comida e manter vínculos no interior de seu próprio grupo" (ibid., p.594). Não há necessidade de dizer mais.

## 2
# *A biologia do preconceito*

Vejamos o preconceito. Como a guerra, ele envolve o ódio aos outros, mas agora do indivíduo enquanto membro de um grupo. Gordon Allport, em seu estudo clássico sobre o tema – *The Nature of Prejudice* [A natureza do preconceito] –, o definiu como "uma atitude aversiva e hostil com relação a uma pessoa de determinado grupo, simplesmente por ela pertencer àquele grupo e, portanto, presumidamente carregar as qualidades questionáveis atribuídas àquele grupo" (Allport, 1954, p.8). A ênfase de Allport está na hostilidade e repulsa ao "exogrupo". Nós somos "endogrupo"; eles são o exogrupo. Basta olhar à nossa volta para perceber que Allport estava no caminho certo. Enfatizando que, ao examinar tanto a guerra quanto o preconceito, estamos lidando com duas faces da mesma moeda causal – como indicado pela citação de Hume na Introdução –, começarei pelas conclusões do último capítulo. Depois, investigarei qual a luz que a ciência joga sobre as várias formas de preconceito. Vejo continuidade – identidade – entre o pensamento apropriado sobre guerra e sobre preconceito; do mesmo modo, embora eu divida o preconceito em categorias, vejo toda a discussão ligada pelo mesmo arcabouço teórico. Há uma sobreposição e conexão causal das categorias. Assim como raça e classe: "muitos dos pobres brancos estadunidenses que se beneficiariam de serviços de assistência social mais generosos se opõem à assistência social, uma vez que acreditam que esses benefícios servem antes de tudo aos afro-estadunidenses e não a seu próprio grupo" (Sobolewska e Ford, 2020, p.333). Essa conexão é tão comum que tem seu nome próprio: "racialização". "No estado do Tennessee, por exemplo, [o médico Jonathan M. Metzl] descobriu que políticas restritivas de saúde podem ter custado a vida de cerca de 4.599 afro-estadunidenses entre 2011 e 2015, mas também custaram a vida de 12.013 brancos do estado, mais do que o dobro da perda sofrida entre os habitantes negros" (Wilkerson, 2020, p.189). Note que, como esse exemplo demonstra, embora o ponto de partida conceitual esteja na pré-história, cada vez mais neste capítulo e nos seguintes o foco é redirecionado para os humanos e suas atitudes hoje.

## Endogrupo-exogrupo

Um esboço básico é sugerido imediatamente. A história do gênero humano até a chegada da agricultura, foi a dos caçadores-coletores — pequenos grupos em um grande continente, cuidando de suas vidas. De tempos em tempos, era possível que um bando se encontrasse com outros, e, embora não fosse desejável entrar em guerra — as pessoas poderiam se ferir —, era prudente ter cautela com relação a eles. Não seria bom ser expulso de seu território favorito ou que os segredos do grupo fossem descobertos. Não é bom que as mulheres do grupo sejam rou-

*Por que odiamos*

badas, ou (como acontece) que desejassem que isso ocorresse. Não seria bom que os caçadores mais jovens pensassem que talvez a grama fosse mais verde no outro lado. Por outro lado, geralmente havia pouco incentivo para unir forças e trabalhar em conjunto. Para caçadores-coletores, um tamanho modesto da população é essencial. O mínimo necessário é que o alimento coletado seja suficiente para todo o grupo. Cautela ou preconceito contra os outros – o exogrupo – era uma adaptação óbvia. Note que tudo isso é próprio da pré-agricultura. Com o crescimento e a vinda de uma sociedade mais estável e ordenada, essas atitudes se transplantaram talvez com muita facilidade. Deixemos de lado a questão genética/cultura, ainda que tendo cuidado para não dar importância exagerada para os genes nesse momento. O psicólogo social Jonathan Haidt destaca que algo ser inato não quer dizer que seja fixo e eterno. Ele cita o neurocientista Gary Marcus: "A natureza fornece uma primeira versão que a experiência então revisa". Ele segue: "'Inato' não quer dizer não maleável; quer dizer *organizado antes da experiência*'" (Haidt, 2012, p.153).

Até aqui, estamos deixando de lado um elemento central nessa história. Cada vez mais psicólogos e outros estudiosos sugerem que as relações endogrupais são primárias e mais fundamentais: "uma vez que as pessoas se importam com alianças cooperativas, elas intuitivamente interpretam que os grupos aos quais estão vinculadas precisam de sua cooperação, verdade e apoio, o que os leva a se comportar de maneiras que beneficiem o endogrupo e sejam consistentes com as normas dele" (Roberts e Rizzo, 2020, p.9). O preconceito do exogrupo vem na sequência, mas não necessariamente o tempo todo. O que está acontecendo?

*Michael Ruse*

Uma vez que as distinções endogrupo/exogrupo nem sempre envolvem competições ou conflitos intensos (ou leves) por recursos escassos, há necessidade de uma teoria da evolução dos grupos sociais que não dependam do conflito intergrupos *per se*. Tal teoria parte do reconhecimento de que a vida em grupo representa a estratégia fundamental de sobrevivência que caracteriza a espécie humana. Ao longo de nossa história evolutiva, os humanos abandonaram a maior parte das características físicas e instintos que tornam possível a sobrevivência e a reprodução como indivíduos isolados ou pares de indivíduos, em favor de outras vantagens que precisam da interdependência cooperativa com outros para sobreviver em uma ampla variedade de ambientes físicos. Em outras palavras, como espécie, nós evoluímos para depender mais da cooperação do que da força e mais do aprendizado social do que do instinto como adaptações básicas. O resultado é que, como espécie, os seres humanos são caracterizados pela interdependência obrigatória. (Brewer, 1999, p.433)

Isso é música para nossos ouvidos. "Nenhuma tribo poderia se manter junta se o assassinato, roubo, traição etc. fossem algo corrente; consequentemente tais crimes dentro dos limites da mesma tribo 'são marcados pela eterna infâmia'" (Darwin, 1871, v.I, p.93). A mesma posição evolutiva que temos sustentado. "A filiação ao grupo é uma forma de altruísmo contingente. Ao circunscrever a ajuda a membros mutuamente reconhecidos do endogrupo, os custos e riscos totais da não reciprocidade podem ser contidos. Assim, os endogrupos podem ser definidos como comunidades delimitadas de confiança e obrigação mútua que marcam a interdependência mútua e cooperação" (Brewer, 1999, p.433).

Tudo isso faz muito sentido. Você está em um grupo de caçadores-coletores. Lembre-se, a maior parte do tempo você não interage com outros grupos, você segue cuidando da sua própria vida e, acima de tudo, isso significa confiar uns nos outros. Como Darwin afirmou, é provável que todos sejam parentes, ou que acreditem sê-lo. Mas parentes ou não, é preciso trabalhar juntos. Pode-se dizer com razoável certeza que tanto a seleção de parentesco quanto o altruísmo recíproco estão operando. Boa parte do tempo será preciso trabalhar em conjunto para apanhar a presa. Ou trocar informações para encontrar e colher as melhores safras. Você não pode se dar ao luxo de ficar marcado como evasivo ou como alguém que não desempenha seu papel. Como nos diz o filósofo John Rawls: equidade é o que importa. Pensemos nas crianças. O problema não é elas quererem tudo, mas sim que nem todos recebem tudo. Todos querem o que lhes cabe. Adaptações endogrupais. Perceba que nada ainda trata da discriminação com o exogrupo.

O argumento evolutivo para a cooperação social delimitada não carrega um vínculo implícito entre a formação do endogrupo e a hostilidade ou conflito intergrupos. De fato, em um contexto de recursos limitados, a diferenciação grupal e os limites de território podem servir como um mecanismo para prevenir o conflito entre indivíduos em vez de promovê-lo. A discriminação entre endogrupo e exogrupos se trata de um relativo favoritismo ao endogrupo e a falta de um favoritismo equivalente aos exogrupos. Dentro dessa conceitualização, os exogrupos podem ser vistos com indiferença, simpatia ou mesmo admiração, desde que a distinção intergrupo seja mantida. (Brewer, 1999, p.434)

Douglas Fry traz um ótimo exemplo que sustenta esse ponto. Ele escreve sobre grupos, tribos, vivendo sob condições árduas no oeste da Austrália, onde secas são uma ameaça constante. "No deserto ocidental na Austrália, aparentemente um ambiente rigoroso com precipitação imprevisível cria uma dependência mútua entre diferentes grupos." Ele segue: "Essa interdependência, por sua vez, facilita as relações pacíficas intergrupos, que encorajam os moradores do deserto a cooperar, oferecer assistência mútua em tempos de necessidade, compartilhar recursos reciprocamente, e se comportar gentilmente entre si no interior do grupo imediato e além dele" (Fry, 2014, p.87).

Dito isso, como argumentado anteriormente, é fácil ver como a agressão do exogrupo – não necessariamente violência – pode ser gerada. Obviamente, à luz dos fatores já mencionados, a discriminação pode emergir como um subproduto do favorecimento do endogrupo. "Basicamente, muitas formas de discriminação e preferência podem se desenvolver, não porque os exogrupos sejam odiados, mas porque as emoções positivas tais como admiração, simpatia e confiança são reservadas para o endogrupo e negadas aos exogrupos." Conforme chegamos às sociedades modernas, como o desdobramento mostrado na Figura 1.3, podemos ver que esse processo pode ser de uma importância cada vez maior. "Uma relação direta entre um intenso favoritismo no endogrupo e o antagonismo do exogrupo pode também ser esperada em sociedades altamente segmentadas que são diferenciadas ao longo de uma única caracterização primária, tal como a etnia ou religião" (Brewer, 1999, p.439). Mas não vamos nos antecipar, voltemo-nos a tipos específicos de preconceito.

*Por que odiamos*

## Estrangeiros

Os ingleses não gostam muito dos estrangeiros. Leia Charles Dickens e seu grande romance *Little Dorrit* [*Pequena Dorrit*], publicado como folhetim entre 1855 e 1857. Ele escreve sobre pessoas em uma região da classe trabalhadora de Londres e sobre como "era dureza para um estrangeiro" obter qualquer atalho para conquistar sua confiança ou amizade genuína.

Em primeiro lugar, eles tinham uma vaga convicção de que todo estrangeiro levava uma faca consigo; em segundo, eles acreditavam ser um sensato axioma constitucional nacional que ele devesse voltar para seu país. Eles nunca pensaram em perguntar quantos dos seus compatriotas seriam enviados de volta de diversas partes do mundo se o princípio fosse amplamente reconhecido; eles imaginavam ser algo peculiar e particularmente britânico. Em terceiro lugar, eles tinham uma ideia de ser uma espécie de golpe Divino sobre o estrangeiro o fato de ele não ser inglês, e que todos os tipos de calamidades se passavam em seu país porque ele fez coisas que a Inglaterra não fez, e não fez as coisas que a Inglaterra fez. (Dickens, 1857, p.302)

Isso é apenas o começo. "Eles acreditavam que os estrangeiros sempre passavam dificuldades" (p.302-3). "Eles acreditavam que os estrangeiros eram perseguidos e passados na baioneta" (p.303). "Eles acreditavam que os estrangeiros eram sempre imorais" (p.303). Havia ainda uma condescendência digna de dó daqueles cuja língua nativa era outra que não a sua. Nascidos e criados como cidadãos ingleses, eles estavam convencidos de que se falassem com estrangeiros em voz bem alta, usando linguagem de bebê, tudo seria compreendido.

É uma questão de jeito. "A senhora Plornish era particularmente engenhosa nessa arte; e ficou famosa por dizer: 'Eu vou *abi* sua perna logo, logo', o que foi considerado no Yard algo bem próximo de falar italiano. Até a própria senhora Plornish começou a achar que tinha um dom natural para aquela língua" (p.303). Ela era parte de uma longa tradição. Depois de 150 anos da paródia de Dickens, meu falecido pai, que não sabia uma palavra de qualquer língua estrangeira, estava profundamente convencido de que era poliglota enquanto atravessava a Europa, à maneira da senhora Plornish.

Evitando, pelo menos por ora, a tentação de passar ao presente e deixar a ficção e ir aos fatos, vamos postergar nossa discussão sobre o Brexit. Olhemos para aqueles estrangeiros que precisam dos talentos da senhora Plornish, imigrantes que vieram ao nosso país, e consideremos as reações do político inglês conservador Enoch Powell (Heffer, 1998). Particularmente ativo nos anos 1960, ele liderou as forças de oposição. Depois da Segunda Guerra Mundial, valendo-se das fronteiras abertas no interior da Comunidade Britânica de Nações, houve um influxo de imigrantes para o país natal. Entre 1948 e 1970, cerca de meio milhão de pessoas vieram das Índias ocidentais. Em 1951, havia cerca de 30 mil indianos vivendo na Grã-Bretanha; em 1971, aproximadamente 400 mil. (Em 2011, havia 1,5 milhão de pessoas de etnia indiana na Grã-Bretanha, cerca de 2,5% da população total.) Em 1951, havia cerca de 10 mil paquistaneses; em 1971, cerca de 120 mil, e os números continuaram a crescer rapidamente. (Em 2011, eram aproximadamente mais de meio milhão de pessoas da etnia paquistanesa, cerca de 2% da população.) Para efeitos de comparação, a população britânica total na Grã-Bretanha em

*Por que odiamos*

1950 era de cerca de 50 milhões, sendo 3% nascidos em outros locais, com a maioria branca.

Enoch Powell falou em nome de muitas pessoas (brancas) quando em 20 de abril de 1968, em Birmingham, ele fez seu famoso discurso dos "rios de sangue". "Devemos estar loucos, literalmente loucos, como uma nação por permitir o afluxo anual de cerca de 50 mil dependentes, que são em sua maior parte o material para o crescimento no futuro da população descendente de imigrantes. É como assistir uma nação ativamente empenhada em construir sua própria pira funerária" (Powell, 1969, p.282). Ele chamava à ação: "Nessas circunstâncias, a única solução é que o afluxo total para assentamentos seja reduzido de uma vez a proporções irrisórias, e que as medidas legislativas e administrativas necessárias sejam tomadas sem demora". Powell era um estudioso da tradição clássica, e para encerrar ele se utilizou de seus conhecimentos da literatura latina. As referências aos Estados Unidos não devem ser menosprezadas.

> Ao olhar para a frente, sinto-me cheio de pressentimentos. Como os romanos, parece que vejo o "rio Tibre espumando de tanto sangue". O fenômeno trágico e intratável que nós assistimos com horror no outro lado do Atlântico, mas que lá está entrelaçado com a história e a existência dos Estados [Unidos] em si, está vindo até nós por nossa própria vontade e negligência. De fato, isso está praticamente aqui. Em termos numéricos, será de proporções estadunidenses muito antes do fim do século. (Ibid., p.289-290)

Como esperado, ecumênico em seu desprezo pelos estrangeiros – em seu país ou no exterior –, Powell não era um amante da Comunidade Europeia. Ele temia que, ao fazer parte dela, a Inglaterra "se tornaria uma província em um novo super-Estado europeu sob instituições que não sabem nada dos direitos e liberdades políticas que há muito tempo tomamos por certos" (Strafford, 2009, p.10).

À luz do que vimos até agora, tudo isso não é um pouco surpreendente? No último capítulo enfatizamos o fato dos caçadores-coletores cuidarem da sua própria vida e se afastarem de estranhos. É preciso ter cautela com eles, mas uma hostilidade aberta parece desnecessária. Algumas observações: primeiro, assim como no caso da guerra, estamos procurando o entendimento a partir do passado pré-agrícola. Não estamos procurando por um gene que seja de propriedade exclusiva dos britânicos, que os leva a pensar que: "Os *wogs* começam no Calais".[1] Estamos procurando condições para tornar razoável que nossos ancestrais poderiam ter um substrato genético que deixasse escapar fortes emoções contra os outros, que, então, poderia ser ativado por mudanças culturais e circunstâncias. Se a Inglaterra fosse localizada na atual posição da Nova Zelândia, é de se duvidar que essa frase (intencionalmente ofensiva) teria ganhado tanta adesão. (A frase é atribuída a George Wigg, um político trabalhista, que a utilizou em um debate parlamentar em 1949).

Uma segunda observação é se, mesmo com todo o espaço nos tempos pré-agrícolas, haveria razão para pensar que nossos

---

1 *Wog* é uma palavra ofensiva para pessoa não branca, podendo ser um acrônimo para *wily oriental gentleman*, em tradução livre um "astuto senhor oriental". Calais é o porto francês mais próximo da Inglaterra. (N. T.)

ancestrais caçadores-coletores se encontrariam tão sistemati-camente em situações de competição por necessidades mais restritas da vida que a biologia teria intensificado a hostilida-de contra os outros. Como a nova técnica de esmiuçar nosso DNA antigo revela, tal razão existe. Os humanos não ficavam apenas em uma região do deserto na África. Eles estavam em movimento. Sabemos que por muito tempo nossos ances-trais deixavam a África para ir para a Europa e Ásia – cerca de 2 milhões de anos atrás. Tais invasões continuaram, o que não é surpreendente uma vez que esses primatas já inteligentes sempre iam atrás de novas oportunidades de fontes de ali-mento, abrigo e outras necessidades. Avancemos para a saída significativa mais recente da África, cerca de 50 mil anos atrás ou um pouco antes. Um grupo foi para o leste em direção ao que chamamos hoje de Ásia, e outro para o oeste no que cha-mamos hoje de Europa (ver Figura 2.1). Ao longo do tempo, sempre em movimento, procurando por melhores oportunida-des, o que poderia envolver se afastar de outros que estivessem nas imediações. (Ao me mudar para o Canadá com 22 anos de idade, eu era parte de uma antiga tradição.) Mas então veio a era glacial, tornando boa parte do norte da Europa inabitá-vel. As pessoas foram empurradas para lugares como Espanha, longe das dificuldades do clima extremo. Não é difícil de se imaginar isso: ainda que você não queira entrar em guerra com seus concorrentes, haverá uma pressão crescente para se manter distante deles e não deixar que outros tomem ou se mudem para onde você está agora – e vice-versa. Uma vantagem com relação aos de fora seria um valor seletivo – evidentemente algo que poderia persistir à medida que o gelo recuasse e as pessoas pudessem começar a se mover para o norte.

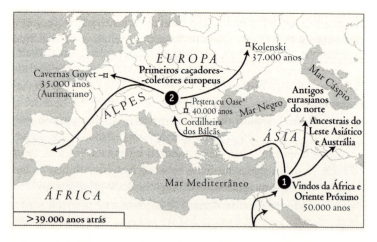

Figura 2.1 – A história dos caçadores-coletores europeus (Reich, 2018, com autorização)

* "Caverna com Ossos"

Como mencionado, isso não implica forças genéticas intransigentes ditando formas ou tipos de hostilidade e cautela específicos, mas coincidentemente o DNA pode nos trazer ao presente. Cerca de 5 mil anos atrás, houve uma grande invasão vindo do leste para a Europa, desterrando os que lá viviam. Métodos mais eficientes de agricultura evidentemente foram um fator significativo. Isso por fim foi levado até os extremos do continente, especificamente às atuais Ilhas Britânicas. A "cultura do vaso campaniforme", assim chamada por conta do seu estilo de cerâmica, chegou há mais de 4 mil anos e a evidência genética indica que os recém-chegados de fato expulsaram os habitantes das ilhas (ver Figura 2.2). Com consequências contínuas em nossa hereditariedade: "O impacto genético da difusão de pessoas do continente nas Ilhas Britânicas nesse período foi permanente. Esqueletos britânicos e irlandeses da Era de

Bronze, que seguiu o período campaniforme, tinham no máximo cerca de 10% de ancestralidade dos primeiros agricultores dessas ilhas, com os outros 90% sendo de povos como aqueles estreitamente associados à cultura do vaso campaniforme nos País Baixos" (Reich, 2018, p.115). Uma vez que a edificação inicial de Stonehenge precede essa invasão, depreende-se que aqueles que a iniciaram e os que hoje comemoram o solstício de verão ao redor dela têm ancestralidades bem distintas. Não é necessária muita imaginação para entender por que diferentes grupos envolvidos nessa mudança contínua nutririam pouco amor uns pelos outros. Lá vêm os estrangeiros querendo nos encurralar – eles não são nossos amigos.

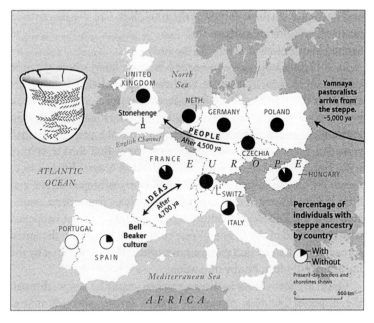

Figura 2.2 – A difusão da cerâmica campaniforme para as ilhas britânicas (Reich, 2018)

*Michael Ruse*

## *Classe*

Falar sobre esses tópicos deságua naturalmente em questões de classe. O mais evidente seria o preconceito das classes altas, isto é, das classes abastadas, com alto grau de escolaridade, em relação às classes baixas e com pouca escolaridade. Ficção vitoriana novamente. *Tom Brown's Schooldays* [A vida escolar de Tom Brown] é um romance incrivelmente popular sobre um rapaz que frequenta a Rugby School – uma escola pública inglesa – em 1830, quando o doutor Thomas Arnold (pai do poeta Matthew Arnold) era diretor. O romance seguinte, *Tom Brown at Oxford* [Tom Brown em Oxford], nos fala sobre a época em que o herói está na universidade (Hughes, 1861). Em certo ponto da história, Tom conhece uma garçonete, por quem se apaixona. Isso é inaceitável, como é deixado bem evidente para Tom (por um companheiro mais velho da universidade). Tom e a garçonete são de diferentes classes sociais e o casal nunca deveria ter se conhecido. Tom segue o conselho e termina a relação.

"Como você se está se sentido? Qual seu instinto sobre isso?"

"Claro, devo terminar tudo de uma vez por todas, completamente", disse Tom, lamentando, e esperando que Hardy não concordasse com ele.

"Claro", respondeu Hardy, "mas como?".

"De um jeito que seja menos doloroso para ela. Eu preferiria perder uma mão ou arrancar a língua a fazê-la se sentir inferior, ou perder seu autorrespeito, você sabe", disse Tom, olhando seu amigo com desalento.

"Sim, está certo – você deve carregar tudo o que pode consigo. Isso vai deixar um espinho em vocês dois, faça como quiser."

"Mas eu não aguentaria deixá-la pensando que eu não gosto dela – eu não preciso fazer isso – eu não consigo fazer isso."

"Não sei o que dizer. Mas acredito que eu estava errado em achar que ela gostasse tanto de você. Ela vai ficar magoada, é claro – ela não tem como impedir isso –, mas não será tão ruim assim como eu achava."

Veja a implicação de que, embora Tom esteja se diminuindo, ela não está inteiramente isenta de culpa, porque está atrás de um troféu de uma classe acima da dela. Podemos felizmente dizer que a história termina bem, quando Tom se casa com uma menina de sua própria classe social. Fica claro que, embora o casal seja bem jovem, é melhor assim para que Tom se afaste de qualquer tentação futura.

Essas atitudes em relação à classe e sua importância são atitudes do endogrupo. Elas não são antitéticas à harmonia do grupo? Como as coisas podem funcionar se um segmento do grupo menospreza outros, e outros segmentos são instrumentalizados por aquele primeiro? Vejamos mais de perto. Por que essas diferenças de classe ocorrem? O arqueólogo Brian Hayden fez uma pesquisa extensa acerca dessa questão, concentrando-se especialmente – talvez o esperado para alguém da Simon Fraser University em Vancouver – nas comunidades de pescadores no noroeste dos Estados Unidos. O ponto-chave é algo que já abordamos anteriormente: "complexidade social", que Hayden (2014, p.644) caracteriza como "o desenvolvimento de estruturas hierárquicas (e/ou heterárquicas) sociais, econômicas e políticas que se manifestam materialmente de diversas maneiras partindo do controle sobre o trabalho e os frutos da produção para além da família imediata". Continuando, isso entra em ação primeiro "sob condições em que seja possível produzir excedentes relativamente confiáveis" e, segundo, quando "vários indivíduos (maximizadores) começam a desenvolver estratégias para utilizar o excedente de alimentos para aprimorar seus interesses sociais, econômicos e políticos. Estes, por fim, resultam não apenas em vantagens reprodutivas e de sobrevivência para os maximizadores, mas também na concentração de poder (ou influência excessiva) e materiais em suas mãos, o que os arqueólogos consideram como uma complexidade e desigualdade social" (ibid., p.644-5).

Algumas coisas a se destacar. Primeiro, note que esse é um argumento que (a princípio) faz todo o sentido de uma perspectiva de seleção individual, mas nem tanto de uma de seleção grupal. Ele deve ser respaldado por evidências empíricas, mas é o tipo de coisa que se pode esperar. Segundo, a ênfase em "excedentes relativamente confiáveis". Isso significa que se procura por tal complexidade em situações em que isso pode ser obtido. "Gostaria de enfatizar [...] que há uma forte relação entre determinadas áreas geográficas do Paleolítico Superior [entre 50 mil e 12 mil anos atrás], que eram ao menos sazonalmente ricas em recursos, e o desenvolvimento de sociedades mais complexas" (Hayden, 2020, p.2-3). Ele prossegue:

> Coletores etnográficos como os aborígenes do deserto ocidental da Austrália geralmente habitavam áreas com parcos recursos ou tinham tecnologias limitadas para a extração deles. Como resultado, os níveis populacionais eram bastante baixos ($<0{,}2$ pessoa por $km^2$), a mobilidade era alta e os grupos, relativamente pequenos ($<20$). Compartilhar alimentos e a maior parte dos itens pessoais era obrigatório, a competição envolvendo alimen-

*Por que odiamos*

tos era proibida, a propriedade privada era bastante limitada, e o interesse de todo o grupo era muito mais importante que os interesses individuais (Testart, 1982; Hayden, 2019). Eles eram o exemplo mais próximo que conhecemos de sociedades economicamente igualitárias. (p.3)

Em contrapartida, a questão levantada por Hayden a partir de Vancouver começa a se tornar relevante, porque boa parte da presa de muitos caçadores-coletores do noroeste vinha do mar, uma fonte confiável de alimentos de vários tipos, incluindo salmão e mariscos. Tais caçadores-coletores, vivendo "em regiões com recursos abundantes tais como a costa noroeste dos Estados Unidos, tinham altos níveis populacionais ($>0,2$ por $km^2$), eram ao menos sazonalmente sedentários e às vezes completamente sedentários, tinham família e propriedade privada pessoal, incluindo a posse de locais com recursos, apresentavam compartilhamento reduzido de alimentos e utilização do excedente de alimentos deforma competitiva (por exemplo, em festas, dotes, formação de alianças), e em geral priorizavam interesses individuais em detrimento dos interesses do grupo usando diversas estratégias, incluindo festas, casamentos, conflitos, itens de prestígio e outros meios" (p.3-4).

Terceiro, se você vai acumular excedentes, é quase certo que você vai precisar preservar e armazenar o seu excedente de alimento de alguma maneira. Isso aponta para instrumentos e práticas cada vez mais sofisticados. Um salmão em decomposição pescado há uma semana não é um excedente. A necessidade desses tipos de ferramentas e práticas se insinua como algo mais recente. A complexidade social parece ter dado seus

*Michael Ruse*

primeiros passos cerca de 50 mil anos atrás e não há 100 mil anos ou mais, quando comunidades de caçadores-coletores já eram a regra. Quarto, seria importante alguma evidência arqueológica para respaldar todas essas suposições. O que mais indicaria isso são os artefatos ornamentais que começam a aparecer, sugerindo habilidades sofisticadas para manufaturá-los, além de um considerável tempo hábil disponível dos artesãos para sua produção. Locais de sepultamento são uma rica fonte de informações. Os caçadores-coletores comuns deixaram poucos vestígios, quando os deixaram. Houve exceções: "As centenas de milhares de contas de marfim ou de conchas, pingentes, discos, caninos de raposas e veados, esculturas e outros objetos enterrados com esses indivíduos atestam a excessiva desigualdade de riqueza, status e poder político que tende a tipificar etnograficamente sociedades transigualitárias mais complexas" (p.14).

Esse último ponto demonstra como, por outro lado, é difícil, ou até impossível, avaliar as atitudes dos não possuidores, as protoclasses baixas. Elas são precisamente os tipos de pessoas que não deixarão "centenas ou milhares de contas de marfim". Escavar esse tipo de informação faz com que nós voltemos ao presente, considerando que o padrão de hoje não seria desconhecido no passado. Eles estão satisfeitos com sua condição ou estão descontentes? Não é uma questão fácil de responder. Nos Estado Unidos de hoje, há enormes tensões de classe, com sérias questões societárias sobre o ressentimento dos menos afortunados em relação aos afortunados, sobretudo no que toca à educação. A reação no Arkansas à ideia de um bibliotecário ter um salário que não fosse miserável foi bastante exemplar nesse sentido. "'Pode me chamar de mente fechada, mas eu nunca entendi por que um bibliotecário precisa de uma graduação de quatro anos', alguém escreveu. 'Nós aprendemos o sistema decimal de Dewey no ensino médio. Nunca pareceu algo muito difícil'" (Potts, 2019). Não se observa o incentivo a uma harmonia endogrupo aqui. A última coisa que se espera que a seleção promova.

Por ora, vamos deixar de lado essa preocupação, com a intenção de retornar a ela e tratá-la detalhadamente. Aqui, quero destacar — se a sociedade mais estratificada que se conhece serve de guia — que não necessariamente as classes baixas se ressentirão de seu status. A julgar pelos britânicos, eles podem ser felizes assim, até mesmo orgulhosos. Na peça *Pigmaleão*, de George Bernard Shaw, o pai de Eliza, o gari Alfred Doolittle, é uma paródia, e precisamente engraçado porque o que ele diz tem um cheiro de autenticidade. Eu sou o que eu sou e tenho orgulho de ser o que sou. "O que sou, senhores? Eu pergunto a vocês, o que sou? Sou um pobre indigno: é isso que sou." Grande coisa, ainda devo me sustentar. E certamente não o farei por ressentimento com o rico ou me esforçando para ser um deles. Só quero meu quinhão. "Eu não quero ser digno. Sou indigno; e quero seguir sendo indigno. Eu gosto disso; essa é a verdade." Saltando no tempo: crescer na Inglaterra dos anos 1950, quando os empregos eram abundantes e uma significativa parcela da classe trabalhadora votava nos conservadores. Deixem os aristocratas governar. Isso leva a Benjamin Disraeli e a reforma eleitoral de 1867, quando muito mais homens tiveram a permissão para votar. Disraeli fez um gracejo: "agora devemos educar nossos senhores", e sempre foi parte da política Tory apelar à natureza conservadora da classe trabalhadora — algo que existe em abundância. A classe trabalhadora ficou muito entusiasmada

*Michael Ruse*

com o discurso de "rios de sangue" de Enoch Powell. Milhares de trabalhadores do porto marcharam a Westminster (local do Parlamento britânico) em seu apoio: "Enoch aqui, Enoch lá, queremos Enoch em todos os lugares" (Heffer, 1998, p.462).

Note a preocupação que está por trás disso aqui: empregos! Imigrantes podem minar a nossa forma de vida. É precisamente essa a razão pela qual os conservadores apelam (como ainda o fazem hoje) a tantos das classes baixas. Independentemente de se é verdade ou não – e para ser honesto, nem sempre é uma verdade completa –, os conservadores prometem estabilidade. Isso é o que significa ser conservador. Mudanças mínimas. Segurança. Não é de surpreender que, com relação à harmonia do grupo, o sistema de classe pode ajudar mais do que prejudicar. Ele pode promover a solidariedade endogrupo. Tomemos como exemplo a Primeira Guerra Mundial e os vínculos entre os que comandavam e os que eram comandados. Por mais inexperientes e novatos que os oficiais pudessem ser – quase todos subalternos –, eles representavam uma classe superior, recebendo portanto respeito e obediência. Isso também funcionava no sentido contrário. Com o privilégio vem a obrigação. As classes mais altas não desprezavam as classes baixas. Elas as admiravam pelo seu valor intrínseco. Lembre-se, esses oficiais colocavam suas vidas e almas em suas convicções. Em comparação com soldados não comissionados, mais que o dobro de oficiais comissionados morreram em batalha. De forma justificada, no enorme cemitério de guerra de Flandres todos têm o mesmo tipo de lápide e estão enterrados sem considerar a patente – oficiais ao lado de soldados rasos (Figura 2.3). No que toca a coisas relevantes, na morte e na vida, a solidariedade do endogrupo é o que importa. Reafirmando isso, a mesma cortesia não foi estendida aos soldados não europeus do Império: "O nativo médio da Costa do Ouro não compreenderia nem apreciaria uma lápide" (Syal, 2021).

Figura 2.3 – Lápides da Primeira Guerra Mundial. Note que o capitão está enterrado ao lado do soldado raso.

## Raça

Em 1955, Emmett Till, um menino negro de Chicago de 14 anos de idade, passava o verão com seus parentes no Mississippi. Em uma manhã de domingo, na mercearia do bairro, ele supostamente assediou sexualmente uma mulher branca (de 21 anos de idade) – se foram assédios verbais ou físicos era, à época, uma questão de disputa. (Anos depois a mulher admitiu que as alegações físicas foram fabricadas.) Alguns dias depois, o marido dela e um meio-irmão sequestraram Till, o espancaram, o mutilaram, atiraram nele e jogaram seu corpo no rio Tallahatchie. Três dias depois, o corpo foi recuperado e levado de volta a Chicago, onde a mãe do menino insistiu que o funeral fosse realizado com o caixão aberto, para que o mundo visse o que foi feito ao filho dela. Os criminosos foram presos e julgados. Depois de uma deliberação de 67 minutos, eles foram absolvidos por um júri formado só por homens brancos — mulheres e negros foram barrados. "Se não tivéssemos parado para beber refrigerante, não teria demorado tanto" (Robbins, 2020). Um ano depois, um funeral com caixão aberto, atraindo a atenção mundial, como era a intenção, teve bons resultados. Protegidos pela regra contra a dupla condenação,[2] os homens inocentados ganharam milhares de dólares capitalizando suas experiências e admitindo em uma entrevista para uma revista (*Look*) que eles de fato haviam feito aquilo. Justiça havia sido feita no estado do Mississippi.

O que dizer da relação geral entre brancos e negros? Em que medida nossa análise teórica se aplica? Nos Estados Unidos, e sem dúvida em outros lugares, o medo de que uma única gota de sangue negro contaminaria o grupo demonstra que a identificação dentro do grupo dos brancos era de extrema importância. Por mais amigável que sejam com pessoas negras, e há inúmeros casos de pessoas com uma gratidão devota aos empregados negros que as criaram, branco é branco e negro é negro. Com a necessidade de se afirmar a branquitude veio o quase inevitável medo do outro, do negro, mesmo que política e socialmente os negros estivessem em uma posição de subserviência.

---

2 Princípio do direito penal internacional, também chamado de *bis in idem*, que proíbe que se processe, julgue e condene a mesma pessoa mais de uma vez pelo mesmo crime. (N. T.)

*Por que odiamos*

Na nossa linguagem endogrupo/exogrupo, a insegurança sobre a posição de alguém enquanto membro do endogrupo pode levar a atitudes cada vez mais ferozes com relação a indivíduos do exogrupo. *Absalão, Absalão!*, de William Faulkner, autor do sul dos EUA vencedor do prêmio Nobel, conta a história de um homem pobre do estado de West Virginia que se muda para o sul para tentar a sorte, sendo que havia ido antes ao Haiti, onde tivera um filho com uma mulher que era um oitavo negra. Ele rejeita seu filho – "maculado e corrupto" – por conta daquelas poucas gotas de sangue negro e volta para os Estados Unidos, onde arruma um grupo de escravizados negros para trabalhar para ele. Apesar de viver com eles, fazer sexo com as mulheres, criar as crianças em sua própria casa, o desprezo e o medo transbordam. Ele fala de seu grupo como "um bando de crioulos selvagens como animais meio adestrados para andar eretos como homens" – "meio adestrados", mas sempre prontos para atacar seu mestre. Ele se casa com uma mulher branca e tem dois filhos, um menino e uma menina. O filho do Haiti aparece e quer se casar com a garota, sua meia-irmã. O filho não faz qualquer ressalva até saber do sangue negro de seu meio-irmão. Aquele atira neste (é esse tipo de livro!), ao que o pai observa (sinceramente): "Então é a miscigenação, e não o incesto, o que você não suporta" (Faulkner, 1936, p.285).

Há ainda mais acontecimentos similares. Acontece que o filho do Haiti já havia tomado uma esposa negra, descrita como uma "mulher preta como carvão e de aparência de macaco" (p.166). Esse filho orgulha-se do "corpo de macaco de sua companheira de carvão" (p.167), que é uma "gárgula negra" (p.170) parecendo "algo em um zoológico" (p.169). Desprezo e o medo subjacente. O que dá ao romance um significado adicional é que no centro de sua história está a Guerra Civil, e fica bem evidente que aquelas atitudes permanecem completamente as mesmas tanto antes quanto depois da guerra. Uma moça de uma família mestiça segura pelo braço uma mulher cujo pai preferiu se suicidar a lutar pelo Sul. Chocada pelo fato de que uma mulher negra tivesse a ousadia de se dirigir a ela pelo seu primeiro nome, sua mão contaminante era um horror ainda maior: "aquela mão negra firme e destemida na minha pele de mulher branca" (p.111). Afirmação endogrupo; rejeição exogrupo, hostilidade, medo, tão frequentemente baseados exatamente nos tipos de fatores que vemos no caso de classe. A desesperada necessidade de pertencimento.

O que dizer da biologia? Sabidamente, nossa espécie *Homo sapiens* tinha variantes, subespécies. Há os humanos atuais (*H. s. sapiens*); há os já mencionados (na Introdução) neandertais (*H. s. neandertalis*), conhecidos desde meados do século XIX; há também uma descoberta muito recente, os denisovanos (*H. s. denisova*). A divisão aconteceu cerca de meio milhão de anos atrás, e as duas subespécies rivais perduraram até aproximadamente 50 mil anos atrás. Quanto aos mais conhecidos neandertais, o pressuposto básico nos tempos vitorianos era de que eles de fato eram primitivos. Um escritor, logo após a *Origem das espécies*, comparou os neandertais com os hoje quase extintos aborígenes das ilhas Andaman. Estes não tinham nenhuma concepção de Deus ou moralidade ou qualquer outra coisa. "Não se pode conceber a existência de características físicas em um nível abaixo daquelas que caracterizam os andamaneses." Dado que o crânio neandertal "tem a forma mais próxima daquele de um chimpanzé", conclui-se que "aparentemente não há razão para acreditar em outra coisa senão que

*Por que odiamos*

aquela escuridão similar caracteriza o ser ao qual o fóssil pertencia" (Zilhão, 2014, p.192).

A opinião geral hoje não parece ser menos favorável. "Um neandertal completamente desenvolvido deveria ter sido uma visão peculiar. Imagine um corpo relativamente pequeno, atarracado, com um tórax alargado, tronco largo e membros curtos e musculosos, com cabeça alongada e grande." Isso complementado por "um rosto proeminente, com sobrancelhas grossas e escuras, sem queixo e adornado com um grande nariz saliente". Para nós, hoje, "a impressão visual extraordinária seria a de uma criatura pequena, atarracada e estranha. Ainda que de cabelo cortado, barba feita, banho tomado e vestido adequadamente, acredito que um neandertal chamaria a atenção no metrô de Nova York" (Churchill, 1998, ver Figura 2.4). Porém, parar aí poderia nos levar a conclusões equivocadas, começando pelo fato de que os cérebros dos neandertais, com cerca de 1.500 cm³ em média, são 200 cm³ ou 300 cm³ maiores que os nossos! Há muitas diferenças supostas ou especuladas entre os seres humanos e os neandertais. Estes eram necrófagos, diferentemente de nós, ou ainda poderiam caçar grandes mamíferos do topo da cadeia alimentar. Eles não possuíam a mesma divisão do trabalho – homens caçando, mulheres coletando – como nós, nem produziam ornamentos como nós. Nenhum deles trabalhava. Há algumas sobreposições no caminho, por exemplo, alguém comia ostras em vez de búfalo ou qualquer outro grande animal que estivesse disponível. Alguém deixava de sair para caçar para fabricar vestimentas sofisticadas e funcionais para os invernos rigorosos. Alguém se dedicava a escultura e pintura de singelos artefatos para decoração e coisas do tipo. "Em suma, não existe algo como 'comportamento neandertal'" (Zilhão, 2014, p.196). Ver Figura 2.4.

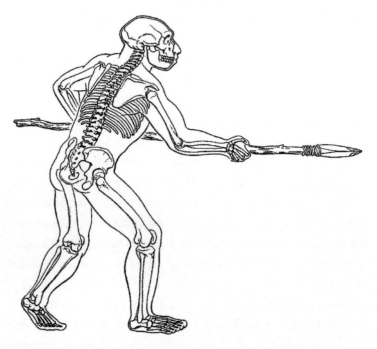

Figura 2.4 – Neandertal

Por que então eles entraram em extinção há mais ou menos 40 mil anos? Várias possibilidades foram levantadas, como o fato de termos nos reproduzido mais a ponto de superá-los. Uma ideia recente considera que eles sofriam de uma dor no ouvido crônica.

Resultados mostraram neandertais adultos com nasofaringes primitivamente compridas e estreitas, com uma trompa de Eustáquio horizontal e orientação coanal análogas às de um bebê [trompa de Eustáquio é um componente vital do trato respiratório superior e ponto de conexão para ouvido médio e via aérea pós-nasal]. Como uma orientação horizontal da trompa de Eustáquio é associada com uma grande incidência de OM [doença do ouvido médio, *otitis media*] em bebês e crianças até por volta de seis anos de idade, o aparecimento desta em adultos neandertais indica fortemente a persistência de uma alta suscetibilidade à OM nessa época. Isso pode ter comprometido a aptidão física e a carga de doenças em relação a populações simpátricas de humanos modernos, afetando a habilidade dos neandertais de competir dentro do seu nicho ecológico, potencialmente contribuindo para sua rápida extinção. (Pagano, Mirquez e Laitman, 2019, p.2109)

Aparentemente, isso está conectado a "perda de audição, meningite e pneumonia". Como alguém que quando criança sofreu terrivelmente de uma dor de ouvido contínua, eu posso me solidarizar. Eu me orgulho do meu cérebro ter um tamanho apropriado.

A questão é que embora seja possível, devido à sua aparência, compreender por que nossos ancestrais podem ter se afastado dos neandertais, acentuando as distinções endogrupo/exogrupo, não temos razão para acreditar que, com relação àquilo que entendemos como inteligência, eles eram adaptativamente inferiores a nós, ou que nós fisicamente os liquidamos. Isso também se aplica quando estamos em nossa própria subespécie e consideramos as evidentes diferenças genéticas. Diferentes cores de pele, em função da distribuição do pigmento melanina, fazem todo o sentido numa perspectiva darwinista. Uma pele mais escura protege da radiação UV, um problema maior na África. Pele branca faz uma melhor síntese de vitamina D na falta de forte luz solar, o que é o caso para o norte da Europa. Quaisquer outras camadas culturais que possam haver surgido depois, e nós acabamos de ver de fato e na ficção que elas certamente existem, não estamos falando aqui de inteligência bruta ou algo do tipo.

O que dizer sobre reprodução inter-racial? Como todos sabemos, isso certamente ocorreu. Thomas Jefferson, autor da Declaração de Independência dos Estados Unidos, é exemplar dessa complexidade – hipocrisia, poderia se dizer. O homem que declarou que "todos os homens são iguais" era um dono de trabalhadores escravizados, e, depois da morte de sua esposa, tomou como concubina uma de suas trabalhadoras escravizadas, meia-irmã de sua esposa – as mulheres compartilhavam um pai (branco). Ele e Sally Hemmings tiveram seis filhos, todos escravizados por eles, apesar de serem sete oitavos europeus; o suficiente para que quando adultos muitos passassem por brancos. A única família que Jefferson libertou. Voltando no tempo,

Figura 2.5 – Ancestralidade neandertal nos humanos hoje em dia (Reich, 2018)

nós agora sabemos que é fato a ideia até hoje muito negada (Karl Popper uma vez assegurou para mim que era completamente impossível) de que tenha havido reprodução inter-racial entre neandertais e denisovanos. Os números na figura apresentam as distribuições e porcentagens. Como esperado, os portadores dos genes exogrupo hoje são os ancestrais daqueles que deixaram a África e não são encontrados, em geral, ao sul do Saara (ver figuras 2.5 e 2.6).

Tudo faz sentido. A divisão endogrupo/exogrupo tem grandes efeitos. Ainda assim, nós não necessariamente esperamos e, previsivelmente, não constatamos que isso seja sempre algo absoluto. Imperativos sexuais podem derrubar algumas barreiras sociais poderosas.

Figura 2.6 – Ancestralidade denisovana nos humanos hoje em dia (Reich, 2018, com permissão)

*Michael Ruse*

## Orientação sexual

Em 18 de fevereiro de 1895, o marquês de Queensberry deixou um cartão em um dos elegantes clubes de Londres, o Albermarle. Estava escrito: "Para Oscar Wilde, posando somdomita".[3] O marquês poderia ter se valido do uso de corretor ortográfico, mas a intenção era evidente. O que fez disso mais do que um caso hoje em dia esquecido entre dois vitorianos foi o fato de que Oscar Wilde foi uma das figuras mais famosas de seu tempo. Ele foi o autor da brilhante farsa, a melhor em língua inglesa, *A importância de ser prudente*. Ainda hoje é uma das peças básicas do ensino médio britânico, estrelando o mestre dos pupilos ingleses travestido encarnando Lady Bracknell (Figura 2.7). Uma viúva rica com uma filha apta para casar-se, Gwendolyn Fairfax; sua reação clássica vem quando ela descobre que o pretendente de Gwen, Jack Worthing, havia sido encontrado quando bebê em uma chapelaria na estação Victoria. "Ter nascido, ou ter sido gerado, em uma mala de mão, tenha ela alças ou não, me parece demonstrar um desprezo pelas decências ordinárias da vida familiar que me lembra os piores excessos da Revolução Francesa." Felizmente, tudo acaba bem quando se descobre que Jack de fato é filho de uma família de status elevado.

Wilde já era uma figura bastante conhecida e central no "movimento estético", um grupo de poetas e outros, inclinados a vestir-se de forma extravagante e a outros comportamentos públicos teatrais – roupas de veludo e coisas do gênero. O movimento foi imortalizado pela opereta *Paciência,* de Gilbert

---

3 No original em inglês: "For Oscar Wilde, posing somdomite". Reproduzimos em português o erro de grafia no bilhete deixado pelo marquês: o correto seria *sodomite*, em português "sodomita". (N. T.)

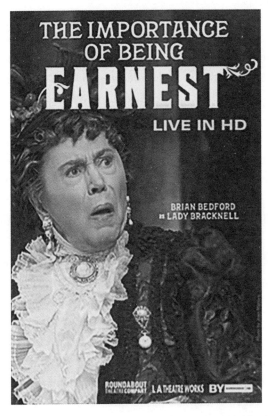

Figura 2.7 – O famoso ator shakespeariano Brian Bedford em cena como Lady Bracknell

e Sullivan, cuja figura principal, o poeta Reginald Bunthorne, é, em geral, considerado uma caricatura de Wilde, embora essa seja uma avaliação retrospectiva. À época da nota do marquês, era amplamente difundido que Wilde estava em uma relação homossexual com Lord Alfred Douglas, o filho do marquês. Tolamente, ainda que dentro de seu feitio, Wilde processou o marquês por difamação. Como esperado, o caso foi arquivado, embora durante a acareação ele tenha feito algumas boas falas –

*Michael Ruse*

obras de arte não são nem morais nem imorais, apenas bem ou malfeitas. Por fim, Wilde foi acusado de comportamento homossexual – uma nova lei de "atentado ao pudor" havia sido aprovada em 1885 –, declarado culpado e condenado a dois anos de prisão. Quando foi solto, um homem destroçado, viajou à França, onde morreu aos 46 anos. Ele está enterrado no cemitério Père Lachaise em Paris, próximo a outro cuja vida sexual lhe conduziu ao infortúnio, Pedro Abelardo, sem genitália. Para milhares, eu incluído, o túmulo de Wilde é um lugar de peregrinação há muito tempo; a lápide desfigurada pelas marcas de batom deixadas pelos beijos de muitos admiradores, homens e mulheres, não incluindo a mim.

Não é de surpreender que há pouca evidência antropológica ou arqueológica a favor ou contra o comportamento homossexual. Há ligeiros indícios de que, com o advento da agricultura, a homossexualidade pode ter se tornado mais predominante nas sociedades agropastoris do que nas de caçadores-coletores. Naquelas, casamentos arranjados eram a norma, logo você tinha a probabilidade de se reproduzir independentemente de sua orientação sexual, ao passo que nestas havia uma pressão seletiva contra a atividade homossexual. "Indivíduos homossexuais em um contexto de acasalamento livre podem enfrentar dificuldades para atrair e manter parceiros do sexo oposto, mas em sociedades com casamentos arranjados, esses parceiros são fornecidos pelos pais e pode haver a escolha de ficar com eles para se ter filhos" (Apostolou, 2017). Seja como for – e perceba a suposição de que a orientação sexual tem fundamentos biológicos (a ser discutida mais adiante) –, na história humana a homossexualidade masculina em particular é um fenômeno bem conhecido, tolerado ou não de acordo com sua natureza e época. Os gregos antigos aceitavam a homossexualidade, ainda que não livre para todos, como nas saunas de São Francisco nos anos antes do HIV. Anseios e comportamentos homossexuais eram altamente estilizados, com masturbação ocorrendo nas classes médias e altas entre um jovem e seu amante adolescente (Dover, 1978) (ver Figura 2.8). Sexo anal era considerado como feminino e degradante. Suspeita-se que muito do que aconteceu era circunscrito aos, e também em função dos, ambientes exclusivamente masculinos em que os jovens gregos de suas classes eram educados. Como hoje, nas prisões e escolas de apenas um gênero, esses tipos de práticas são praticamente inevitáveis.

Figura 2.8 – Atividade homossexual grega

*Michael Ruse*

Com a aparição do cristianismo, apesar da relação um tanto suspeita entre Jônatas e Davi – "Jônatas se uniu à alma de Davi, e Jônatas o amou como à sua própria alma" (Samuel 18:1) –, a homossexualidade, masculina ou feminina, foi decididamente posta além da aceitabilidade. Até hoje. O papa Francisco, que tem uma merecida reputação de tolerância e compreensão, já deixou claro que a homossexualidade é pecaminosa. Padres podem não abençoar uniões homossexuais. Embora as inclinações sejam entendidas e encontrem solidariedade, não acontece o mesmo com o comportamento. É "ilícito" e "não está em conformidade com os planos do Criador" (Mellen, 2021). Essa última frase nos ajuda a adentrar de maneira mais profunda na situação atual. Os ensinamentos da moral católica estão baseados na teoria da lei natural, que argumenta que devemos obedecer a vontade divina onde ela realiza o que é natural. Cuidar de crianças pequenas é natural e bom. Matar por diversão não é natural e é ruim. O comportamento homossexual é algo não natural? É possível desconfiar que muitas pessoas, se não a maior parte delas, não se preocupam com isso. O Reino Unido nos anos 1950 é um exemplo típico. Todos conheciam "solteirões por natureza", que em geral se amigavam. Embora a homossexualidade masculina fosse ilegal, ninguém se importava muito. Como o relatório de Kinsey deixa evidente, corretores de imóveis adoravam ter homens homossexuais no bairro. Eles cuidavam bem da casa e normalmente eram bons vizinhos (Bell e Weinberg, 1978). Contudo, pode-se facilmente imaginar que, em sociedades de caçadores-coletores, demasiado comportamento homossexual ostensivo poderia ser disruptivo, tirando o equilíbrio do grupo. Não trabalhar como os outros para sustentar uma família e assim por diante. Essa não era a norma.

*Por que odiamos*

Dito isso, é importante mencionar que tal comportamento era quase prontamente associado à hostilidade ao exogrupo — especialmente com o crescimento e influência de religiões, que notavalmente estabelecem restrições morais. Que melhor forma de construir barreiras do que sugerir que grupos externos são culpados de práticas não naturais? O Velho Testamento deixa bem claro que os exogrupos estão mais sujeitos ao comportamento homossexual, logo, devem ser evitados e condenados. Ló está recebendo um par de anjos visitantes. "Antes de irem se deitar, todos os homens de cada parte da cidade de Sodoma — jovens e velhos — cercaram a casa. Chamaram Ló, 'Onde estão os homens que vieram te visitar esta noite? Traga-os para que possamos fazer sexo com eles'" (Genesis, 19:5). Eles estavam prestes a se arrepender. Sobretudo porque recusaram suas duas filhas virgens, que Ló oferecera no lugar dos anjos. "Então o Senhor fez chover enxofre e fogo sobre Sodoma e Gomorra — vindo do Senhor e do paraíso. Então ele destruiu aquelas cidades e toda a planície, com todos que viviam nas cidades e também a vegetação do solo" (Genesis, 19:24-25).

Volte ao presente e pense na facilidade com que as religiões se atrevem a dar lições sobre todas as formas de comportamento sexual. Endogrupo, bom. Exogrupo, mau.

## Religião

O deus Cronos comia seus próprios filhos. Religiões são boas nisso. Perseguidas pelos seus semelhantes, a maior parte das religiões, se não todas, sofreu preconceito em uma época ou outra. É difícil imaginar os inofensivos *quakers* terem sido alvo de ódio, mas isso aconteceu na antiga Nova Inglaterra.

"No ano de 1659 apenas, mais de 40 *quakers* foram mortos, 64 presos, 40 banidos, 1 marcado, 3 tiveram suas orelhas arrancadas e 4 foram assassinados. A carne de uma das vítimas foi registrada como 'espancada até escurecer e virar gelatina, e pendiam sob seus braços carne machucada e sangue, aglomerados como em bolsas'" (Perlmutter, 1992, p.68). Mais recentemente, e mais conhecido, é o preconceito contra o catolicismo. No século XIX, imigrantes da Irlanda, Itália e Leste Europeu, em busca de melhores condições de vida no Novo Mundo, cruzaram o Atlântico. Às vezes, a reação é arrepiante: "Imigrantes católicos tinham um plano secreto para tomar o país, minar o protestantismo e destruir a liberdade religiosa. Livros anticatólicos, panfletos e revistas se proliferaram. Discordâncias acerca do auxílio estatal para escolas paroquiais e sobre qual Bíblia deveria ser lida nas escolas públicas também ajudaram a disparar os ataques de gangues e o incêndio de escolas católicas e conventos". Não é de surpreender que o *Atlas* de Boston instou cada empregador 'verdadeiramente americano' a imediatamente 'recusar-se a empregar os canalhas, sob qualquer hipótese', forçando-os a retornar 'para seu ignorante e miserável país'" (p.121).

Ateus também recebem a sua parcela de preconceito. Desde a Grécia antiga, questões de crença e não crença raramente têm sido apenas epistemológicas, questões sobre certo e errado, mas quase sempre trazem consigo questões morais (Ruse, 2015). Pode-se, deve-se, ser incrédulo? Você pode achar pouco provável que isso seja uma questão apenas de moralidade. Se a Terra é plana ou não, se Deus existe ou não. Mas, enquanto você tem chances razoáveis de provar a questão da Terra de uma vez por todas — utilizando, por exemplo, fotos de satélite — sempre

*Por que odiamos*

há espaço para a dúvida em relação à existência de Deus. Até Richard Dawkins admite que suas chances de estar correto estão em torno de provavelmente não mais que 99,9%. Platão certamente acreditava que isso era uma questão moral e que o ateísmo poderia levar à agitação social – nada como um deus, ou dois ou três, para manter as pessoas em ordem. Ele queria que os ateus fossem presos, alimentados apenas pelos escravos e, depois de suas mortes, que fossem enterrados fora dos muros da cidade. O mesmo tipo de mentalidade persiste até hoje. Muitos países do Ocidente hoje não podem deixar de lado as crenças religiosas pessoais de um político. Outros, países mulçumanos em particular, monitoram as crenças de todos. Em alguns, por mais que ser incrédulo não seja ilegal, não é a receita do sucesso social. Um ateu declarado nunca seria eleito presidente dos Estados Unidos.

A religião é apenas uma forma de tratar mal nossos semelhantes? Óbvio que não. A lista daqueles que, guiados por suas crenças religiosas, se doaram – em sua totalidade – aos seus semelhantes é infinita. Pense na luterana Sophie Scholl, de 21 anos de idade, que (junto de seu irmão Hans) morreu na guilhotina em 22 de fevereiro de 1943 por sua atuação ativa no grupo Rosa Branca, em oposição aos nazistas e clamando pelo fim da guerra. "É um dia ensolarado tão esplêndido, e eu tenho que ir. Mas quantos morreram nos campos de batalha nesses dias? Quantas jovens vidas promissoras? Que importância tem minha morte se por meio dos meus atos milhares serão avisados e alertados?" (Newborn, 2006). De fato, no entanto, é enganoso destacar pessoas excepcionais, independente de suas religiões. É melhor lembrar as incontáveis pessoas, no presente e no passado – professores, médicos, lojistas, empregados domésticos, garis –, cujas vidas têm sido moldadas pela religião, não apenas o cristianismo, e que deram muito a seus semelhantes. Eu prestei meu respeito a tais pessoas justas em minha dedicatória.

Surge a questão: Por que religião? E também: a divisão endogrupo/exogrupo nos ajudaria nessa compreensão? David Hume (1757) sugeriu que a religião começou com animismo, basicamente um erro de interpretação.

> Há uma tendência universal no gênero humano de pensar que todas as coisas são assim como eles são, e a transferir para todo objeto as qualidades com as quais eles têm familiaridade e das quais eles têm uma íntima consciência. Nós vemos rostos humanos na lua, exércitos nas nuvens; e, se não formos corrigidos pela experiência e reflexão, nossa tendência natural nos leva a atribuir maldade ou boa vontade a tudo aquilo que nos fere ou nos agrada.

Pensadores modernos aceitam algo similar. Um estudo recente sobre as origens das religiões em sociedades de caçadores-coletores concluiu que "o traço mais antigo de religião, presente no mais recente ancestral comum dos atuais caçadores-coletores, foi o animismo, de acordo com crenças duradouras sobre o papel fundamental desse traço. Crença em uma vida após a morte emergiu, seguida pelo xamanismo e pela devoção ancestral. Os espíritos dos ancestrais ou divindades superiores que agem nas questões humanas não estavam presentes nos primeiros humanos, sugerindo uma história profunda para a natureza igualitária das sociedades de caçadores-coletores" (Peoples, Duda e Marlowe, 2016). Esclarecendo, eles definem "xamanismo como a presença na sociedade de um 'xamã'

*Por que odiamos*

(masculino ou feminino), um intercessor ritual parcial, curandeiro e solucionador de problemas socialmente reconhecido". Note, estamos falando aqui de muito tempo atrás. "Os registros arqueológicos indicam que rituais [religiosos] têm sido parte da cultura humana desde o Paleolítico Inferior (mais de 100 mil anos atrás), de modo que eles persistem por longos períodos de tempo" (Hayden, 1987, p.82).

Isso significa que a religião é apenas um pouco mais que um apêndice acidental, causada por concepções equivocadas do mundo que nos rodeia? Bem pouco provável quando se considera os custos das religiões. O dízimo tem uma longa tradição. O que pode ter começado como um acidente não persistiria se não desse razões para ser escolhido e cultivado pela seleção natural. Pensamento endogrupo/exogrupo é muito pertinente aqui. Se pensarmos em termos de causas próximas, Robert Bellah sugere que o animismo – ver o mundo que nos cerca como de algum modo vivo e de aparência humana – pode dar o senso de segurança necessário para os seres humanos, tendo em vista suas vulnerabilidades, tais como o cuidado necessário com crianças ser muito maior do que em qualquer outro mamífero: "há uma profunda necessidade humana [...] de pensar no universo para ver o maior mundo que se é capaz de imaginar como sendo pessoal" (Bellah, 2011, p.104). Em última instância causal, novamente, a resposta vem: "cooperação". Promoção do endogrupo. "Nós vemos xamãs como uma categoria geral de indivíduos geralmente encontrados nas sociedades de caçadores-coletores, e que fazem a mediação entre os mundos terreno e espiritual para promover a coesão e o bem-estar físico e mental na sociedade." E: "Xamanismo age como um mecanismo para reforçar as normas sociais, incentivando

*123*

a cooperação grupal por meio de uma vinculação ritual e social, e acalmando a ansiedade em tempos de falta de recursos". Em nossos termos, como enfatizado por um dos pais da sociologia, a religião promove a harmonia endogrupo e fortalece vínculos: "Vemos agora a verdadeira razão por que os deuses não podem abrir mão de seus adoradores da mesma forma que estes não podem abrir mão de seus deuses; é porque a sociedade, da qual os deuses são apenas uma expressão simbólica, não pode abrir mão dos indivíduos da mesma forma que estes não podem abrir mão da sociedade" (Durkheim, 1912, p.347). Um estudo revelador descobriu, comparando comunidades do século XIX, que os membros daquelas com uma base religiosa sobreviveram quatro vezes mais que os daquelas com base secular. (Sosis e Alcorta, 2003, p.269; ver também Sosis e Bressler, 2003, e Figura 2.9).

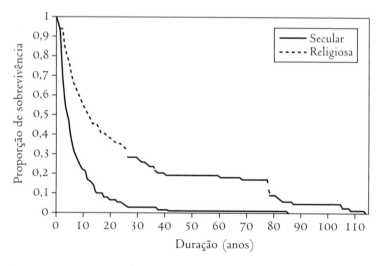

Figura 2.9 – Duração das comunas seculares em comparação com comunas religiosas (Sosis e Bressler, 2003)

*Por que odiamos*

Começamos a nos mover em direção ao pensamento do exogrupo e por que os religiosos tão frequentemente tratam mal os que se desviam das regras. Miguel Servet, um médico e teólogo espanhol, negou a Trindade, vendo Jesus mais como uma manifestação de Deus do que como o próprio Deus. Ele fugiu da França para a Suíça e de lá para a Genebra de João Calvino, terra da versão "reformista" do protestantismo. Literalmente, saiu da frigideira direto para o fogo. Servet foi condenado e queimado na fogueira. Calvino, piedoso até o fim, queria que ele fosse decapitado por uma espada, execução menos dolorosa. Ele concordou, contudo, com o veredito. Eis um caso clássico de "violência virtuosa". Servet era uma ameaça ao cristianismo protestante que Calvino representava. E de forma mais geral, podemos ver por que a condenação do exogrupo – protestantes contra católicos, cristãos contra mulçumanos – é o lado inverso dos laços endogrupais das religiões. Leia o Velho Testamento se você acha que isso é improvável.

Quando o Senhor seu Deus tiver os removido da tua presença, não diga para si mesmo, 'É por causa da minha retidão que o Senhor me trouxe para ocupar essa terra'; é por causa da perversidade dessas nações que o Senhor está desterrando-os diante de ti. Não é por causa de sua retidão ou da justiça do seu coração que você ocupará essa terra; mas sim por causa da perversidade dessas nações o Senhor teu Deus está desterrando-os diante de ti, para cumprir a promessa que o Senhor fez em juramento aos seus ancestrais, a Abraão, a Isaac e a Jacó. (Deuteronômio, 9:4-5)

E lá se foram os cananeus.

*Michael Ruse*

## Deficiência

Franklin D. Roosevelt foi eleito presidente dos Estados Unidos por quatro vezes de 1932 até sua morte em 1945. Ele é correta e popularmente considerado um dos maiores presidentes, ao lado de George Washington e Abraham Lincoln. Ele também tinha uma deficiência terrível. Em 1921, ele teve poliomielite (também conhecida como paralisia infantil) e perdeu os movimentos da cintura para baixo. Ele não deixou isso ser uma barreira para sua ambição. Ele não podia andar, mas aprendeu a caminhar com muletas e sempre ficava de pé em público, geralmente com a ajuda dos que estavam ao seu lado. Ele não mencionava a sua deficiência, mas em 1938 criou a Fundação Nacional para Paralisia Infantil que, como é muito conhecido, foi um instrumento importante para se descobrir a vacina contra a pólio nos anos 1950. O memorial Franklin Delano Roosevelt em Washington foi inaugurado em 1997 pelo presidente Bill Clinton. A primeira estátua de Roosevelt o representava sentado em uma cadeira ao lado de seu amado cão terrier escocês, Fala. Ele vestia uma capa que escondia sua deficiência. Após protestos, arrecadou-se dinheiro e agora na entrada há uma estátua de Roosevelt em uma cadeira de rodas, reconhecendo publicamente sua deficiência (Figura 2.10). Temos aqui uma participação especial de deficiências e de atitudes – que se transformam – com relação àquelas. Ninguém criticará Roosevelt por querer esconder, ou ao menos minimizar, sua deficiência. Contudo, ao considerar tudo o que fez em sua vida pode-se afirmar que ela foi um testamento para a necessidade e habilidade de se superar o preconceito.

Figura 2.10 – Franklin Roosevelt em cadeira de rodas. Do memorial Franklin Roosevelt em Washington, D.C.

Geralmente, pessoas com deficiências de algum tipo são vistas com medo e desprezo – objetos clássicos do preconceito. Em termos numéricos, o preconceito contra pessoas portadoras de deficiência foi e ainda é uma das maiores instâncias de ódio entre os seres humanos. Hoje, há cerca de 8 bilhões de pessoas neste planeta e estima-se que pelo menos 500 milhões portem algum tipo de deficiência. O que exatamente se qualifica como deficiência é, em alguma medida, um julgamento. Em um país em que há uma expectativa em relação a habilidades literárias pode haver julgamentos mais severos que em países nos quais tais habilidades não sejam tão valorizadas. Estima-se que um em cada sete estadunidenses tenham alguma deficiência. Isso abarca uma ampla variedade de casos, incluindo as visuais, auditivas, de fala e, obviamente, as intelectuais. Perda de partes do corpo, mobilidade restrita e ferimentos na coluna vertebral. Várias doenças paralisantes como distrofias musculares, que envolvem a perda gradual dos músculos e as consequentes restrições e dificuldades relacionadas a isso, e a fibrose cística ligada a problemas respiratórios por causa do acúmulo de muco. A lista é longa.

Ninguém está dizendo – ninguém deveria dizer – que todos os padecimentos são igualmente debilitantes. Ter dificuldades com leitura e escrita pode ser um problema terrível e durar toda a vida. É de se duvidar, no entanto, que sejam da mesma magnitude que aquelas de uma criança com pólio e incapaz de utilizar seus membros. Isso, contudo, aponta para o fato de nomeadamente haver uma tendência a considerar todas as deficiências no mesmo nível ou igualmente ameaçadoras, assustadoras, repulsivas – a lista de sentimentos negativos é praticamente infinita. Os que fazem as distinções, em geral, são apenas as pessoas que sejam ou que tenham familiares ou amigos portadores de deficiência. Não conseguir distingui-las pode levar a situações dolorosas e por vezes absurdas. Há cerca de quarenta anos, meu filho de 10 anos de idade entrou para um clube local de escoteiros e eu fui convencido a ser um adulto assis-

*Por que odiamos*

tente. Descobrimos que havia um clube na cidade, composto e restrito a meninos com deficiências de todos os tipos — cegos, com síndrome de Down, em cadeiras de rodas etc. É completamente sem fundamento o fato de se pressupor alguma semelhança, uma identidade, entre essas crianças. Uma criança cega não tem nada particularmente em comum com outra com síndrome de Down, e é de se desconfiar que tratar tal criança dessa maneira é doloroso, se não absolutamente destruidor. Muitas crianças cegas, surdas ou com deficiências físicas compensam isso se dedicando arduamente às tarefas da escola. Ser, então, categorizado como aqueles não se comportam de maneira similar deve ser devastador. O inverso também é verdadeiro. Felizmente, as pessoas compreenderam que havia algo de errado e as crianças foram distribuídas entre os clubes de escoteiros da cidade. No nosso havia duas com síndrome de Down, uma era bastante quieta e tímida, ao passo que a outra era barulhenta e atrevida, às vezes até demais. Em uma semana, ninguém, nem crianças, nem assistentes, percebeu qualquer coisa diferente nas crianças recém-chegadas. Eles eram um pouco lentos, mas não se tratava de uma deficiência física, e tratá-los desse modo teria sido igualmente doloroso ou destruidor. Eles podiam usar seus pontos fortes — uma verdadeira gentileza – e o faziam. É de se desconfiar, de se esperar, que seus colegas de clube compreendam as deficiências intelectuais de um modo diferente para o resto de suas vidas. Eu compreendo.

Mas não vamos nos vangloriar tão rapidamente. Também é bastante sabido que, no passado, o tratamento das pessoas que tivessem alguma deficiência era algo que variava do inadequado ao verdadeiramente chocante. O hospital psiquiátrico ou asilo lunático fundado em Londres em 1247, patrocinado por um corpo militar, a Nova Ordem de Nossa Senhora de Belém [Our Lady of Bethlehem], tinha e ainda tem uma má reputação em parte devido à última pintura da série A Rake's Progress de William Hogarth (Figura 2.11). Ele não havia sido originalmente planejado para abrigar especificamente pessoas com deficiências intelectuais, mas no século XVII esse passou a ser seu papel sob o mais famoso nome encurtado de Bedlam. Dizer que as condições eram péssimas seria uma grande gentileza. Os pacientes eram ignorados, recebiam alimentação inadequada e não havia tratamento algum, sistemático ou não. É ainda mais espantoso o fato de ele ter se tornado uma operação lucrativa, abrindo suas portas ao público, que iam ao local olhar e zombar dos infelizes do outro lado dos muros. De uma narrativa relatando uma dessas visitas em 1725: "você se encontra em uma galeria larga e comprida, em um dos lados há muitas celas pequenas nas quais lunáticos de todo tipo estão trancados, e é possível ter uma vista dessas pobres criaturas por pequenas janelas abertas nas portas. Muitos homens loucos inofensivos andavam pela grande galeria". No andar de cima era pior: "No segundo andar há um corredor e celas como as do primeiro, e essa é a parte reservada para maníacos perigosos, a maior parte deles acorrentados e terrível de se observar". Terrível, mas também divertido: "nos feriados, muitas pessoas de ambos os sexos, mas em geral das classes baixas, visitam o hospital e se divertem observando esses infelizes desgraçados, que em geral lhes causam risadas". Na saída, esperava-se que você desse uma gorjeta ao porteiro. E depois se seguia para a Torre de Londres, para a Abadia de Westminster e outros lugares da cidade (Saussure, 1902).

Figura 2.11 – *In Bedlam* (William Hogarth, da série A Rake's Progress)

É fácil desdenhar do passado e se sentir superior pois vivemos em tempos modernos. Talvez sim, mas ao olhar o tratamento das pessoas com alguma deficiência, sobretudo as intelectuais, tanto na Grã-Bretanha quanto nos EUA dos séculos XIX e XX, há motivos para sentir uma profunda vergonha. Asilos para "surdos e mudos" eram um lugar comum. Uma instituição fundada para "jovens idiotas e débeis mentais" em Massachusetts em 1859 – mesmo ano da publicação da *Origem...* – não causou qualquer espanto. E as curas e soluções propostas eram, com frequência, muito piores que as dos sécu-

*Michael Ruse*

los XVII e XVIII. A mais popular foi a tentativa de eliminação do problema: eugenia. Obras como *The Kallikak Family: A Study in the Heredity of Feeble Mindedness* [A família Kallikak: um estudo sobre a hereditariedade da debilidade mental] (1912), do psicólogo Henry Goddard, que pretendia mostrar que a deficiência intelectual não era um fato isolado e sim uma condição hereditária, eram influentes à época. Disso decorriam ações. Propôs-se esterilizar Carrie Buck, uma jovem de 18 anos de idade com uma suposta idade mental de 9 anos, presa na colônia estadual de Virgínia "para epiléticos e débeis mentais". Por 8 votos a 1, a Corte Suprema defendeu a constitucionalidade da ordem de esterilização. O magistrado Oliver Wendell Holmes escreveu a opinião da corte: "três gerações de idiotas é o bastante". Em 1929, 23 estados haviam legalizado a esterilização "eugênica" de pessoas com deficiência intelectual. Em alguns, as leis estavam vigentes até os anos 1970.

A história não é menos deprimente quando se passa do âmbito intelectual para o físico. Uma das minhas mais terríveis experiências quando criança era me aventurar nas tardes, saindo do meu confortável internato de classe média, cruzando a cidade para ajudar crianças em uma escola para cegos em suas horas de atividades manuais. Era como sair de um romance de Jane Austen para entrar em *Oliver Twist*. Eu confesso que fiz isso por apenas três ou quatro tardes, uma covardia que ainda me faz corar. Ainda hoje estremeço só de pensar em ter que lidar com o típico ambiente acadêmico em uma cadeira de rodas. Cada coisa em seu momento. A questão está levantada. "Todas as pessoas portadoras de deficiência compartilham uma experiência comum – discriminação". E com certeza é um exagero destacar que a discriminação contra elas se encaixa perfeitamente – caso esse seja o termo correto – na teoria do endogrupo/exogrupo. Pode-se de fato imaginar que, dentro do endogrupo, haveria aversão e hostilidade em relação às pessoas que tenham alguma deficiência. Não necessariamente; nem sempre. Os vínculos familiares são fortes, e algumas pessoas com deficiência podem sobreviver e contribuir (Dettwyler, 1991). Mas em geral, sobretudo nos primeiros anos, antes dos bandos terem desenvolvido ferramentas mais sofisticadas ou coisas do gênero, sem falar nas dificuldades ambientais como a última era glacial (cerca de 2 ou 2,5 milhões de anos atrás), havia sentimentos negativos. Já é bastante difícil viver a vida de caçador-coletor sem fardos adicionais de membros do grupo que, por vários motivos, não conseguem carregar seu próprio peso. A seleção natural não é amiga dos fracos e desassistidos.

## Judeus

Em 1954, após a morte de minha mãe, meu pai, em sua recuperação, casou-se com uma jovem alemã. No ano seguinte, nossa família cruzou o canal (inglês) e foi até a casa dos pais de minha madrasta, no balneário de Bad Soden, nos arredores de Frankfurt. Como esperado, havia muitos parques e, um dia, caminhando por um deles, minha madrasta apontou para um espaço vazio entre as árvores e disse: "A casa das pessoas antigas costumava ser ali". Ao perguntar, descobri que a casa era de velhos judeus e que, em uma noite em 1938, as autoridades, minha madrasta não sabia dizer quais, vieram e esvaziaram a casa, fazendo os moradores procurarem abrigo em outro lugar. Eu perguntei: "E vocês não fizeram nada? Ao menos reclamaram?". "O que poderíamos ter feito? Apenas arranjaríamos problemas para nós." "Vocês não poderiam ter oferecido espaço em suas casas?" "Eles não teriam se sentido confortáveis." Essa é minha introdução pessoal à questão judaica. Eu era um recém-chegado, porque a perseguição era forte já há bastante tempo, pelo menos desde a fundação do cristianismo. Leia o evangelho de João. Preconceito contra os judeus era uma das imensas marcas da Idade Média, acusados de todo tipos de pecados vis, geralmente incluindo comer bebês cristãos. Ao mesmo tempo, hipocritamente, eles eram utilizados conforme a necessidade. Os cristãos eram proibidos de emprestar dinheiro para ter lucro, de forma que os judeus assumiram e desempenharam esse papel. *O mercador de Veneza*, de Shakespeare, cujo personagem principal é Shylock, um agiota, nos dá uma boa ideia dessa imagem.

Passe à era da evolução. Não havia judeus no Pleistoceno. Nem gentios, na verdade. Mesmo se houver diferenças biológicas, espera-se que sejam tão superficiais como a cor da pele. Darwin viu isso. Em termos biológicos, ele simplesmente não via razão para que os judeus fossem escolhidos como diferentes.

O fato singular de que os europeus e os hindus, que pertencem à mesma linhagem ariana e falam uma língua que é basicamente a mesma, diferem muito em aparência, enquanto os europeus diferem pouco dos judeus, que pertencem à linhagem semítica e falam uma língua bastante diferente, foi explicado por

*Por que odiamos*

Broca pelo fato das ramificações arianas terem sido amplamente cruzadas durante sua ampla difusão por várias tribos indígenas (Darwin, 1871, I, p.240).

Hitler discordava veementemente. Ele subiu ao poder em 1933 e o Terceiro Reich passou a existir (Evans, 2005). A perseguição aos judeus começou imediatamente – cerca de 525 mil, 0,75% da população alemã. A exclusão de cargos de governo foi seguida pela exclusão do setor militar, e então a expulsão de empregos profissionais, incluindo postos em universidades. A aprovação das "Leis de Nuremberg" tornou o ambiente ainda mais opressivo com os homens com nomes não judeus sendo obrigados a colocar o nome "Israel" e as mulheres "Sarah". Crianças judias foram proibidas de ir a escolas do Estado, e médicos judeus foram proibidos de tratar pacientes não judeus. A violência aumentou, culminando na Noite dos Cristais, em 9 e 10 de novembro de 1938, quando, após um diplomata alemão na França ter sido atingido por um tiro disparado por um judeu polonês, as lojas de judeus foram destruídas, com 91 judeus mortos e 30 mil presos e enviados para campos de concentração. Desconfio que tenha sido nessa época que os antigos moradores do parque em Bad Soden tenham sido expulsos de suas casas. "Embora a maioria esmagadora de alemães deplorasse a destruição gratuita da propriedade de judeus e se ressentisse dos boicotes, eles cada vez mais passaram a aceitar o status de pária dos judeus como algo inevitável" (Koonz, 2003, p.193).

Isso foi apenas o início. Hitler já tinha preconceito contra pessoas que tivessem alguma deficiência, promovendo eugenia – *Rassenhygiene* ou "higiene racial" – das mais horrendas. Mais de 400 mil pessoas foram esterilizadas à força, ao passo que cerca de 300 mil foram mortos por serem considerados inadequados. A partir daí, judeus foram enviados para os guetos, geralmente longe de casa, no leste. Os assassinatos se intensificaram. Durante a guerra, os esquadrões da morte paramilitares (*Einsatzgruppen*) assassinaram mais de 1,5 milhão de judeus, geralmente colocando-os em fila diante das trincheiras (que os próprios judeus haviam cavado) e atirando neles. Depois da chamada Conferência de Wannsee em janeiro de 1942, quando se tomou a decisão pela "solução final", os judeus foram enviados para os campos de morte, muitos deles como Auschwitz na Polônia, onde o assassinato em grande escala era um processo de linha de montagem, como o da Ford. (Comparação um pouco injusta, ainda que não inteiramente injusta dado o extremo e difundido antissemitismo de Henry Ford.) Assim que chegavam ao campo e eram divididos entre os que teriam morte instantânea e os que iriam para trabalho forçado, apenas adiando a morte; as vítimas eram obrigadas a se despir, entregar seus pertences e caminhar bovinamente para as câmaras de gás, onde o Zyklon-B era colocado nas aberturas de ventilação. Em 20 minutos, todos na câmara estavam mortos. Logo depois vinham os transportes para os fornos sempre acesos e a cremação em massa. Em geral, cerca de 6 milhões de judeus – não apenas da Alemanha, mas também de países ocupados como a França – morreram, mais da metade deles mortos em campos de concentração.

Preconceito descontrolado. E um exemplo quase paradigmático do significado do pensamento endogrupo/exogrupo.

*Por que odiamos*

Havia uma já antiga tradição alemã antissemita, sobretudo da época de Martinho Lutero. "Eles são nossos inimigos públicos. Eles não deixam de blasfemar contra nosso Senhor Cristo, chamando a Virgem Maria de prostituta, Cristo de bastardo e nós de intrusos ou abortos. Se pudessem nos matar a todos, o fariam com prazer" (Lutero, 1955-, v.58, p.458-459). Eles são ratos, são vermes atacando o todo orgânico, o *Reich,* como discurso após discurso afirmava e desenho após desenho contava (ver Figura 2.12). Filmes também. Sob as ordens do doutor Goebbels, o filme enormemente popular *O judeu Süss* foi feito em 1940 (ver Figura 2.13). Baseado ao menos parcialmente em uma história real, narra um conto de um judeu que (por meio de empréstimos judiciários) conquista bastante controle do estado alemão de Württemberg. Há muito banido de lá, Süss convence seu patrão a permitir que os judeus retornem. Talvez o episódio mais dramático de todo o filme é o de uma coluna de judeus entrando na cidade, para o horror e medo da população. Eles não estão em uma fila ordenada, mas em um carnaval de bobos da corte lascivos e palhaços, demonstrando que não possuíam qualquer restrição ou limites em seus comportamentos. Ratos entrando no lar burguês limpo e organizado de um cidadão decente, trazendo sujeira e doenças com eles. Ao final do filme, Süss recebe seu merecido castigo. Ele é enforcado de forma explícita; embora, curiosamente, não pelo que fez com a cidade e sim por ter feito sexo com uma mulher cristã. Os judeus recebem o prazo de três dias para deixar a cidade, o que um cidadão observa ter ensinado uma lição a todos. Ódio do exogrupo pelo endogrupo.

## Das Ungeziefer

Das Leben ist nicht lebenswert,
Wo man nicht dem Schmarotzer wehrt,
Als Nimmersatt herumzukriechen.
Wir müssen und wir werden siegen.

Não vale a pena viver,
Quando não se resiste ao parasita,
Nunca satisfeito conforme rasteja.
Devemos e vamos vencer.
(Der Stürme, 28 de setembro de 1944)

Figura 2.12 – Desenho de judeus como vermes, do *Der Stürme*

*Por que odiamos*

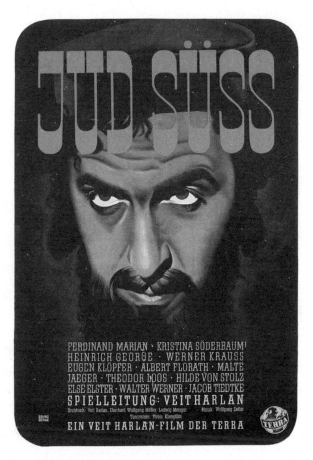

Figura 2.13 – Cartaz de *O judeu Süss*

## Mulheres

Trump: Sabe, eu tenho uma atração automática por mulheres bonitas – eu logo começo a beijá-las. É como um imã. Apenas beijo. Eu nem espero. E quando você é uma estrela elas deixam. Você pode fazer qualquer coisa.

Bush: O que você quiser.

Trump: Pegar na buceta delas.[4] Você pode fazer qualquer coisa.

Isso não é bem verdade. Em ao menos uma ocasião ele não foi capaz de fazer o que queria.

> Trump: Eu fui pra cima dela, na verdade. Sabe, ela estava em Palm Beach. Eu fui pra cima dela e falhei. Eu admito.
>
> Desconhecido: Uau.
>
> Trump: Mas eu tentei transar com ela. Ela era casada.
>
> (Trump, 2016)

Donald Trump em conversa com Billy Bush, uma celebridade da TV, um mês antes de vencer Hillary Clinton e ser eleito presidente dos Estados Unidos. Preconceito contra mulheres. Deixá-las por último não é um sinal de desrespeito, pelo contrário. É mais um sinal de que o preconceito contra as mulheres pode não ser completamente típico. Talvez seja significativo o fato de Allport[5] não ter muito a dizer sobre a questão. Mas é bastante óbvio que elas são discriminadas. Preconceito contra elas ousarem assumir os papéis masculinos; embora curiosamente, Platão, um dos primeiros a escrever sobre o assunto, estava preparado — ao menos em teoria — para dar às mulheres papéis iguais aos dos homens na direção de seu Estado ideal, como esboçado em sua *República*. "Mulheres e homens

---

4 A frase original de Trump, *"Grab them by the pussy"*, tornou-se infame pelo seu tom chulo. (N. E.)

5 Referência ao psicólogo estadunidense Gordon Allport (1897-1967) que tratou sobre a questão do preconceito em seu livro de 1954 *The nature of prejudice* [A natureza do preconceito]. (N. T.)

*Por que odiamos*

possuem a mesma natureza com relação à tutela do Estado, salvo na medida em que um é mais fraco e outro mais forte" (Platão, 1997, p.1079). Atributos físicos são irrelevantes no que toca ao talento e habilidades. É tudo uma questão de educação. "Se se espera que as mulheres façam os mesmos trabalhos que os homens, devemos ensiná-las as mesmas coisas." Aristóteles era mais convencional. "A relação do masculino com o feminino é por natureza uma relação do superior com o inferior e dos dominantes com os dominados". Bom, isso descreve como as coisas são. Há algo que sustente esse julgamento? Que tal: "o macho é mais corajoso que a fêmea, e é mais solidário no sentido de estar pronto para ajudar. Mesmo no caso de cefalópodes: quando a sépia é atingida pelo tridente, o macho está a postos para ajudar a fêmea; mas quando o macho é atingido a fêmea foge" (Aristóteles, *History of Animals* apud Barnes, 1984, p.949). Teólogos cristãos engoliram esse tipo de coisa. Embora, admitidamente, eles tenham suas próprias fontes. Há uma ordem correta e as mulheres não são as primeiras. "Como em todas as congregações do povo do Senhor. As mulheres devem permanecer em silêncio nas igrejas. Elas não têm permissão para falar, mas devem estar em submissão, como manda a lei. Se elas querem perguntar algo, elas devem fazê-lo aos seus maridos em casa; pois é infame para a mulher falar na igreja" (1 Coríntios, 14:33-35).

Apesar do apóstolo Paulo, essa não pode ser a história completa. Estamos falando aqui de grupos e o que os conduz ao sucesso. Se metade dos membros não faz nada, ou, quando muito, o faz em um nível inferior, isso não é uma estratégia potencial. Fêmeas têm de ser parte do todo. Caso contrário, a seleção natural produzirá apenas grupos de jesuítas um atrás do outro e mais nada. Santo Inácio de Loyola deve estar satisfeito. Duvido que outros estejam. Nós vimos as armadilhas de analogias acríticas do mundo primata, mas – *graça social!* – todos sabem como Frans de Waal (2007) demonstrou que, nas tropas de chimpanzés, com machos desfilando como se fossem astros diante de suas fãs, são de fato as fêmeas mais velhas que controlam os fios do poder. Se esses machos não fizerem as alianças adequadas com esses membros da tropa, eles permaneceram no nível do seu filósofo médio. Não é uma receita de um futuro glorioso.

Os medos são descabidos. A evidência científica tanto dos grupos atuais quanto da arqueologia – saúde, desgaste dentário, artefatos – é de que as fêmeas de fato possuíam um papel ativo. De saída, o esquema típico, ao estilo *National Geographic,* de machos dominantes trajando roupas esportivas, armados com lanças para a caça, e a pequena mulher de seios à mostra que fica em casa e cuida dos bebês, simplesmente não corresponde à realidade. Uma enorme parte da caça depende de artefatos – armadilhas e coisas do tipo – assim como o conhecimento para utilizá-las da melhor forma. As mulheres podem e de fato desempenham papéis importantes aqui. Novamente, no que toca ao processamento de alimento e coisas do tipo, machos e fêmeas têm interesse em trabalhar de forma eficiente. Mais relevante, independente de quão dominantes os machos possam parecer, tal como os chimpanzés, eles precisam do apoio das fêmeas: "mulheres não recebem um status inferior por suas funções de parir, cuidar dos filhos e lactar, ao contrário, elas são respeitadas pelos homens por essas contribuições" (Jarvenpa e Brumbach, 2014, p.1253). Estupro contínuo simplesmente não é a melhor forma de obter favores sexuais e a partir daí ter filhos, especialmente meninos. Manter boas relações e ser bem-vindo é uma estratégia muito melhor. Isso para não mencionar também o poder que as mulheres têm sobre seus filhos. Freud sabia o que estava falando quanto à importância das mães para os filhos meninos. Tratá-los como lixo simplesmente não é uma prática humana. Em suma, os grupos têm de ter fêmeas e a seleção natural promoverá os seus valores – como produtoras de mais membros do grupo e como participantes do todo (Hrdy, 1999).

Aparentemente a desigualdade de gênero não é comum. Ela não deveria existir. Como então chegamos aos tipos de forças que nos levaram a Donald Trump? De acordo com boa parte de teorias já encontradas, muito da desigualdade é uma função da mudança para a agricultura.

Uma possível prova para a evolução da igualdade de gênero na linhagem hominínia foi o aumento no custo da reprodução humana associada a um cérebro maior nos primeiros *Homo*. Proles com custos maiores necessitariam de mais investimento tanto das mães quanto dos pais, como visto entre os caçadores-coletores existentes. A necessidade de investimento biparental prevê uma maior igualdade de gênero, que se reflete na alta frequência da monogamia e nas agendas reprodutivas dos caçadores-coletores machos que comumente param de se reproduzir cedo e exibem longos períodos de vida após sua última reprodução. (Dyble et al., 2015, p.798)

Entre os agricultores, essas pressões não existem e os machos podem se projetar ao poder mais rapidamente. Nos caçadores-coletores , o "padrão contrasta com aquele dos agricultores e pastores homens, cujos períodos reprodutivos se estendem até a idade avançada. Esse reconhecimento vitalício de laços de parentesco por toda a nossa vida é apontado como um importante passo na evolução social humana". Se, graças à agricultura, as mulheres continuam a ter filhos – muitos mais –, então obviamente elas estarão presas às necessidades básicas de bebês e crianças pequenas. Os homens não amamentam, logo a diferença de gênero aparece e se acentua. Os homens têm uma dimensão de liberdade que as mulheres não têm. "Com maior índice de gravidez, as mulheres tinham de gastar mais energia em alimentar zigotos, fetos e bebês indefesos – um empreendimento deveras custoso" (Adovasio, Soffer e Page, 2007, p.269-270).

## Considerações finais

Hora de concluir:

> [...] os próprios fatores que tornam os vínculos e a lealdade no endogrupo importantes para os indivíduos também fornecem um terreno fértil para o antagonismo e a desconfiança daqueles fora dos limites internos. A necessidades de justificar os valores do endogrupo sob a forma de uma superioridade moral aos outros, de sensibilidade à ameaça, a antecipação da interdependência sob condições de desconfiança, os processos de comparação social e os poderes políticos conspiram para conectar a identificação no grupo e a lealdade a um desdém e hostilidade explícita em relação a exogrupos. (Brewer, 1999, p.439)

*Por que odiamos*

Rudyard Kipling nos disse do que se trata:

O estrangeiro dentro do meu portão,
Ele pode ser honesto ou carinhoso,
Mas ele não fala minha fala —
Não posso sentir sua mente.
Eu vejo o rosto, os olhos e a boca,
Mas não sua alma.

Os homens de minha linhagem,
Eles podem fazer o bem ou o mal,
Mas eles contam as mentiras que eu contaria,
E estão acostumados às mentiras que conto;
Não necessitamos de intérpretes
Quando vamos comprar ou vender.

O estrangeiro dentro dos meus portões,
Pode ser mau ou bom,
Mas eu não posso dizer que poderes o controlam —
Quais ações guiam seu humor;
Nem quando os Deuses de sua terra distante
Retomarão seu sangue.

Os homens da minha própria linhagem
Ruins e malvados quanto sejam,
Mas, ao menos, eles ouvem o que eu ouço,
E veem o que eu vejo;
E o que quer que eu pense deles e daqueles como eles
Eles pensam de mim e daqueles como eu.

*Michael Ruse*

Essa era a crença do meu pai
E também é a minha:
Que o milho seja de um só feixe –
E as uvas sejam uma só vinha,
Eis os dentes de nossos filhos se embotando
Por conta do pão e vinho ruim.

# 3
## *A cultura da guerra*

Em 16 de março de 1968, durante a guerra do Vietnã, na vila de My Lai, entre 347 e 504 pessoas foram assassinadas por soldados estadunidenses da companhia C, 1º batalhão, 20º regimento de infantaria, e pela companhia B, 4º batalhão, 3º regimento de infantaria, 11ª brigada, 23ª divisão (norte-americana) de infantaria (Hersch, 1972). As vítimas, principalmente mulheres e crianças, estavam desarmadas. Algumas das mulheres sofreram estupros coletivos antes de sua morte, seus corpos foram mutilados, assim como os de algumas crianças com não mais que 12 anos de idade. O comandante dos estadunidenses, tenente William Calley Jr., alegou que estava seguindo ordens. Meu exemplo hipotético do Capítulo 1 parece não ser tão hipotético. Mas por que deveríamos dar importância ou destacar isso? Por que, cinquenta anos depois, esse episódio ainda deveria ser a memória de uma guerra que, acima de tudo, causou fúria, desgosto e vergonha (Jones, 2017)? Afinal, os Estados Unidos estavam em guerra e guerra significa matar pessoas.

Nossa ciência nos dá ótimas razões pelas quais My Lai se destaca nos anais do comportamento humano imoral. Primeiro, acima de tudo: humanos não são macacos assassinos. Comportar-se como os soldados em My Lai vai, em um sentido profundo, contra a natureza humana. Como vimos, a pessoa comum — e não há razão para não acreditar que aqueles soldados estadunidenses não eram pessoas comuns — acha muito difícil matar outros seres humanos. Não é nenhuma surpresa. É precisamente isso que se espera da seleção natural. Lutar significa que as pessoas sofrem, e isso pode incluir você. Como destacado, simplesmente não evoluímos no sentido de nos tornarmos máquinas assassinas. Como armas de ataque, nossos dentes são patéticos, assim como as outras características humanas. Em uma luta franca, você seria um tolo de não esperar a vitória de um gorila comum sobre Muhammad Ali.

Segundo, não obstante nossa natureza pacífica, os humanos praticam atos violentos. Mas, como vimos, eles são "virtuosos". Você está em um grupo e, por muitas razões — a mudança climática talvez —, os estoques de alimentos estão cada vez mais escassos. É difícil sustentar todos os membros do grupo. Há dois adultos machos e nenhum dos dois é, especificamente, bom caçador. Um é totalmente egoísta, sempre se mete em brigas, imprudente com as esposas dos outros homens, o primeiro a tomar os escassos estoques. O outro, ao contrário, é totalmente generoso. Com base no princípio "se você pode, faça; se você não pode, ensine", ele dedica seu tempo a formar os jovens no grupo a pescar, a construir abrigo e coisas do tipo. Qual dos dois você seria mais propício a matar, talvez deixando-o isolado sem ajuda? Não há o que discutir, confirmando que embora seja quase inevitável que haverá violência, ela será rigidamente regulada. A moral entrará em ação aqui com uma força inigualável em outros âmbitos. Era moralmente correto proteger o membro generoso; era moralmente correto expulsar ou matar o membro egoísta.

Terceiro, endogrupo/exogrupo. Nossos primeiros desejos, completamente desenvolvidos e respaldados pela seleção natural, serão para o bem-estar do nosso próprio grupo. Unidos, ficamos em pé; divididos, cairemos. Nada misterioso e nada que não seja totalmente regrado pela seleção individual. Mesmo se eu não me beneficiar, meu irmão ou irmã poderá ter ganhos. No que diz respeito ao exogrupo, se eles não nos incomodarem, tenderemos a não incomodá-los. Contudo, se nos virmos em conflito, trazido pela agricultura e seus efeitos, ainda estaremos funcionando de acordo com nossa natureza humana e seguiremos os tipos de regras que regem a violência dentro do grupo. A questão é: o que é melhor para nosso endogrupo? A resposta: evitar a violência injustificada ao exogrupo; é desnecessário e pode se voltar contra nós. Isso leva à conclusão óbvia de que um código geral de conduta em relação ao inimigo não é algo ruim. Como disse Darwin: "à medida que os poderes racionais e previsões dos membros [de uma tribo] se tornam melhores, cada homem pode, em pouco tempo, apreender com a experiência de que se ele ajudou seus semelhantes-homens, ele, em geral, recebe ajuda em troca" (I, p.163). Os inimigos são seus semelhantes, logo há uma boa razão para não abrir mão dos tipos de regras morais que regem a violência endogrupo. Afinal, você pode ser um dos perdedores e muito grato à regra da moralidade.

A expectativa é que culturas desenvolvem regras, implícitas e explícitas, que regem a guerra. My Lai foi — é — tão chocante porque, sob qualquer medida, tais regras foram violadas. Você não mata civis desarmados; você não estupra mulheres, mesmo se forem do inimigo; e, sobretudo, você preza pelo bem-estar de crianças — todas as crianças, independente da raça, cor, sexo ou qualquer outra coisa. Regras que dizem respeito aos conflitos armados. O bombardeio japonês à frota estadunidense em Pearl Harbor, no domingo 7 de dezembro de 1941, foi imoral. Aqueles pilotos defendendo a Grã-Bretanha no verão de 1940 contra os prováveis invasores alemães foram exemplos morais. Todos os nossos agradecimentos não são o bastante para o seu sacrifício. Agora, já que em nossa discussão sobre a guerra nós passamos da contribuição das ciências para a contribuição das humanidades, surge a questão: o que a cultura tem dito sobre o que é apropriado ou não em situações de guerra? Como esperado, ela tem muito a dizer. Embora eu deva me concentrar na cultura ocidental, enfatizo que isso não é um esforço exclusivo dos europeus. O islamismo, por exemplo, desde o início buscou elaborar o que seriam ocasiões legítimas para a guerra — "Aqueles que foram atacados têm permissão para pegar em armas porque foram injustiçados" — e levantar questões acerca da conduta apropriada — "Mas não exceder os limites. Deus não aprova os transgressores" (Kelsay, 2007, p.24, 107).

No ocidente, mais importante, há a "teoria da guerra justa", subdividida em *jus ad bellum* — as condições sob as quais se pode ir à guerra — e *jus in bello* — a conduta do comportamento enquanto se está na guerra. Usaremos essa estrutura para nossa discussão. Primeiro, apresentando os argumentos filosóficos/ teológicos presentes na teoria da guerra justa. Depois, vendo como a teoria parece ser relevante, ou não, e como nos ajuda a olhar aos exemplos atuais de guerras. Mais que uma pesquisa geral, vou me deter com mais profundidade nas duas guerras mundiais do século XX e, depois, em uma guerra mais limitada das tropas estadunidenses ao fim do século.

*Por que odiamos*

# Teoria da guerra justa: de Cícero a Aquino

Foi o estadista romano Cícero (106-43 a.C.) que formulou o problema e começou a procurar respostas. Ele pensou de uma maneira notavelmente protodarwinista sobre a natureza dos humanos.

> A natureza, da mesma forma, pelo poder da razão associa o homem ao homem nos vínculos comuns do discurso e da vida; ela implanta nele, acima de tudo, eu diria, um amor estranhamente grande por sua prole. Ela também instiga os homens a encontrarem companhia, a formar assembleias públicas e a participar nelas; e ela ainda dita, como decorrência, o esforço da parte do homem para fornecer uma sorte de coisas que atendem seus confortos e desejos – e não apenas para ele próprio, mas para sua esposa, filhos e os outros por quem ele tem carinho ou o dever de prover; e essa responsabilidade também estimula sua (coragem) e a torna mais forte para as tarefas ativas da vida. (Cícero, *De officiis* apud Holmes, 2005, p.26)

A questão é como devemos nos comportar. Para Cícero, há regras externas da conduta moral sobre todos, quem sejamos, imutáveis e inquebrantáveis. Cícero coloca Deus por trás delas, mas podem ser sentidas quase como um pensamento secundário. Como as regras da matemática, elas existem de forma independente. "Há, de fato, uma lei, uma razão correta, que está de acordo com a natureza; existindo em tudo, imutável, eterna. Comandando-nos a fazer o que é certo, nos proibindo de fazer o que é errado." Acrescenta: "Não é uma coisa em Roma e outra em Atenas: algo hoje e algo diferente amanhã; mas uma lei eterna imutável para todas as nações e para todas as épocas. Deus, o único Governante, o Senhor universal, estabeleceu e proclamou essa lei" (Cícero, *De Republica* apud Holmes, 2005, p.25).

Nesse contexto podemos começar a pensar sobre a guerra e suas possíveis razões – ou melhor, possíveis razões morais. Antes de tudo, a guerra ofensiva está descartada. É guerra defensiva ou nada: "guerras são injustas quando empreendidas sem provocação. Portanto apenas uma guerra travada por vingança ou defesa pode, de fato, ser justa" (ibid.). É claro, parte da questão é definir em que consiste "sem provocação". De modo mais geral, como vimos em nossa referência à Guerra da Crimeia, há o problema de classificar as guerras em categorias. A invasão da Grã-Bretanha em 1066 foi ofensiva, ainda assim Guilherme agiu, de fato, "sem provocação" quando invadiu a Inglaterra para reivindicar a coroa que ele acreditava ser legitimamente sua? Por outro lado, a provocação imediatamente se traduz em defesa? Em 1982, a Argentina invadiu as Ilhas Malvinas, a cerca de 500 quilômetros da costa sul-americana. Elas estavam sob controle britânico e a Argentina as reivindicava. Em resposta, o Reino Unido enviou uma força militar ao sul e retomou as ilhas. A Argentina estava sendo provocativa de uma maneira que não aconteceu com Guilherme em Hastings. As ilhas estavam desocupadas até os europeus se assentarem nelas no século XVIII. A invasão tinha pouca relação com soberania e foi essencialmente em função de uma tentativa do governo militar argentino de desviar as atenções da nação dos problemas internos. Contudo, como admitiu publicamente a primeira-ministra inglesa à época, Margaret Thatcher, a resposta não estava relacionada a uma defesa. Pelo menos não à defesa das pessoas ou da propriedade. Era ideológica.

"Estamos defendendo nossa honra como nação" (Thatcher, 1993, p.173). Questões como essas abriram espaço para dois mil anos de debate.

Cícero oscila com facilidade entre *jus ad bellum* e *jus in bello*. Ir à guerra sem provocação recai em *jus ad bellum*. Mas então, a conduta na guerra, *jus in bello*, é igualmente importante. "Não apenas temos de demonstrar consideração por aqueles que conquistamos pela força das armas, mas também temos de garantir proteção àqueles *que* depuseram suas armas e se submeterem à piedade de nossos generais, apesar do aríete ter derrubado seus muros" (Cícero, *De Officis* apud Holmes, 2005, p.29). Note que o que estamos dizendo tem evidentes implicações para o ódio. É correto odiar agressores, Hitler, por exemplo. Mas não é óbvio que vamos odiar todos contra os quais estamos lutando, mesmo que possamos sentir que devemos lutar contra eles. Para a extrema desaprovação dos líderes de ambos os lados, as tropas alemã e britânica deixaram suas trincheiras e confraternizaram jogando futebol e trocando presentes no primeiro Natal da Grande Guerra, em 25 de dezembro de 1914. Eles não só não se odiavam; a maioria hoje e à época tenderia a elogiá-los – ou ao menos compreendê-los – e não a condená-los. De forma análoga, nos combates do norte da África na Segunda Guerra Mundial, o comandante alemão Erwin Rommel – a "raposa do deserto" – evocou admiração de ambos os lados, e ele é corretamente famoso por sua frase "guerra sem ódio" (Bierman e Smith, 2004). Tome nota de um ponto muito importante que subjaz a discussão aqui. A premissa básica da teoria da guerra justa é que em uma guerra lutamos com nossos semelhantes seres humanos. Necessitamos da teoria da guerra justa porque somos seres humanos, assim como nossos adversários.

*Michael Ruse*

Os 2 mil anos subsequentes a Cícero têm sido variações ou extensões de seu pensamento sobre a guerra. O novo fator importante é que ela foi levada a cabo em um contexto cristão. Há dificuldades aqui. Não há espaço para dúvidas ou equívocos com relação a Jesus Cristo. Matar outro ser humano, sob toda e qualquer circunstância, é errado. "Você ouviu o que foi dito, 'Olho por olho, dente por dente'. Mas eu vos digo, não resista a uma pessoa má. Se alguém te fere na face direita, oferece-lhe a outra face também" (Mateus, 5:38-39). O Sermão da Montanha é categórico, um cristão deve ser um pacifista, esse era o pensamento do padre da igreja de Alexandria, Orígenes (185-254 d.C.). Se você argumentar que isso é extremamente impraticável, lembre-se que, naqueles primeiros séculos após Jesus, os cristãos eram minoria e não faziam parte do quadro social mais amplo. Eles poderiam pensar em termos apocalípticos. O dia do julgamento é imanente e Deus colocará tudo no lugar quando Ele regressar.

Com o passar dos séculos e o cristianismo ganhando força e poderosos apoiadores, isso cada vez mais deixava de ser uma opção (Brown, 1967). Era necessário encontrar alguma maneira de tornar a abordagem cristã à guerra funcional em um Estado moderno, com um exército que pode ter que guerrear. Esse foi o papel central de Santo Agostinho, que iniciou destacando que a Bíblia é absolutamente inequívoca no tema da guerra e do assassinato. Rei Davi era um guerreiro e ainda assim ninguém foi mais amado por Deus, por suas habilidades e sucessos na guerra na mesma medida que pelos seus versos e composições nos Salmos. No Novo Testamento, Jesus não rejeitou o centurião, ao contrário, o elogiou. O soldado pediu a Jesus que curasse seu servo, dizendo-lhe que seu poder era tal

*Por que odiamos*

que poderia fazê-lo à distância. "Senhor, eu não mereço que entreis em minha morada" (Mateus, 8:8). Jesus é tocado. "Quando Jesus escutou tais palavras, ficou admirado e disse aos que lhe seguiam 'Em verdade vos digo, não encontrei ninguém em Israel com tal fé'" (Mateus, 8:10).

Teologicamente, Agostinho partiu de sua interpretação do significado da história de Adão e Eva. Graças ao pecado da desobediência, todos ficamos marcados pelo pecado original. Isso não significa que nascemos pecadores, mas que temos a tendência a pecar e, com o tempo, pecaremos. Até o dia do julgamento, estamos condenados a ser pecadores. Feriremos e mataremos uns aos outros. Isso é um fato que não podemos mudar. Assim, devemos aceitar e lidar com isso. O amor pode e deve agir em âmbito individual; já no grupal, precisamos de regras para regular a violência. A teoria da guerra justa cristianizada. "O que há de mau na guerra? É a morte de alguns que, de todo modo, logo morrerão, para que outros possam vivem em paz? Isso é apenas uma repulsa covarde, não um sentimento religioso. O verdadeiro mal na guerra é o amor à violência, crueldade vingativa, inimizade feroz e implacável, resistência extrema, desejo por poder e coisas do tipo" ("Resposta a Fausto, o maniqueísta" apud Holmes, 2005, p.64).

A maior contribuição de Agostinho foi a de escolher e elaborar sobre o pensamento de Cícero. *Jus ad bellum.* "Paz deve ser objeto do seu desejo; guerra deve ser travada apenas como uma necessidade, e de tal modo que, apenas por ela, Deus possa livrar os homens da necessidade e preservá-los em paz. Pois a paz não é servida para acender a guerra, mas a guerra é travada para que a paz possa ser obtida" ("Carta a Bonifácio" apud Holmes, 2005, p.62-63). As guerras devem ser sancionadas pela autori-

155

dade correta e apropriada. "O ato, o agente e a autoridade para a ação são todos muito importantes na ordem da natureza. Pois Abraão ter sacrificado seu próprio filho é uma loucura surpreendente. Ao fazê-lo sob o comando de Deus prova sua fé e submissão" ("Resposta a Fausto, o maniqueísta" apud Holmes, 2005, p.63). Passando então para *jus in bello*: "Deixe a necessidade, portanto, e não seu desejo, matar o inimigo que te combate. Assim como a violência é utilizada contra aquele que se rebela e resiste, a piedade é para os derrotados e cativos, sobretudo no caso em que perturbações futuras na paz não devem ser temidas" (p.63). Assim como Cícero, Agostinho apela aqui para a lei natural, estabelecida e sancionada por Deus. As regras da guerra, seu início e sua conduta não são fabricadas nem decisão nossa. Elas estão lá para serem seguidas. Com um grande fim, repetindo: Paz! Não apenas para nós, mas para todos. "Essa cidade celestial, portanto, em sua estadia na terra, chama cidadãos de todas as nações, e reúne uma sociedade de peregrinos de todas as línguas, sem se importar com a diversidade nos modos, leis e instituições nas quais a paz terrena está assegurada e mantida, mas reconhecendo que, por maior que seja a variedade delas, todas tendem a uma e a mesma paz terrestre" (*Cidade de Deus* apud Holmes, 2005, p.79).

Avançando um milênio, São Tomás de Aquino foi o que colocou um selo de aprovação na abordagem de Agostinho à ética da guerra. Primeiro, tudo deve ser feito dentro da lei divina eterna. "Agora é evidente, concedido que o mundo é regido pela Providência Divina [...] que toda a comunidade do universo é governada pela Razão Divina. Portanto, a própria Ideia do governo das coisas em Deus, o Governante do universo, tem a natureza de uma lei" (*Summa Theologica* apud Holmes, 2005, p.93). Assim, as três condições para a guerra justa: "Primeiro, a *autoridade* do soberano por cujo comando a guerra deve ser travada. Pois não é função de um indivíduo privado declarar guerra, porque ele pode procurar pela retificação de seus direitos no tribunal de seu superior" (p.107). Note que isso exclui uma guerra privada tal como a travada por Osama bin Laden. Segundo, uma *causa justa* é necessária, a saber, aqueles que são atacados devem sê-lo por merecimento devido a alguma falha. Citando Agostinho: "Uma guerra justa poderá ser descrita como uma que vinga os erros, quando uma nação ou Estado tem de ser punido, por se recusar a corrigir os erros infligidos por seus súditos, ou devolver o que tomou injustamente" (p.107-108). Isso parece se encaixar em algumas guerras ofensivas. Desconfio que Guilherme, o Conquistador, deve ter levado isso em conta. O trono da Inglaterra era legitimamente seu. Terceiro, é necessário que os beligerantes tenham uma *intenção correta*, de modo que eles busquem o avanço do bem ou a recusa do mal. Agostinho diz: "A verdadeira religião considera como pacíficas aquelas guerras que são travadas não por motivos de engrandecimento ou crueldade, mas que tem como objeto garantir a paz, punir os malfeitores e exaltar o bem" (p.108). Eu desconfiaria que Margaret Thatcher pensava assim para justificar a Guerra das Malvinas. Duvido que todos concordariam com ela. Nosso foco é no *jus ad bellum*, mas ao chegar à terceira razão, começamos a passar ao reino do *jus in bello*. O trabalho pesado aqui foi deixado para outros mais tarde.

## Teoria da guerra justa: Grotius até o presente

Hugo Grotius, o humanista holandês do início do século XVII, em seu *Direito da guerra e da paz* (1625), nos traz o mais detalhado debate sobre essa questão. Citando Cícero, ele dá a filosofia geral: "Há certas obrigações a serem observadas mesmo perante aqueles que nos injustiçaram, pois existe uma Moderação necessária na Vingança e na Punição" (3, XI, p.I). Ele acrescenta: "Mesmo onde a justiça não a demanda, ainda assim, frequentemente, é aprazível à bondade, à moderação e a uma grande alma perdoar" (3, VII, p.I). Ele, então, passa a listar pessoas e questões nas quais a moderação é apropriada. "Se não por justiça, por piedade, somos proibidos de tentar qualquer Coisa que possa provar a Destruição de Inocentes, a menos que seja por Razões extraordinárias e para a Segurança da maioria" (3, p.VIII). Logo: "a idade tenra deve dispensar a Criança, e o Sexo a mulher" (3, IX, I). Padres estão isentos de responsabilidades, pois são aqueles que "legitimamente tem o mesmo Privilégio, assim como os Padres, que abraçaram um Tipo de Vida, como os Monges, e Irmãos-leigos, isto é, Penitentes, cujos cânones eclesiásticos, de acordo com a Igualdade natural, seriam igualmente poupados como Padres. Para esses, podemos legitimamente acrescentar os que se dedicam aos estudos das Ciências e Artes benéficos para o gênero humano" (3, X, 2).

Voltando à guerra em si: "Honra, isto é, um respeito pela Equidade, não nos permite tirar a Vida de um Prisioneiro" (3, XIII, I). Grotius acrescenta: "A mesma Equidade nos ordena poupar aqueles que se rendem ao conquistador sem condições de uma maneira suplicante; e matar aqueles que sucumbiram, (diz Tácito) é bárbaro" (3, XV). Grotius não acredita que essas regras — isto é o princípio por trás delas — sejam caprichosas e arbitrárias. Cícero mostrou o caminho. É dado por Deus, é eterna e obrigatória para todos, e acima de tudo apela àquilo que é natural. Em geral, nesse tipo de discussões levanta-se o dilema de Eutífron: Deus quer que façamos o que é bom (independentemente) – o que no caso, ele não seria o todo-poderoso – ou bom seria aquilo que Deus quer que façamos – o que no caso, Deus seria caprichoso? O que Cícero faz é argumentar que Deus quer que façamos aquilo que é "natural", querendo dizer a função correta do modo que ele nos criou. "Nossos antepassados nos deram outro exemplo impressionante de justiça com relação a um inimigo: quando um desertor de Pirro prometeu ao Senado que daria veneno ao rei e com isso o levaria à morte, o Senado e Caio Fabrício entregaram o desertor a Pirro." Por quê? Pelo fato deles desaprovarem completamente o "assassinato traiçoeiro mesmo de um inimigo que era a uma só vez poderoso, espontâneo, agressivo e bem-sucedido". Utilizar um traidor para envenenar seu adversário, por mais terrível que possa ser, está fora das regras do jogo. Não é o que os homens reais fazem, não é natural, não fazem isso. Kant concorda: "Nenhum Estado em guerra com outro deve consentir com tais modos de hostilidade, pois tornaria a confiança mútua impossível em um estado subsequente de paz: tais são os empregos de assassinos (*percussores*) ou de envenenadores (*venefici*), rupturas de capitulação, instigar e fazer uso da traição (*perduellio*) em um estado hostil" (Kant, 1795, p.114).

A influente teoria da lei natural de Aquino segue a tradição de Cícero, embora, como sempre com esse autor, o elemento aristotélico esteja presente em seu pensamento: "Agora entre todos os outros, a criatura racional está sujeita à providência Divina do modo mais excelente, na medida em que participa de uma parcela da providência, ao ser providente tanto para si quanto para os outros. Portanto ela tem uma parcela da Razão

Eterna, na qual ela tem uma inclinação natural a sua ação e fim corretos: e essa participação da lei eterna na criatura racional é chamada de lei natural" (Aquino, 1981, I-IIae, 91, 2). Essa é exatamente a posição de Grotius. O que Ele nos diz para fazer, que estabelece a lei, é dado por aquilo que é natural para nós como seres humanos. Não é natural matar mulheres e crianças, portanto, não o faça. Certamente é natural no calor da batalha tomar os pertences de seu adversário para impedi-los de os utilizarem contra você e talvez até utilizá-los contra o adversário. Mas assim que a luta termina, você não precisa deles, não são seus, devolva-os. Do mesmo modo, é totalmente não natural seguir "aqueles que se dedicam aos estudos das Ciências e Artes benéficas para o gênero humano" – até os filósofos. Não faça isso.

Podemos avançar rapidamente. Tanto Lutero quanto Calvino eram ardorosos seguidores de Agostinho e, como em geral acontece com os discípulos, eles tenderam a ser mais agostinianos em alguns aspectos que o próprio Santo Agostinho. Poucos apreciaram tanto o conceito de pecado original como João Calvino. Como esperado, tanto Lutero quanto Calvino aceitaram a legitimidade da guerra, e Agostinho era o seu respaldo. Jesus falava da vida espiritual de um indivíduo, não como deveríamos agir no mundo em geral. Preocupando-se com um ataque dos católicos: "se a guerra irromper – o que Deus proíbe –, não reprovarei aqueles que se defenderem contra os papistas assassinos e sanguinários, tampouco deixarei qualquer outra pessoa os repreender por serem sediciosos, mas aceitarei sua ação e considerarei como autodefesa" (Lutero, 1955, 47:19). Calvino, advogado de formação, era mais rigoroso com relação a regras e regulamentos. Se você der aos

*Por que odiamos*

monarcas ou governos poder para governar, e "para manter a tranquilidade de seus súditos, reprimir os movimentos sediciosos dos revoltosos, assistir aqueles que são violentamente oprimidos, e combater os crimes, eles podem usar isso mais oportunamente que na repressão à sua fúria que perturba tanto a paz dos indivíduos quanto a tranquilidade comum de todos; que provoca tumultos sediciosos e perpetra atos de opressão violenta e grandes prejuízos?" (Calvino, 1536, IV, 20, 12).

Para aqueles no lado mais radical da Reforma – menonitas e semelhantes –, o Jesus do evangelho era incontornável. Eles não queriam ser vistos como aqueles que evitavam as palavras diretas do Salvador. Essa tradição seguiu até o presente. Os *quakers* tendem a ser bastante condescendentes a interpretações de boa parte da Bíblia. Vemos, por exemplo, que eles nunca estiveram presos ao pecado original agostiniano, preferindo, ao contrário, acompanhar a antiga tradição de Irineu de Lyon, cuja teoria da encarnação diz que Deus na Cruz não era um sacrifício, mas um exemplo de amor perfeito, um modelo e um ideal para todos nós. Contudo, no que toca ao Sermão da Montanha, como vimos no Prefácio, a leitura literal bíblica estadunidense mais furiosa – fundamentalista ou criacionista – não tem nada da leitura literal de Mateus 5-7 pelos membros da Sociedade Religiosa de Amigos (*quakers*).

Agora que o pensamento básico sobre a teoria da guerra justa foi apresentado, a discussão deve seguir para demonstrá-la em ação – ou não. Como ela estruturou e governou a conduta na guerra – ou não. Isso não é uma questão vazia ou datada. Há aqueles que hoje em dia argumentam que a teoria da guerra justa é uma hipocrisia, uma cobertura para o mais cruel e perverso tipo de comportamento. Tal crítica registra uma con-

*161*

*Michael Ruse*

versa entre o antigo capitão dos *marines* estadunidenses, que serviu no Iraque: "ele argumentava que qualquer crítica séria da guerra – no passado, presente ou futuro – era, é e será minada antes mesmo de começar pela falta de reflexão e pela aceitação universal da doutrina da guerra justa. Ele prosseguiu dizendo que a teoria da guerra justa deve ser desmontada, desacreditada, revelada como a mentira que é" (Meagher, 2014, p.xvi). Isso é um tema que nós mesmos temos de decidir. Há duas questões a serem respondidas. A guerra se molda ou não ao critério da teoria da guerra justa? Os participantes se deixam guiar (conscientemente ou não) pelos critérios da teoria da guerra justa?

Essas são questões diferentes, e de fato nossa preocupação central está na primeira delas. Mas responder à segunda tem valor na medida que ela nos ajudará a julgar a verdade de nossa resposta para a primeira. Por exemplo, se julgamos que a guerra não atende a um dos critérios, mas os participantes acreditam que eles haviam atendido, queremos saber por que eles estavam errados – ou, talvez, seja eu quem esteja errado. Note, mais uma vez, a questão levantada no início deste capítulo de como toda essa discussão se mescla com descobertas e alegações empíricas de Fiske e Rai sobre o papel da violência nas interações humanas. Longe de excluir ou negar a moralidade, a tese fundamental deles é que a violência é quase sempre considerada em um contexto moral. Humanos são violentos porque eles acreditam que é uma coisa boa. "Violência é em geral considerada como a antítese da sociabilidade – pessoas acreditam que violência é uma expressão de nossa natureza animal que surge quando as normas culturais aprendidas colapsam. Violência é considerada como a essência do mal; é o protótipo da imoralidade". Essa é uma perspectiva bastante unilateral. É claro que haverá psicopatas e pessoas que são completamente imorais, sabidamente se preparando para fazer a coisa errada. Contudo, em qualquer tipo de modo sistemático ou societal, isso não é a norma: "um exame de atos e práticas violentos por diferentes culturas e por toda a história demonstra justamente o oposto. Quando as pessoas ferem ou matam alguém, eles geralmente o fazem porque sentem que devem: eles sentem que é moralmente correto ou mesmo obrigatório ser violento" (Fiske e Rai, 2014, p.xxii). A existência de algo similar à teoria da guerra justa foi quase predeterminado.

## A grande guerra

As duas grandes guerras estão em um contraste interessante. Na primeira, houve pouca ou nenhuma consideração à teoria da guerra justa, na segunda ela foi considerada, ainda que não de forma perfeita. Com relação a causas próximas, os beligerantes acabaram se envolvendo na Primeira Guerra Mundial. Em 28 de junho de 1914, o arquiduque Francisco Ferdinando, pressuposto herdeiro ao trono do império austro-húngaro, e sua esposa foram mortos em Sarajevo por um assassino sérvio, Gavrilo Princip. A Áustria-Hungria lançou um ultimato à Servia, que fez a aliada Rússia começar a se mobilizar. A Áustria-Hungria procurou e conquistou apoio da Alemanha. Enquanto isso, a França assinou um pacto com a Rússia. A Áustria-Hungria começou a atacar a Sérvia, a Alemanha fez investidas contra a Rússia e a França, e a guerra começou. A Grã-Bretanha apoiou a neutralidade da Bélgica, mas quando a Alemanha invadiu o território belga como parte do chamado Plano Schlieffen para atacar a França a partir do norte e lidar com o ocidente antes de

*Michael Ruse*

se voltar contra a Rússia no oriente, a Grã-Bretanha declarou guerra contra os alemães (MacMillan, 2014).

As causas finais foram diversas. Os franceses ainda se recuperavam da derrota na guerra franco-prussiana de quarenta anos antes. A política externa britânica, desde pelo menos a época de Elizabeth, estava voltada a evitar que apenas uma nação dominasse o continente – como havia sido o objetivo de Napoleão. Acima de tudo, havia as inseguranças da Alemanha, que, até 1871, não existia como a conhecemos hoje. Havia muitos, muitos estados independentes, então, tudo foi unificado sob o "Chanceler de ferro", Otto von Bismarck (Clark, 2009). Apesar de terem derrotado os franceses, a Alemanha ainda era dolorosamente consciente de que eles eram os primos pobres europeus, sobretudo no que toca a se apossar de territórios pelo mundo para ser parte de seu império estrangeiro. Algo tinha de ser feito, e o que seguiu foi quase predeterminado. A Prússia dominou a nova união, com o seu antigo governante – o *kaiser* – como monarca, ela era antes de tudo uma sociedade militarista, e isso refletiu na nova Alemanha, que imediatamente começou a se armar – por exemplo, se engajando em uma cada vez mais acelerada corrida armamentista naval com os britânicos, cujos navios dominavam o mundo. Isso, combinado à total inadequação do *kaiser* de 1888, Guilherme II, fez com que o caldo estivesse pronto para ser entornado. A Alemanha tinha de ter mais do que tinha.

A revolta real foi uma surpresa. A escritora a canadense Lucy Maud Montgomery, autora de *Anne de Green Gables*, escreveu uma série após aquele acontecimento, incluindo um que se passa na Ilha do Príncipe Eduardo durante a guerra. No início de *Rilla de Ingleside* (1921), o assassinato é mencionado, mas

*Por que odiamos*

bem pouco notado. "Susan não se deteve sobre coisas desinteressantes e imateriais como aquela." Um mês depois, quando a guerra irrompe — uma guerra que teria um custo terrível para o Canadá (e para o resto do império) —, outro personagem também diz coloquialmente: "Você acha que uma guerra para a qual a Alemanha vem se preparando há vinte anos terminará em algumas semanas?". Todos sabiam que ela ia acontecer e isso aponta para a dificuldade de fazer julgamentos rápidos sobre a justiça da guerra. Você pode dizer que a Alemanha estava na ofensiva; mas, de certo modo, ela se defendia, assim como todos os outros. Por outro lado, pode-se dizer que Grã-Bretanha e a França estavam na defensiva, mas eles estavam realmente indo atrás de seus próprios interesses e políticas em vez de apenas agir para corrigir os danos infligidos aos outros.

Se nós temos dificuldade em fazer julgamentos, os verdadeiros participantes não estavam em situação melhor. Para ser honesto, principalmente na Grã-Bretanha, nunca houve um grande interesse na teoria da guerra justa, uma ideia continental na melhor das hipóteses. Cícero, Agostinho, Aquino, Grotius eram estrangeiros, no fim das contas. Certamente, havia teorias de algum modo *ad hoc* do século XIX, designadas a justificar a conquista de terras em interesse do império. Ao tomar os países, os britânicos pressupunham que os habitantes daquelas terras conquistadas poderiam ver que aquelas pessoas brancas superiores estavam, na verdade, lhes fazendo um favor. "Sem dúvida, há uma busca instintiva nas nações e em massas de pessoas por alterações e readequações, que são justas, e que decorrem de necessidades reais" (Mozley, 1871), e assim por diante. Esse é um bom pensamento quando você está dominando cada vez mais partes da África, mas não ajuda muito nas trincheiras em que os países se meteram na Grande Guerra.

A Inglaterra tem uma igreja estabelecida, e seus líderes e bispos são parte do alto escalão do governo, a Câmara dos Lordes. O país, portanto, esperava uma justificativa dos bispos, o que eles fizeram avidamente. Nenhum *nonsense* sobre guerra justa. Os alemães tinham de ser derrotados, simples assim. Vale tudo, justo e o injusto; violência virtuosa. A Grã-Bretanha estava em uma "guerra santa". Tal forma de guerra se distingue do conflito regido pelos critérios da guerra justa. Nesta, há regras morais imparciais a serem obedecidas; naquela, vale tudo desde que seja em nome da divindade ou da posição religiosa que está sendo endossada. "Não apenas de forma independente, mas repetida e centralizadamente, comunicados e propagandas oficiais declaram que a guerra está sendo travada pela causa divina, ou para sua glória, e tais alegações estão entre os meios e os órgãos da cultura popular. Além disso, eles identificam o estado e suas forças armadas como agentes ou instrumentos de Deus" (Jenkins, 2014, p.6). Essa distinção crucial entre guerra justa e guerra santa nos introduz em um entendimento da férvida retórica dos líderes da igreja da Inglaterra. "Não podíamos esperar imóveis enquanto tratados eram destruídos e particularmente ultrajes eram cometidos contra um povo inocente. Não podíamos deixar que aquela nobre herança de Liberdade e império, transmitida pelos nossos antepassados, fosse roubada de nós pela agressão brutal da autocracia alemã" (apud Marrin, 1974, p.132). Eis o bispo de Durham, Hensley Henson. Ele não era melhor que o Arthur Winnington-Ingram, o "bispo dos campos de batalha", de Londres: "Acredito que a melhor forma de a igreja ajudar o país é, antes de tudo, fazê-lo compreender que

*Por que odiamos*

ele está em uma Guerra Santa, e que não deve temer dizê-lo. Cristo morreu na Sexta-Feira Santa por liberdade, honra e cavalheirismo, e nossos meninos estão morrendo pelas mesmas coisas" (p.139). Grotius estava perdendo seu tempo.

Para salvar a liberdade do mundo, para salvar sua própria liberdade, para salvar a honra das mulheres e a inocência das crianças, tudo aquilo que é de mais nobre na Europa, todos os que amam a liberdade e a honra, todos que colocam princípio acima da facilidade, e a vida em si além da mera sobrevivência, estão reunidos em uma grande cruzada – e não podemos negá-lo – para matar alemães. (p.175)

Não que os alemães fossem melhores. "O cristianismo alemão representa a relação correta entre Cristo e seus discípulos, e nossa natureza a mais perfeita consumação do cristianismo como um todo. Nós lutamos, então, não apenas por nossa terra e nosso povo; não, pela humanidade em sua forma mais madura de desenvolvimento; em uma palavra, pelo cristianismo e contra a degeneração e a barbárie" (Bang, 1917, p.69). E assim por diante, até o fim. Depois de ter entrado no combate, os Estados Unidos também fizeram pouco para se redimir. O ministro congrecionalista Newell Dwight Hillis estava pronto para esterilizar 10 milhões de alemães e isolá-los de suas mulheres – "para que quando essa geração de alemães se vá, cidades civilizadas, estados e raças possam se livrar desse terrível câncer que deve ser extirpado do corpo da sociedade" (Hillis, 1918, p.59). Só precisamos derrotar os alemães primeiro.

Note que com a guerra santa, contra a guerra justa, todos do outro lado são legitimamente objeto do ódio. "Matar alemães", com tal compreensão, se espera, na prática, atrocidades – a derrota da *jus in bellum* – e não traz decepção, caso esse seja o melhor termo. Os atos mortais contra civis, quando a Alemanha invadiu a Bélgica em fins de agosto de 1914, são bastante conhecidos. "Os lugares mais afetados foram Aarschot, em 19 de agosto, e Andenne, no dia seguinte; a pequena cidade industrial de Tamines no Meuse, onde 383 habitantes foram assassinados em 22 de agosto; a cidade de Dinant, onde, em 23 de agosto, o pior massacre da invasão deixou 674 mortos, um a cada dez habitantes; e a cidade universitária de Leuven, onde a rica biblioteca universitária foi incendiada e 248 civis foram mortos" (Schaepdrijver, 2014). Isso é apenas o começo: "centenas de pessoas foram executadas na Ardennes belga; em uma ocasião 122 supostos *francs-tireurs* [franco-atiradores] foram mortos em grupos de 10; os últimos tiveram de subir na montanha de corpos para serem fuzilados"; e "os invasores fizeram questão de enfatizar sua superioridade. Um arco do triunfo provisório, construído perto do local onde as vítimas de um grupo de extermínio estão enterradas, na pequena cidade de Werchter ao norte de Leuven, traz a seguinte inscrição: 'Aos guerreiros vitoriosos.'" (ver Figura 1.2. A catedral destruída ao fundo do cartaz fica em Leuven).

Houve muitos outros exemplos de atrocidades como essas, infelizmente não restritas a apenas um dos lados; é óbvio que a teoria da guerra justa não havia sido seguida: "Há algumas obrigações que devem ser observadas mesmo com relação àqueles que nos prejudicaram, pois é necessária a Moderação na vingança e punição" (Grotius, 1625, 3, XI, 1). É ainda mais óbvio que ninguém ligava muito para isso; ou se o faziam, eles atropelavam os seus obstáculos – mais precisamente, operando nos marcos da guerra santa, não havia obstáculos. Gás lacrimogênio, cloro, fosgênio, gás mostarda. "É uma maneira covarde de guerra que não foi confiada a mim ou a outros soldados ingleses." Não obstante, uma vez que a vitória "só será possível copiando nosso inimigo nas escolhas das armas, não podemos nos recusar a fazê-lo" (Cook, 1999, p.37). Cícero e Kant são ignorados.

## A Segunda Guerra Mundial

A melhor maneira de ver a Segunda Guerra é como uma extensão da Primeira. Esta — diferente da sua sucessora — não aniquilou a Alemanha, invadida, sem qualquer controle dos assuntos internos. Alsácia e Lorena foram devolvidas à França e renunciaram a outros pequenos territórios no Leste; no entanto, o Estado ficou intacto, sujeito às demandas do Tratado de Versalhes, o resultado da reunião dos vitoriosos em 1919 que decidiu sobre as limitações e punições que deveriam ser impostas à Alemanha (MacMillan, 2002). Após a glória do estado pré-guerra, a República de Weimar, sem surpresas, era desprezada por muitos alemães; no entanto, em seu benefício havia muitos aspectos positivos, como, por exemplo, o florescimento das artes. Infelizmente, a Grande Depressão pôs um fim às remotas esperanças de sucesso — a Alemanha foi bastante afetada, em boa parte graças às pesadas dívidas contraídas com os Estados Unidos para sua reconstrução. Em 1920, o Partido Nacional Socialista (nazista) era uma das muitas organizações criadas para devolver a grandeza à Alemanha, mas somente com o grande desequilíbrio trazido pela Grande Depressão que ele assumiu papel relevante (Evans, 2003). Em 1933, ele chegou ao poder – o Terceiro Reich, com Adolf Hitler como seu líder ou *Führer*. Em alguns aspectos, principalmente com relação à política externa, os nazistas herdaram muito do pensamento anterior à Primeira Guerra Mundial, sobretudo pelo fato de a Alemanha ser ameaçada pelos seus vizinhos e por precisar de espaço para sua expansão, mais evidentemente ao leste pois ali havia mais terras desocupadas. Principalmente com relação à política interna e em ligação com a externa, o objetivo era rearmar e construir o setor militar, para que em cinco anos a guerra pudesse ser lançada com a intenção de ganhar o que não havia sido conquistado na guerra anterior (Evans, 2005; Tooze, 2007).

No início Hitler foi extremamente bem-sucedido em atingir seus objetivos. As limitações impostas às forças armadas pelo Tratado de Versalhes foram ignoradas; a região desmilitarizada do Reno foi reocupada; o emprego aumentou exponencialmente, construindo o exército (*Wehrmacht*), marinha (*Kriegsmarine*) e uma força aérea potente (*Luftwaffe*), isso sem mencionar os projetos civis como as *Autobahnen*,[1] construídas com um olho em sua utilidade militar. Aos 22 anos de idade, em 1936, o futuro âncora de TV Howard K. Smith foi à Alemanha pela primeira vez.

> Em trens, durante todo o dia, passavam longas caravanas de tanques camuflados, canhões e caminhões de guerra amarradas

---

1 Projeto de modernização na Alemanha nazista que consistia em construir uma grande rede de rodovias conectando cidades e regiões importantes da Alemanha, facilitando o transporte de mercadorias e pessoas, bem como o deslocamento militar. (N. T.)

*Por que odiamos*

a vagões e depósitos de cargas repletos com muitos mais desses monstros cobertos por lonas marrons. Nas grandes cidades, o tráfego tinha de ser interrompido em períodos em alguns dias para permitir que desfiles de máquinas de outro mundo, controladas por homens de marte cobertos de poeira e com capacetes de metal, realizassem manobras nas ruas principais. (Smith, 1942, p.10)

Então, em 1938, com a *Anschuluss*,[2] a Áustria (o país truncado que restou ao fim da Primeira Guerra) foi incorporada ao Reich geral. A República de Weimar se tornou uma memória ruim (Gellately, 2001). Depois disso, as coisas começaram a se tornar mais difíceis. Hitler alcançou a Tchecoslováquia e ocupou a região dos Sudetos, a parte ocidental, sendo a maior parte de sua população falantes de alemão. Horrorizados, mas não dispostos a começar outra guerra, os líderes da Grã-Bretanha e França se reuniram com Hitler na Alemanha, cujo resultado foi a assinatura do Tratado de Munique em 30 de setembro de 1938, concedendo à Alemanha tudo que ela havia invadido em troca do fim das agressões. "Paz em nossa época", disse o primeiro-ministro britânico – o pacificador – Neville Chamberlain em seu retorno à Inglaterra. Infelizmente não durou muito. Em março de 1939, Hitler tomou o restante do lado tcheco do país, e Chamberlain, percebendo que havia sido enganado, iniciou o rearmamento com seriedade. A guerra se aproximava. Ele estava certo, em 1939, Alemanha e Rússia assinaram um pacto de não agressão e, em 1 de setembro, a Alemanha invadiu a Polônia. Em 3 de

---

2 Termo utilizado para se referir à anexação da Áustria à Alemanha Nazista. (N. T.)

*Michael Ruse*

setembro, como resposta, a Grã-Bretanha e a França declararam guerra contra a Alemanha (Evans, 2009).

Houve um pensamento moral sistemático no segundo conflito mundial? Era de se esperar. As pessoas estavam chocadas com o que havia acontecido na Primeira Guerra. Um entre muitos, o biólogo americano e advogado da paz Vernon Kellogg escreveu um relatório devastador sobre atrocidades que ocorreram na Bélgica – *Headquarters Nights* [Noites do quartel general] (1917) – e sobre a indiferença da liderança alemã em relação a isso. Houve uma discussão séria sobre a conduta moral na guerra. Isso foi o tema central da obra mais influente de todas, *Moral Man and Immoral Society* [Homem moral e sociedade imoral] (1932), de Reinhold Niebuhr. Ele faz uma distinção entre a moralidade pessoal e a pública. "A tese a ser elaborada nestas páginas é de que uma acentuada distinção deve ser feita entre o comportamento moral e social dos indivíduos e de grupos sociais, nacionais, raciais e econômicos; e que essa distinção justifica e necessita de políticas públicas; que a ética puramente individualista deve ser sempre considerada vergonhosa" (p.139). Em âmbito privado, para o cristão, o Sermão da Montanha é obrigatório. Em âmbito público, contudo, o indivíduo pode ir contra ele. A realidade irrompe: "Conquistas [morais] são mais difíceis, se não impossíveis, para sociedades humanas e grupos sociais".

Essa não é uma posição agostiniana clássica. O santo é bastante claro de que na guerra justa estamos nos comportando de forma moral. "O que é o mal na guerra?" Agostinho não é contra a guerra em si, ele é contra o "amor à violência, crueldade vingativa, inimizade feroz e implacável, resistência selvagem e ânsia por poder". Dito isso, Niebuhr, luterano, obviamente estaria na mesma sintonia que Agostinho. No que toca à Segunda

*Por que odiamos*

Guerra Mundial, a posição de Niebuhr era tradicional. Todos concordavam, assim como nós, que a marcha sobre a Polônia foi uma violação das regras morais que governam a guerra. Isso se aplica ainda mais à invasão não anunciada e não provocada da Rússia em 22 de junho de 1941: "Barbarossa." Encorajado pelos seus sucessos em 1940 no Ocidente, notavelmente a conquista da França, Hitler voltou suas forças – 3,6 milhões de soldados, 3,6 mil tanques e mais de 2.700 aeronaves – para Moscou. No início, parecia que eles seriam bem-sucedidos em pouco tempo. Contudo, cada vez mais os soviéticos reagiam e essa resistência, combinada com o inverno russo que se aproximava, para o qual o *Wehrmacht* não estava adequadamente preparado – sombras de Napoleão –, fizeram com que a carnificina fosse detida antes de alcançar Moscou, e os dois lados entraram no que seria uma sangrenta luta durante quatro anos.

De certo modo, o ataque foi realizado sem aviso. Nenhum anúncio prévio e, de fato, graças ao pacto de 1939 as relações entre Alemanha e Rússia eram as melhores em muito tempo, se é que em algum momento foram boas. Contudo, se se voltar para o manifesto de Hitler de 1925, *Minha luta*, está tudo lá. "A política exterior de um Estado racial tem a obrigação de proteger a existência da raça que forma o Estado nesse planeta criando uma relação natural, forte e saudável entre o número e o crescimento do povo, e entre a qualidade do solo e o tamanho do território ocupado. Uma relação saudável existe apenas quando as necessidades nutricionais de uma nação são atendidas pelo seu próprio solo e território" (Hitler, 1925). Aparentemente, essa é uma posição respaldada por Deus – "somos colocados nesse mundo para lutar eternamente pelo nosso pão de cada dia". Acrescentando: "O povo alemão está abarrotado

*Michael Ruse*

em um território impossivelmente pequeno hoje e enfrentando um futuro penoso; contudo, essa situação não foi decretada pelo Destino, e se revoltar contra ela não é um insulto ao Destino". Mas expandir para onde? "Quando dizemos território e solo, hoje, na Europa, só conseguimos pensar na Rússia e nos Estados fronteiriços sob o seu controle." E por que isso? "Esse império gigantesco no oriente está pronto para cair. O fim da dominação judaica na Rússia também será o fim do Estado russo." Se alguma vez houve a possibilidade para uma condenação por manifestar um "amor à violência, crueldade vingativa, inimizade feroz e implacável, resistência selvagem e ânsia por poder", o pensamento e as ações de Hitler se encaixavam perfeitamente. Cícero estava correto: "Todas as guerras que acontecem sem provocação são injustas". Você pode questionar se isso se aplicaria a William, o Conquistador, mas não há dúvidas que se aplica a Hitler. Embora, note, significativamente, o próprio Hitler tirou a invasão do domínio da guerra justa e a colocou no da guerra santa. Logo, não há necessidade de tratar o inimigo como seres humanos completos. Quase de maneira paradoxal, Hitler confirma completamente a tese sobre a violência virtuosa.

Do mesmo modo, a resposta dos aliados foi um exemplo paradigmático de uma guerra defensiva justificada: "Pois somente uma guerra travada por vingança ou defesa pode, realmente, ser justa". Não tenho certeza se pode-se falar da França ou Grã--Bretanha buscando vingança, mas certamente eles estão reagindo às ações de Hitler e querendo derrotá-lo por causa delas. Mesmo a demanda por uma trégua incondicional não era uma vingança. Era apenas terror que nós poderíamos reverter para o fim não satisfatório da Primeira Guerra. E repulsa ao Estado

*Por que odiamos*

nazista totalmente imoral. "Uma guerra justa não deve ser descrita como aquela que vinga os danos, quando uma nação ou um Estado deve ser punido por se recusar a realizar compensações pelos danos infligidos pelos seus sujeitos ou por restaurar aquilo que tomou injustamente" (Aquinas, 1981, II, q.40). Aquino citando Agostinho.

Dito isso, houve dissidência. Os pacifistas não concordariam. Eles não estão seguindo as regras da guerra justa. Elizabeth Anscombe, uma das pessoas que estava seguindo as regras e que discordava delas, posteriormente conhecida como uma discípula de Wittgenstein e uma filósofa analítica potente por méritos próprios. Como estudante de graduação na Universidade de Oxford, ela se converteu ao catolicismo, então, com o vigor que se esperaria de uma convertida – pense em São Paulo – e com um coautor (Norman Daniel), ela utilizou seu formidável intelecto para sustentar uma justificativa para a Grã-Bretanha declarar guerra contra a Alemanha, com a invasão da Polônia. Ela enumerou as condições para uma guerra justa: "Causa justa (violação de direitos); declaração por uma autoridade legítima; intenções íntegras, meios de condução corretos; guerra como único meio possível de reparar danos; razoável esperança de vitória; e provável bem supera o provável mal" (Anscombe e Daniel, 1939, p.72). Os autores concordavam que algumas das condições estavam presentes. A invasão da Polônia violava seus direitos, a guerra foi declarada por líderes legítimos, havia uma razoável esperança de vitória. E, se se colocassem as coisas de maneira correta, a guerra era necessária. As suas objeções começaram com as intenções, para eles a França e a Grã-Bretanha não se importavam nem um pouco com a Polônia. Eles só queriam diminuir a Alemanha para um tamanho menor que o deles, tal como era ao fim da última guerra. Eles também se opunham categoricamente à crença de que essa guerra se limitaria aos meios corretos de conduta. Os conflitos bélicos modernos matam civis e isso nunca possui uma justificativa: "A população civil por trás de um exército não preenche as condições que tornam justificável matar um homem na guerra. Os civis não estão cometendo ações erradas contra aqueles que estão defendendo ou restaurando seus direitos". E, acima de tudo, eles negavam que o provável bem supera o provável mal. "Onde tudo isso acabará?" Respondendo a si mesmos: "depois da guerra, quais as nossas perspectivas a não ser mais pobreza, mais dificuldades, mais miséria que nunca, por um território; até uma outra guerra como essa começar" (p.81).

Olhando em retrospecto, isso tudo parece muito mais algo de estudantes universitários tentando chamar a atenção. O bispo de Anscombe não ficou satisfeito. As razões pelas quais os aliados declararam guerra simplesmente não parecem ser de pessoas que queriam apenas defender os seus próprios interesses um tanto duvidosos. Certamente interesses próprios, mas não para obter coisas; seria muito mais para impedir coisas que estavam erradas. Em 1938, o primeiro-ministro Neville Chamberlain havia feito tudo o que podia para evitar a guerra, pois tudo aquilo que ele e os outros viam era Hitler destruindo o equilíbrio de poder europeu tão central para a política externa britânica. Então, "em setembro de 1939, diante da invasão alemã da Polônia e uma onda de raiva nacional, ele foi forçado a comprometer um país que de forma alguma estava completamente preparado para uma guerra em defesa da França", e para a democracia em si (Gooch, 1995, p.1130). Não que houvesse muita alegria em torno de disso.

*Por que odiamos*

Às 11 horas do domingo, 3 de setembro de 1939, o ultimato do Reino Unido à Alemanha expirou e, pela segunda vez em 21 anos, os dois países estavam em guerra. O espírito de determinação sombria com o qual o Reino Unido entrou na Segunda Guerra Mundial – em um evidente contraste como o grande entusiasmo que o povo havia demonstrado em 1914 – refletia não apenas a apreensão sobre o futuro, mas também um reconhecimento do fracasso das políticas e dos políticos britânicos na década anterior. (Gooch, 1995, p.1129)

Isso contrasta com a atitude exageradamente zelosa, à época, de Hitler e seus companheiros nazistas.

Acrescente a essa crítica de Anscombe e Daniel o fato de que já havia muita evidência da horrível natureza do Terceiro Reich – começando com a Noite dos Cristais – e, ao longo dos anos, os nazistas trabalharam intensamente para aumentar essas evidências. Aquele foi o início da guerra. Depois, tendo aprendido a lição na Primeira Guerra, os aliados – liderado pelos Estados Unidos – trabalharam muito e, generosamente, realizaram doações para aliviar "mais pobreza, mais dificuldades, mais miséria que nunca". Apesar disso, a União Soviética recusou a ajuda e não deixaria seus Estados-satélites, como a Polônia e a Hungria, se valerem dele, embora seja possível argumentar que o Plano Marshall – a ajuda estadunidense para a Europa – era em benefício próprio, pois proporcionou uma espécie de amortecedor no início da Guerra Fria, ele foi, não obstante, surpreendentemente generoso. Os líderes nazistas foram levados a julgamento e executados – objetos próprios do ódio –, mas isso, em geral, não se estendeu às populações como um todo. As minhas mais antigas e felizes memórias são de ter sido mimado por prisioneiros de guerra italianos que estavam trabalhando nos campos da Inglaterra. Muitos daqueles prisioneiros ficaram na Grã-Bretanha depois da Itália mudar de lado em 1943. Ao fim da guerra, havia muitos prisioneiros alemães, depois dela 25 mil permaneceram ali. A família Ruse não era a única a convidar antigos inimigos para passar o Natal em sua casa.

Anscombe e Daniel tinham razão no que toca aos civis. Há uma doutrina católica do "efeito duplo"; para ela as coisas que acontecem como efeitos colaterais indesejados não deveriam ser julgadas como as coisas feitas intencionalmente. Uma coisa é bombardear uma fábrica de armas, mesmo que haja civis por perto que saiam feridos. Outra é bombardear uma cidade para matar civis, como a Rússia na Ucrânia. Os autores tinham pouco tempo para usar esse argumento como uma desculpa, supondo que se trata da primeira afirmação quando na verdade se tratava da última. Alguns atos de guerra são inadmissíveis, e se forem cometidos a guerra é errada. Se os autores tinham razão no início da guerra, isso apenas se fortalece conforme o conflito continua. Bombardeios de destruição, tentativa de destruir cidades, sem considerar se se está matando civis ou militares, se tornou a política oficial a partir de 1943. Isso deixou Niebuhr sem uma resposta adequada. Toda guerra é, de algum modo, imoral, então o bombardeio de destruição é simplesmente mais do mesmo. "Uma vez que o bombardeio foi desenvolvido como um instrumento de guerra, não é possível repudiar o seu uso sem capitular ao inimigo que se recusa a repudiá-lo" (Niebuhr, 2015, p.655). Como um agostiniano, Niebuhr estava comprometido com a ideia de que todos nós estamos marcados pelo pecado original, então não há uma boa razão para dispensar um tratamento especial ao bombardeiro.

*Por que odiamos*

Nem todos estavam dispostos a pegar leve com tal prática. Independentemente de qualquer coisa, a posição de Niebuhr é um tanto quanto evasiva. Sua filosofia geral – que indivíduos são morais e as sociedades não – tende a deixar os indivíduos de fora quando coisas ruins são feitas. Mas agora, quando indivíduos fazem coisas ruins, Niebuhr faz um malabarismo para encaixar tudo no lugar correto. Acontece que não somos tanto o "homem moral" no fim das contas. Alguns pensadores católicos, com uma base mais tradicional, evitaram essa armadilha. John C. Ford, um jesuíta estadunidense, tem muito a dizer. O bombardeio de destruição viola a teoria da guerra justa e é profundamente imoral. Tome Hamburgo; "O peso total das bombas lançadas em Hamburgo em sete dias equivale à quantidade lançada em Londres durante toda a blitz de 1940-1941" (Ford, 1944, p.293). Continua: "Um comentarista da RAF [Royal Air Force] disse: Para todos efeitos e propósitos uma cidade de 1,8 milhão de habitantes está absolutamente em ruínas [...] Provavelmente, é o mais completo apagamento de uma cidade que já ocorreu. Ninguém pode justificar isso". Ford argumentava que o problema do bombardeio de destruição se resumia a duas questões:

1. A maior parte dos civis em uma nação moderna em guerra desfruta de um direito de imunidade contra a repressão violenta de acordo com uma lei natural?
2. O bombardeio de destruição necessariamente envolve a violação de direitos de civis inocentes? (p.271)

Ford responde imediatamente: "É fundamental na visão católica que tirar a vida de uma pessoa inocente sempre é inerentemente errado, ou seja, absolutamente proibido pela lei natural. Nem o Estado nem qualquer indivíduo privado pode, assim, dispor das vidas de inocentes" (p.272). Os jovens e velhos, mulheres, médicos, clérigos, professores e muitos outros. "Se você pode acreditar que esses tipos de pessoas merecem ser descritas como combatentes, ou merecem ser tratadas como objetos legítimos da repressão violenta, então não tenho mais argumentos. Se, quando os seus governantes declaram guerra, essas pessoas são tão culpadas que merecem a morte, ou quase toda violência à pessoa e propriedade além da morte, então esqueçamos a lei da caridade cristã, a lei natural, e voltemos à barbárie, admitindo que a guerra total venceu e devemos nos submeter a ela" (ibid., p.283).

É de se desconfiar que nem todos admitirão, imediatamente, todas as colocações de Ford. Ele inclui mulheres na categoria de não combatentes, mas fora os membros femininos das forças armadas e a grande quantidade delas trabalhando nas fábricas de munições é um pouco ingênuo sugerir que nenhuma mulher está envolvida no esforço de guerra por meio do apoio aos soldados. Em geral, no entanto, o caso é potente, e certamente válido ainda hoje (Grayling, 2006). Poucos poderiam argumentar, agora, que foi moralmente correto bombardear Dresden, praticamente no fim da guerra, destruindo uma das joias da Europa e matando muitas pessoas. A teoria da guerra justa não parou as ações, mas evidente e inequivocamente as julgou como erradas. O bispo George Bell de Chichester foi um dos que, durante a guerra, se levantou e criticou publicamente o bombardeio demonstrando, lamentavelmente, que semelhantes bispos anglicanos não haviam aprendido nada da guerra anterior (Jasper, 1967). O arcebispo de York declarou que "é um mal menor bombardear os alemães amantes da guerra do que sacrificar as

*Por que odiamos*

vidas de nossos compatriotas" (Maynard, 1996, p.198). Acredita-se que a posição de Bell tenha alienado tanto o primeiro ministro Churchill que, dois anos depois, lhe foi negado o arcebispado de Cantebury. A ironia de toda essa discussão é que análises pós-guerra concordam, quase universalmente, que, na Europa, o bombardeio de destruição foi um fracasso. Ele não conseguiu quebrar o espírito dos alemães e a produção industrial continuou aumentando durante a guerra.

A teoria da guerra justa teve algum impacto? Tomemos a questão dos prisioneiros. Se você olhar para as estatísticas brutas, em ambas as guerras mundiais muitos alemães foram feitos prisioneiros. No entanto, elas podem ser um tanto quanto enganosas. A maior parte dos prisioneiros de guerra alemães na Primeira Guerra Mundial vem do fim da guerra, quando toda a operação militar colapsou (Ferguson, 2004, p.156). Na Segunda Guerra Mundial, os números são ainda mais distorcidos, porque a maior parte dos prisioneiros vem depois que a guerra havia terminado! (p.164). Se você voltar às fases iniciais das guerras, há diferenças. A Primeira foi uma guerra santa; matar todos os alemães. Essas eram as ordens explícitas:

Um soldado em Suffolks ouviu de um brigadeiro na véspera da batalha do Somme: 'Você pode fazer prisioneiro, mas eu não quero vê-los'. Outro soldado do 17º regimento de infantaria Highland relembrou a ordem de 'que não se deveria dar quartel ao inimigo e que não se deveria levar nenhum prisioneiro'. O soldado raso Arthur Hubbard do London Scottish também recebeu ordens estritas de não fazer prisioneiros, 'independente se tivessem feridos'. Ele se recordou que sua 'primeira tarefa foi, assim que eu tivesse acabado de cortar o arame, descarregar minha munição em três alemães que saíram de suas profundas trincheiras, sangrando muito, acabei com o sofrimento deles, eles suplicavam misericórdia, mas eu tinha minhas ordens, eles não nutriam qualquer sentimento por nós, pobres coitados'. (Ferguson, 2004, p.158)

Foi somente quando tudo estava completamente acabado e a Alemanha já não podia mais lutar que grandes contingentes se renderam e não havia mais necessidade ou impulso de matar a todos.

Ninguém pode dizer que a Segunda Guerra Mundial foi imaculada. Quando, em fins de 1944, as tropas russas entraram no leste da Prússia, encorajadas e motivadas por seus superiores, tiveram um comportamento terrível. Mais de 2 milhões de mulheres alemãs foram estupradas, algumas sessenta ou setenta vezes. Esse foi um dos episódios de comportamento inacreditável na frente oriental. "Os alemães devem ter executado sumariamente cerca de 600 mil prisioneiros soviéticos; ao fim do primeiro inverno da campanha cerca de 2 milhões estavam mortos" (Bartov, 1996, p.117). Mais tarde, conseguimos detalhes dos esquadrões da morte alemães, na esteira da Barbarossa. No Pacífico, nenhum dos lados levou adiante a prática de ter prisioneiros. Independentemente de qualquer outra coisa, a honra japonesa os obrigava a lutar até o fim e, se feitos prisioneiros, eles tentavam se suicidar. Compreensivelmente, os estadunidenses não estavam muito interessados em cuidar do bem-estar dos seus adversários. "Fica evidente a partir dos muitos relatos que as forças estadunidenses e australianas, com frequência, atiravam nos japoneses que tinham se rendido durante a Guerra do Pacífico. Isso aconteceu em Guadalcanal, sobretudo depois de 20 fuzileiros navais terem

*Por que odiamos*

sido vítimas de uma rendição falsa japonesa que na verdade era uma emboscada" (Ferguson, 2004, p.180). De forma quase engraçada, "um relatório da inteligência secreta notou que somente a promessa de dar sorvete e três dias de folga seria o suficiente para induzir as tropas americanas a não matar os japoneses que tivessem se rendido" (p.182).

De volta à Europa, para o Ocidente havia muitos casos de maus-tratos aos prisioneiros. Talvez o mais conhecido seja o fuzilamento de cinquenta prisioneiros aliados depois da "Grande Fuga". Os aliados tampouco estavam sempre dispostos a tratar os prisioneiros como seus semelhantes seres humanos. "No entanto, a escala de assassinato de prisioneiros – a extensão à qual os soldados lutavam até a morte – foi muito menor na Europa ocidental que na Europa oriental" (p.184). De fato: "Massacres de prisioneiros de guerra eram exceção, não a regra, no Ocidente". É possível perceber que aquele comportamento não era sempre dirigido, em primeiro lugar, por motivos morais, mas sim pela percepção psicológica de que os inimigos estavam mais suscetíveis a se render se esperassem um tratamento justo. Dito isso, "somente uma minoria de soldados estadunidenses consideravam o assassinato de prisioneiros como legítimo". O caso do major John Cochran é instrutivo nesse sentido: em março de 1945, diante de um menino alemão de 16 anos de idade – um jovem candidato a oficial de Hitler – que primeiro havia matado um de seus homens e depois se rendido: "Eu estava bastante comovido pela perda de um bom soldado e então agarrei o menino e tirei o meu coldre de munição. Perguntei a ele se havia outros como ele na cidade. Ele me encarou e disse: 'Eu prefiro morrer a te dizer qualquer coisa'". Cochran começou a espancá-lo, quando "Fui agarra-

*183*

do pelas costas pelo capelão Kerns. Ele disse: 'Não!' Então ele levou embora a criança gritando. O capelão interveio não para salvar a vida, mas para me impedir de cometer um assassinato. Se não fosse pelo capelão, eu teria cometido" (Ambrose, 2002, p.548). "Me impedir de cometer um assassinato." As pessoas não são santas, mas Cícero teria compreendido e aprovado.

Deve-se acrescentar que, depois da guerra, amalgamada ao alívio e a um sentimento de sucesso, havia uma culpa significativa. O bombardeio e seus efeitos ainda hoje ecoam. Não apenas os alemães. Havia uma percepção doentia dos grandes sacrifícios cometidos pelas tripulações dos bombardeiros. Na Grã-Bretanha, de um total de 125 mil tripulantes aéreos, 50 mil foram mortos (46%), 8.500 feridos em ação e 10 mil se tornaram prisioneiros de guerra – aqueles, isto é, que não foram mortos por civis enraivecidos conforme seus paraquedas aterrissavam em solo alemão (Chorley, 2007, p.484). Esses jovens não eram vítimas inocentes, mas certamente estavam sendo usados por aqueles que estavam no comando, indiferentes à perda da vida. É significativo o fato de que após a guerra Sir Arthur Harris, chefe do comando de bombardeio, comumente conhecido como "açougueiro Harris" ou "bombardeiro Harris", não recebeu as honrarias costumeiras. Ele as recusou quando se decidiu pela não criação de uma medalha de campanha específica para os bombardeiros. Um memorial para o comando de bombardeio foi inaugurado apenas em 2012, mas houve e ainda há culpa e controvérsia.

## Tempestade no Deserto

Depois da Segunda Guerra Mundial, cada vez mais pessoas estavam se tornando conscientes de que a guerra demandava

*Por que odiamos*

um pensamento moral sério. Nos Estados Unidos em particular, essa consciência se intensificou. O aparentemente infinito e inútil conflito no Vietnã – My Lai acima de tudo – intensificou esse sentimento. Nenhuma explicação pode exonerar Calley, mas ele deveria ter sido ensinado que isso é moralmente grotesco. Foi algo errado e não deveria ter sido feito. É assassinato quando soldados "apontam para não combatentes, observadores inocentes (civis), soldados feridos ou desarmados. Se eles atiram em homens que estão tentando se render ou se somam no massacre dos habitantes de uma cidade tomada, não temos que hesitar a condená-los (ou somos obrigados a fazê-lo)" (Walzer, 1977, p.128). À luz de incidentes como esses, o pensamento ganhou tanta força que, quando surgiram conflitos posteriores, as pessoas já estavam muito mais preparadas para oferecer princípios e continuar com análises detalhadas.

Em agosto de 1990, os iraquianos sob comando de Saddam Hussein invadiram o Kuwait. Em janeiro de 1991, os Estados Unidos sob comando de George H. W. Bush responderam expulsando-os: "Tempestade no Deserto". Uma guerra ofensiva do Iraque; em resposta, uma guerra defensiva dos Estados Unidos. Os estadunidenses comandados pelo general Norman Schwarzkopf, com as tropas no território e tecnologia militar avançada como bombas "inteligentes", mísseis guiados utilizando sistemas de orientação a *laser*. O teórico militar William V. O'Brien (professor de governança na Universidade de Georgetown) analisou a operação em detalhes a partir de uma perspectiva tradicional da guerra justa: "uma ação militar pode ser legalmente permitida, mas não moralmente se ela entra em conflito substancial com os propósitos gerais da guerra justa" (O'Brien, 1992, p.799).

Embora esteja tratando de duas questões juntas, principalmente porque ele acredita que as respostas para ambas são afirmativas, O'Brien toca demandas pertinentes colocadas pela teoria da guerra justa, começando com o *jus ad bellum*.

1. *Autoridade* competente: "No caso da Tempestade no Deserto, o presidente George Bush tinha autoridade competente de duas fontes: a Constituição dos Estados Unidos e a Carta das Nações Unidas como implementada pelo conselho de segurança". ["Primeiro, a *autoridade* da soberania sob cujo comando a guerra deve ser travada" (Aquino).]

2. A causa deve ser *justa*: "Estes objetivos evidentemente constituem muitas causas justas: retomada do Kuwait, vítima de uma agressão injusta e ilegítima; defesa da Arábia Saudita e dos Estados do Golfo Pérsico contra o evidente e presente perigo de mais agressões por parte dos iraquianos; restauração da segurança e estabilidade à área do golfo, vital para a economia mundial e para a paz na região; e proteção dos direitos humanos fundamentais negados pelo regime iraquiano aos cidadãos estadunidenses". ["A guerra é travada para que a paz seja alcançada" (Agostinho).]

3. Deve-se ter *justiça comparativa* contra o oponente: "Nos meses entre a invasão e ocupação do Kuwait de agosto de 1990 e o início da utilização da força pela coalizão Estados Unidos/ONU, houve abundantes evidências de que as forças de Saddam Hussein estavam destruindo o Kuwait enquanto uma entidade social, política e econômica. Justiça comparativa requer que o Kuwait seja liber-

*Por que odiamos*

tado desse tipo de ocupação e que a Árabia Saudita e os Estados do Golfo Pérsico sejam libertados do espectro de sofrerem o destino do Kuwait". ["Recusa em realizar compensações pelos danos infligidos a seus sujeitos, ou restaurar o que foi tomado injustamente" (Aquino).]

4. Os *meios empregados* devem ser razoáveis à luz do fim desejado: "A guerra aérea, lançada em 16-17 de janeiro de 1991, eliminou completamente a força aérea do país e destruiu a infraestrutura das forças armadas iraquianas e seu complexo industrial-militar". "Na ocasião, os tempos das guerras aérea e terrestre se provaram surpreendentemente bons, e o custo para as forças de coalizão Estados Unidos/ONU foram muito menores que o previsto. Se os custos para os iraquianos foram proporcionais é outra questão a ser tratada na discussão sobre a condução da guerra." ["Se não for por justiça, ou mesmo por piedade, não devemos tentar qualquer coisa que pode provar a destruição de inocentes, a menos que seja por alguma razão extraordinária e para a segurança de muitos" (Grotius).]

5. *Alternativas de paz* razoáveis se esgotaram: "Duas tentativas de última hora para descobrir ao menos uma pista de que os objetivos justos dos Estados Unidos e da ONU poderiam ser alcançados por meios pacíficos deveriam ser vistos à luz do fato subjacente da intransigência iraquiana desde 2 agosto de 1990 até 15 de janeiro de 1991." ["Paz deve ser objeto de seu desejo; guerra deve ser travada somente como uma necessidade" (Agostinho).]

6. *Intenção correta*: "O objetivo de intenção correta de estabelecer uma paz justa e duradoura foi promovida pela

remoção da ameaça à segurança da região por parte dos iraquianos ao mesmo tempo que o Iraque permaneceu suficientemente unido e forte para equilibrar, em alguma medida, o poder do Irã, outra fonte importante de instabilidade regional." ["Uma guerra justa não deve ser descrita como aquela que vinga os prejuízos" (Aquino).]

Então *jus in bello*.

7. *Proporção*: "Iraque era uma nação mobilizada para a guerra. Os direitos e obrigações civis eram e continuam a ser completamente subordinadas às requisições do governo e das forças armadas de Saddam Hussein. As forças de coalizão Estados Unidos/ONU miraram em uma destruição rápida e massiva de tudo aquilo que permitiria a Saddan Hussein travar a guerra, sem mirar em civis e sem considerar alvos civis como parte disso. Essa estratégia de condução de guerra foi proporcional ao objetivo político-militar de derrotar o Iraque decidida e rapidamente." ["A tenra idade deve isentar a criança, e o sexo a mulher" (Grotius).]

8. *Discriminação* entre alvos legítimos e ilegítimos: "A doutrina da guerra justa proíbe ataques intencionais diretos a não combatentes e alvos civis." "A maior parte das ações da coalizão Estados Unidos/ONU eram ações discriminatórias. Isso foi, parcialmente, o resultado do fato de que a maior parte das batalhas da guerra terrestre acontecerem no deserto sem a complicação de civis nas áreas de combate. A adesão à discriminação também foi fortalecida pela completa superioridade aérea e as capacidades das aeronaves e armamentos modernos." ["Aqueles que

*Por que odiamos*

se dedicam ao estudo das ciências e artes benéficas ao gênero humano" (Grotius).]

A conclusão:

A observância das leis positivas da guerra por parte da coalização Estados Unidos/ONU foi surpreendente. O tratamento dos prisioneiros de guerra e a assistência humanitária aos civis atendeu completamente os requerimentos da lei. É de se notar o fato de que, mesmo antes do início das hostilidades, os Estados Unidos renunciaram à utilização de 'armas de destruição em massa' químicas, biológicas e nucleares, mesmo em retaliação ao uso destas por parte do Iraque. (O'Brien, 1992, p.822)

É possível desconfiar de um interesse próprio, considerando que O'Brien não apenas serviu na Segunda Guerra Mundial no pacífico, mas também entrou para a reserva, se tornando um tenente-coronel. Isso é bem possível. Ele também foi, por um tempo, presidente da Associação Católica da Paz Internacional. No contexto de sua discussão – e lembre-se que estamos olhando para o uso teoria da guerra justa e não fazendo julgamentos sobre tais usos – ele, corretamente, se sente capaz de concluir que: "As leis da guerra e as injunções da lei humanitária foram observadas. Tempestade no Deserto foi uma guerra justa" (p.823).

## Conclusão

Muito do que foi dito se aplica diretamente a outras questões. A guerra nuclear, por exemplo. Elizabeth Anscombe, em

*Michael Ruse*

um panfleto publicado de forma independente sobre Hiroshima e Nagasaki – impresso para protestar contra a concessão do grau honorário da Universidade de Oxford àquele que ordenou o bombardeio, o então presidente Harry S. Truman –, expôs suas ideias sobre o contexto da teoria da guerra justa. Anscombe concordava que, sem utilizar a bomba, a invasão do Japão causaria muitos danos em ambos os lados a combatentes e não combatentes. Aquela era uma das funções da ordem de rendimento incondicional. Anscombe não era uma das que acreditava que tal ordem era óbvia e moral. Mesmo se você concordar que a bomba de fato evitou a necessidade de uma batalha convencional, ela foi algo errado. O próprio uso da bomba implicava que pessoas inocentes seriam mortas, e não como um subproduto, mas graças à decisão consciente que implicava que eles seriam mortos. É difícil, contudo, imaginar que Anscombe acreditasse que o uso da bomba jamais tivesse uma justificativa moral.

Outros podem concordar. Já com idade avançada, Robert McNamara, um dos arquitetos da estratégia estadunidense no Vietnã, sentia muito remorso com relação à sua vida. Uma vez participei de um café da manhã completamente atormentador com ele. Mais do que o Vietnã, ele se arrependia de seu papel na Segunda Guerra Mundial ao fornecer aos comandantes (sobretudo o general Curtis LeMay) análises de risco da eficiência e custos do bombardeio de destruição. "Matar algo em torno de 50% a 90% das pessoas de 67 cidades japonesas e então bombardeá-los com duas bombas nucleares não é proporcional, na cabeça de algumas pessoas, aos objetivos que estávamos tentando alcançar" (Blight e Lang, 2005, p.114). Por outro lado, alguns negariam que Anscombe tinha defendido seu ponto

*Por que odiamos*

de vista. "Na Segunda Guerra Mundial, o presidente Truman foi aconselhado de que lançar as bombas sobre Hiroshima e Nagasaki era moralmente necessário no cálculo de custo--benefício de vencer a guerra com o menor número de baixas estadunidenses" (Fiske e Rai, 2014, p.21). Ele simplesmente não estava preparado para sacrificar ao menos meio milhão de vidas em uma invasão. Uma das vidas perdidas, em potencial, o teórico da literatura Paulo Fussell (1970), que lutou na Batalha do Bulge, escreveu, trinta anos depois, do grande alívio que sentiu ao saber que, em vez de ser enviado para a Ásia, ele voltaria para casa. Deixando de lado esses sentimentos, muito mais corretamente, muitos — a maioria — argumentariam que as exigências de rendição incondicional não estavam erradas. Elas eram moralmente obrigatórias. Não era como se os aliados fossem passar todos os alemães e japoneses no fio da espada.

A guerra revolucionária é outra categoria não discutida. Pode--se pensar que a teoria da guerra justa proíba qualquer tipo de guerra revolucionária, seja ela uma guerra mais convencional, como a Guerra de Independência dos Estados Unidos, ou uma guerra de guerrilhas como em Uganda. Lembre-se, nós precisamos "da *autoridade* do soberano sob cujo comando a guerra será travada. Assim, não é uma empresa de um indivíduo privado declarar guerra" (Aquino). Em tais casos, como sugeri no início deste capítulo, pode-se desconfiar que haveria uma negação de que o soberano ou equivalente tenha a credibilidade exigida para exercer a autoridade. Se não houver uma base moral — os ingleses impondo sua vontade aos estadunidenses no século XVIII e aos ugandeses no século XX —, a guerra revolucionária é permitida. Mas ela não pode apenas acontecer: "nenhum comportamento agressivo ocorrerá a não ser que as pessoas duvidem do valor moral do regime político como um todo – em outras palavras, a menos que cheguem a ver todo o sistema em oposição a políticas, líderes ou produtos específicos como ilegítimos" (Rule, 1988, p.220). Da mesma maneira que outras formas de guerra, a revolucionária demonstra que há critérios aplicáveis àqueles que a travam.

Retornando à discussão central deste capítulo, dificilmente pode-se supor que a Tempestade no Deserto foi um conflito da mesma magnitude que qualquer uma das guerras mundiais. Isso de fato demonstra que, para utilizar uma das frases favoritas de Karl Popper, podemos aprender com nossos erros. Podemos ser guiados pela teoria da guerra justa. A Grande Guerra por si só demonstra que o crítico, ex-capitão da marinha, citado anteriormente, está bastante correto com grande respaldo histórico. A Segunda Guerra Mundial e a Tempestade no Deserto demonstram que a resposta completa deve ter mais nuances. Essa conclusão deve ser suficiente por ora.

# 4
## *A cultura do preconceito*

O que aprendemos com nossa ciência sobre o preconceito? O mais importante é que é um processo em duas partes, positivo e negativo. Endogrupo e exogrupo. Primeiro, "como uma espécie, nós evoluímos dependendo mais da cooperação do que da força, e com o aprendizado social mais do que com os instintos como adaptações básicas. O resultado é que, como espécie, os seres humanos são caracterizados obrigatoriamente pela interdependência (Brewer, 1999, p.433). Seguindo: "Ao se limitar ao reconhecimento mútuo de membros endogrupo, os custos e riscos totais da não reciprocidade podem ser contidos" (p.433). O que isso significa? Isso quer dizer que devemos nos manter juntos com nossa tribo, independentemente de como ela seja definida. Devemos promover e valorizar, ajudando outros no interior da tribo e esperando e recebendo ajuda em retribuição. "Unidade é dirigida ao cuidado e apoio à integridade dos grupos internos por meio de um senso de responsabilidade coletiva e destino comum. Se alguém está em necessidade, devemos proteger e prover àquela pessoa; se alguém está prejudicado, todo o grupo se sente violado e deve responder coletivamente" (Fiske e Rai, 2014, p.18).

Então, em segundo lugar, o exogrupo. Essas são pessoas que ameaçam a harmonia interna e a estabilidade de sua tribo. "Por fim, muitas formas de discriminação e propensão podem se desenvolver não porque os exogrupos são odiados, mas porque emoções positivas tais como admiração, empatia e confiança são reservadas para o endogrupo e negada aos exogrupos". Mas obviamente, falta de empatia, por exemplo, leva facilmente a aversão e até mesmo ao ódio. Esperamos uma escala, de membros externos não ameaçadores que toleramos e, provavelmente, até gostamos, passando por aqueles que são perigosos e com quem devemos ter cautela, até aqueles que são realmente inimigos e dos quais devemos nos defender, com força e violência se necessário. "Discriminação entre endogrupo e exogrupos é uma questão de favoritismo relativo com relação ao endogrupo e a falta desse favoritismo equivalente com relação aos exogrupos." Em outras palavras, "exogrupos podem ser vistos com indiferença, empatia e mesmo admiração, à medida que a distinção do endogrupo seja mantida" (Brewer, 1999, p.434).

## Estrangeiros

O que aqueles que estão na área das humanidades no *campus* dizem sobre preconceito? Comecemos com Shakespeare. Do segundo ato de *Ricardo II*.

> Esse trono real de reis, essa ilha cetroada,
> Essa terra de majestade, esse assento de Marte,

*Por que odiamos*

Esse outro Éden, meio paraíso,
Essa fortaleza construída pela própria natureza
Contra infecção e a mão da guerra,
Essa linhagem feliz de homens, esse pequeno mundo,
Esse conjunto de pedras preciosas no mar de prata,
que exercem sua função em um muro.
Ou como um fosso de defesa a uma casa,
Contra a inveja das terras menos felizes,
Essa terra abençoada, essa terra, esse reino, essa Inglaterra.

Quando eu estava no ensino fundamental na Inglaterra, não havia uma criança em todo o país que não estava familiarizada com essas palavras. Aqueles de nós com mães-tigres sabíamos até recitá-las.

Harmonia endogrupo! Não vamos cair no disparate dos judeus serem o povo escolhido. Deus, que fala com um sotaque de uma versão do rei Jaime, escolheu, na verdade, os ingleses. Aqui estamos, nessa ilha, protegidos das forças externas e capazes de viver felizes juntos: "Essa terra abençoada, essa terra, esse reino, essa Inglaterra." Não falemos muito sobre fora da Inglaterra, porque deus e a natureza estão nos protegendo. Embora, se você quiser algo sobre a hostilidade do endogrupo, volte-se para *Henrique V*:

Mais uma vez para a brecha, queridos amigos, mais uma vez;
Ou fechemos os muros com nossos mortos ingleses.
Na paz não há nada que se adeque a um homem
Como a calma modesta e a humildade:
Mas quando o ruído da guerra estoura em nossos ouvidos,
Então, imitemos a ação do tigre.

*Michael Ruse*

Tigres ingleses:

Avancem, avancem, vocês nobres ingleses
Cujo sangue provém dos pais à prova de guerra!

Vocês arqueiros – que impuseram tal destruição aos cava-leiros franceses – podem ser caipiras e camponeses, mas vocês são ingleses. (Na verdade, alguns eram galeses.)

Sejam, agora, a cópia dos homens de sangue mais bruto,
E os ensine a guerrear. E vocês, bons agricultores,
Cujos membros foram feitos na Inglaterra, mostrem aqui
A índole de sua criação; deixe-nos jurar
Que vocês fazem valer a sua linhagem; que eu não duvido;
Pois não há um só de vocês tão malvado e ultrajante,
Que não tenha nobreza em seus olhos.
Eu vejo vocês como galgos a postos
Ansiando o início. O jogo está em andamento:
Siga seu espírito e sobre essa carga
Grite: "Deus por Harry, Inglaterra e São Jorge!".

A ênfase agora está nos membros externos, vistos com uma ameaça, a serem impedidos pela guerra. "Xenofobia e etnocentrimos não são apenas ingredientes essenciais da guerra [...] eles indistintamente dizem aos homens a quem devem se vin-cular e contra quem devem lutar" (Ghiglieri, 1999, p.211). Esses franceses não são seus amigos, eles ligam apenas para si mesmos e para o bem-estar deles, não ligam para você e para o seu bem-estar. Você sabe disso e você deve ensinar isso aos seus semelhantes, membros de sua tribo, especialmente às crianças. Isto, é óbvio, é exatamente o que Shakespeare estava fazendo, aproximadamente dois séculos depois. "Os pretos começam em Calais", de fato. (Tecnicamente, não é bem verdade que à época de Henrique V, que reinou de 1413 a 1422. Os ingleses haviam governado Calais desde 1347, logo tratava-se mais de um caso de "pretos começam depois de Calais". Eles a perderam em 1558, no fim do reinado de Maria.)

Retorne ao presente com Enoch Powell e imigrantes: "Devemos estar loucos, literalmente loucos, como uma nação permitir o afluxo anual de cerca de 50 mil dependentes. [...] É como assistir a uma nação ativamente empenhada em construir sua própria pira funerária". Se houve, alguma vez, um apelo para a solidariedade endogrupo, foi exatamente esta. Aqueles estrangeiros estão nos ameaçando. "O que há de errado com o racismo? Racismo é a base de uma nacionalidade. Nações são, no fim das contas, unidas pela identidade de um com o outro, a autoidentificação dos nossos cidadãos, e isso geralmente se deve a semelhanças que são consideradas como diferenças raciais" (Powell, 1969, p.101). E acrescenta: "não é impossível, mas é difícil, para uma pessoa não branca ser britânica" (p.106).

Lembre-se, embora haja preconceito contra os de fora, não necessariamente há ódio. Você apenas não os quer por perto! Como nossos aliados estadunidenses na Segunda Guerra Mundial. "Muito bem pagos! Muito sexualizados! E estão aqui!"[1] Aparentemente de forma paradoxal — ao menos para

---

1 A expressão em inglês *Overpaid! Oversexed! Over here!* era usada pelos britânicos em referência aos soldados e oficiais estadunidenses em atividade na Inglaterra durante a Segunda Guerra Mundial. (N. T.)

muitas pessoas – Powell sempre negou que considerava alguém inferior por ser do grupo externo. "Sempre fiz do meu rosto uma pedra e sempre o farei contra fazer qualquer distinção entre um cidadão deste país e de outro com base em sua origem." Também diz: "Depende em como você define a palavra 'racialista'. Se você quer dizer ser consciente das diferenças entre homens e nações, e daí de raças, então somos todos racialistas. Contudo, se você se referir a um homem que acredita que uma raça é inerentemente superior a outra, então a resposta é enfaticamente 'Não'" (Heffer, 1998, p.504). A ameaça dos imigrantes não está na cor de sua pele enquanto tal, mas sim pelo fato deles serem estrangeiros. Eles não pertencem. Ele sugeriu que a chegada de muitos alemães ou russos na Grã-Bretanha "seria tão sério – e em alguns aspectos ainda mais sério – do que poderia decorrer da introdução da mesma quantidade de pessoas das Índias Ocidentais ou paquistaneses" (Shepherd, 1994, p.65).

Cruze o Atlântico em direção ao Novo Mundo. Imigrantes, imigrantes, imigrantes, havia muitos. "Embora menos de 10% da população total, a imigração continuou a aumentar, de 143.439 entre 1821-1830 para 599.125 entre 1831-1840, para 1.713.252 entre 1841-1850, e para 3.598.214 entre 1851-1860." Eles não estavam igualmente distribuídos. "Muitos se estabeleceram em grandes cidades e, em 1860, mais de 50% da população de Milwaukee, Chigago e St. Louis era composta por nascidos no exterior; Nova York, Cincinnati, Buffalo e Detroit, mais de 45%; Boston, Brooklyn, Pittsburgh, Louisville, Nova Orleans e Newark, mais de 35%; e Filadélfia e Baltimore, mais de 24%" (Perlmutter, 1992, p.136). À medida que o grupo interno se tornava ameaçado, as reações e hostilidade

*Por que odiamos*

aumentaram na mesma proporção. Um marcante, ainda que de alguma forma infeliz, símbolo dessa ameaça foi a preocupação com os números que, principalmente no Norte, estavam diminuindo as potências dos estados do Sul (ainda escravocratas). Em reação, houve a fundação e o crescimento de muitos clubes nativistas[2] – Order of the American Star, Black Snakes, Tigers, Rough Skins, Red Necks, Thunderbolts, Gladiators, Screw Boats, Hard Times, entre outros. O Partido Americano era o mais conhecido, também chamado de "Partido não sei de nada" [Know-Nothing Party], que por um tempo teve um considerável sucesso eleitoral, elegendo, por exemplo, o prefeito de Chicago (Levi Boone), que prontamente impediu os imigrantes de terem empregos na cidade.

Os asiáticos também receberam sua dose justa – ou injusta – de hostilidade. Em 1871, uma gangue em Chinatown, Los Angeles, assassinou dezenove moradores. Isso representou um sentimento confirmado pela aprovação, em 1875, de uma lei barrando a entrada de mulheres chinesas – a linhagem tinha de ser preservada –, seguindo-se uma lei mais geral em 1882 barrando trabalhadores chineses. É bastante conhecido que, na Segunda Guerra Mundial, 120 mil japoneses foram detidos, sendo que 62% deles eram cidadãos americanos. Mais recentemente, o sentimento anti-asiático foi reaquecido pela Guerra do Vietnã, e agora, é evidente, com a pandemia que começou na China. Como era de se prever, o presidente Trump se referiu à

---

2 Organizações surgidas nos Estados Unidos no século XIX que eram contra a imigração e nutriam o sentimento anti-imigrante. Formados, em sua maioria, por brancos protestantes. Escolhemos por manter os nomes dos clubes no original. (N. T.)

causa da pandemia como o "vírus chinês". De uma forma mais criativa, ele o chamou de "Kung Flu".[3]

Para ser mente aberta, Trump é ecumênico em sua hostilidade, tingida de medo, se desconfia, uma emoção compartilhada por muitos de seus compatriotas. Ele foi eleito presidente em 2016 em boa medida porque era anti-imigrante. "Quando o México envia seu povo, eles não estão enviando seus melhores. Eles enviam pessoas que têm muitos problemas, e os trazem com eles. Eles trazem drogas, crime, estupradores" (Scott, 2019). Um jornalista político comenta: "Muitos estadunidenses estão susceptíveis ao tipo de retórica que fez com que Trump alcançasse a presidência: especialmente seus apelos à xenofobia inata das pessoas e os medos de ameaças tanto internas quanto externas". Ele prossegue: "A campanha retórica de Trump em 2016 teve sucesso em atrair os votantes que mais se opunham à imigração durante as primárias. E nas eleições gerais, o forte contraste entre Trump e Clinton garantiu que os pontos de vistas com relação à imigração dos votantes desempenhassem um papel mais importante nas urnas do que nas outras eleições recentes" (Edsall, 2019). O símbolo mais óbvio da postura de Trump contra os imigrantes é a exigência de se construir um enorme muro entre os Estados Unidos e o México; mas, há muitas outras coisas que ele acionou para diminuir o número de imigrantes e fazer com que muitos deles voltassem para seus países. Medo de que a identidade do grupo interno esteja se diluindo, ou se perdendo, leva – como com frequência – as pessoas a darem um tiro no pé. Estadunidenses, incluindo

---

3 A palavra *flu* em inglês quer dizer gripe; o trocadilho foi feito com a arte marcial kung fu, também proveniente da China. (N. T.)

*Por que odiamos*

os desempregados, não estão correndo para fazer o extenuante trabalho de colher frutas e vegetais nas fazendas da Flórida. No mínimo, os suprimentos reduzem e os preços aumentam.

Explicações em termos econômicos são importantes. Todas as evidências que temos indicam que o conflito cultural estadunidense começou a crescer rapidamente durante os anos 1970, exatamente um período em que as principais empresas, em boa parte, estavam buscando terceirizações fora do país e automações dentro dele. Com consequências que neoliberais como Ronald Reagan e Margaret Thatcher, provocadores das mudanças, de maneira conveniente não mencionaram. Em vez de todos se levantarem juntos, empregos seguros com bons salários estavam desaparecendo para a classe trabalhadora, deixando apenas o sorriso do gato de Cheshire, também conhecido como grandes lucros para os investidores. Deixando de lado as alusões literárias, o ponto-chave é que os fatores econômicos se metamorfoseiam em fatores culturais, especialmente daqueles com menos escolaridade e menos abastados na sociedade, que, não obstante, estão preocupados em se rebaixarem mais ainda na escala social. Não se trata apenas de perder empregos, mas também de verdades culturais bem estabelecidas. Os cientistas políticos Noam Gidron e Peter A. Hall (2019) argumentam: "Nossa principal contenção é que as políticas populistas refletem problemas de integração social. Isto é, apoio para partidos radicais tendem a ser especialmente altos entre pessoas que sentem que foram socialmente marginalizadas, ou seja, privadas dos papéis e do respeito normalmente concedidos aos membros da sociedade em geral". Eles prosseguem: "mudanças nas estruturas culturais" estão "levando as pessoas com atitudes sociais tradicionais a se sentirem socialmente marginalizadas como resultado de uma incongruência entre os seus valores e o discurso das elites dominantes. O crescimento da proeminência de estruturas culturais promovendo igualdade de gênero, multiculturalismo, valores seculares e direitos LGBTQI é o mais notável de tais mudanças". Isso sem mencionar a amplamente difundida visão de que os asiáticos têm um QI mais alto que o resto de nós, e, portanto, nos tirarão dos nossos empregos e nos negarão status. Infelizmente: "Passos em direção à inclusão são duplos: podem levar as pessoas com valores mais tradicionais a se sentirem marginalizadas *vis-à-vis* as principais correntes da sociedade". Então, tais pessoas em geral "erigem fronteiras sociais separando pessoas 'respeitáveis' como si próprios dos outros, vistos um degrau abaixo na escala social. Assim, os apelos anti-imigrantes e antiétnicos dos partidos populistas de direita podem ser especialmente atrativos para eles, porque enfatizam tais fronteiras". "Pessoas respeitáveis, como si próprias." Isso já diz tudo.

## Classe

Uma característica significativa de um sistema de classe bem-sucedido é o fato de que as linhas podem ser cruzadas. Às vezes, como esperado, os endinheirados estão dispostos — até ansiosos — a sair de sua classe para obter vantagens. Pense na nem tão desconhecida prática das herdeiras estadunidenses — apoiadas pelo sucesso comercial de seus pais — que se casam com membros sem dinheiro das classes altas britânicas. Também, não se deveria considerar que o aumento na escala social é absolutamente impossível. Perto do fim da Segunda Guerra Mundial, o parlamento britânico aprovou o que ficou

*Por que odiamos*

conhecido como "Lei de Butler", cujo nome vem do patrocinador dessa lei, o político conservador "Rab" Butler. Ela tornou possível aos brilhantes e industriosos de todas as classes obter educação secundária e superior às custas do Estado. Era necessário demonstrar que se possuía as qualificações para tanto por meio do temido 11+, uma combinação de um teste de inteligência e conhecimento de aritmética, leitura e escrita. Em muitas famílias, dizia este autor com pesar e experiência, aprender de cor longos trechos de Shakespeare era considerado um pré-requisito para o sucesso. Conhecendo o bardo ou não – e devo dizer abertamente que, depois de Mozart, nenhuma outra pessoa trouxe mais alegria para minha vida –, isso teve o efeito desejado, com uma ascensão muito maior das classes baixas para as classes médias. Tudo parte de uma tendência geral. Na Inglaterra e em outros lugares houve um efeito cascata, uma necessidade muito maior de locais de educação superior – faculdades comunitárias, institutos tecnológicos, universidades etc. Eu fui um dos primeiros membros do corpo docente em uma nova universidade fundada em 1965 em Ontário, Canadá. Naquela década, só nessa província seis novas universidades iniciaram as atividades se somando às que já existiam lá. Histórias similares podem ser ouvidas em todo o Canadá anglófono, isso para não mencionar as oito novas universidades no francófono Quebec.

Tudo deu certo. A Grã-Bretanha, para tomar um exemplo, saiu "de uma sociedade de evasão escolar para uma sociedade de universitários formados" (Sobolewska e Ford, 2020, p.24; ver Figura 4.1). Infelizmente, não apenas a elite se expandiu, vivendo de forma mais confortável com seu lugar e valor na sociedade – nos Estados Unidos, "enquanto os lares não universitários estão estagnados em termos de riqueza, lares universitários aumentaram seu valor líquido em até três vezes em comparação com 1971" (Edsall, 2020) –, mas também eles em geral demonstram mais seu desprezo pelas pessoas com pouca escolarização. Depois da eleição de Donald Trump para presidente em 2016, o popular site Daily Kos divulgou a manchete: "Fique feliz pelos mineiros de carvão perderem seu seguro-saúde", e acrescentam: "Eles estão recebendo exatamente aquilo pelo que votaram". ("Racialização"?) Perceptivamente, um comentador recente escreveu: "A empatia pela classe trabalhadora, para muitos, caiu em desprezo" (Lears, 2021, p.8). O filósofo político Michael Sandel (2020a) escreve: "É importante lembrar que a maior parte dos estadunidenses – quase dois terços – não tem um diploma universitário. Ao dizer aos trabalhadores que sua escolarização inadequada é a razão para seus problemas, os meritocratas moralizam o sucesso e o fracasso e, involuntariamente, promovem o credencialismo – um preconceito insidioso contra aqueles que não tem diploma universitário". Ele acrescenta: "Pesquisas de opinião confirmam o que muitos votantes da classe trabalhadora intuem: em uma época em que o racismo e o sexismo estão entrando em desuso (perdendo a credibilidade, mas não eliminado), o credencialismo é o último preconceito aceitável". Seguindo ao notar uma pesquisa de opinião recente: "Além de revelar as visões depreciativas que as elites com educação superior têm das pessoas com menor grau de escolaridade, a pesquisa também descobriu que as elites não têm vergonha desse preconceito. Eles podem denunciar racismo e sexismo, mas não se desculpam pelas suas atitudes negativas em relação àqueles com menor grau de escolaridade".

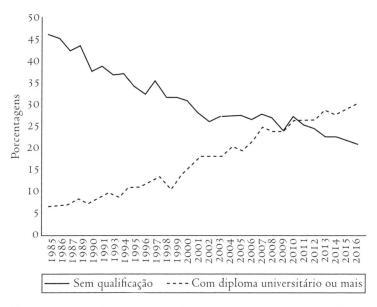

Figura 4.1 – Mudanças entre 1985-2016, entre aqueles com diploma universitário e aqueles sem (British Social Aptitude Surveys, 1985-2016)

Na sociedade, como na física, para toda ação há uma reação oposta e de igual intensidade. A vida poder ser terrível para aqueles que foram abandonados. Assustadoramente informativo é o que vem a seguir de um artigo de opinião do *New York Times*.

Em 2016, logo depois da vitória de Donald Trump, Katherine J. Cramer, uma cientista política da Universidade de Wisconsin-Madison, resumiu as atitudes que ela observou depois de anos de estudo dos camponeses estadunidenses: 'A maneira que essas pessoas descreviam o mundo para mim, sua preocupação básica era que as pessoas como eles, em lugares como os deles, eram ignoradas e desrespeitadas', ela escreveu em *Vox*, explicando que seus entrevistados consideravam que 'minorias raciais recebendo auxílio social' bem como 'os profissionais urbanos preguiçosos' trabalhando em empregos de escritório eram indignos de receber dinheiro do governo estadual ou federal. Pessoas como meus vizinhos odeiam que o governo gaste dinheiro com aqueles que não são como eles e não vivem como eles — mas o que eu aprendi desde que voltei para casa é que eles continuam se opondo mesmo quando eles próprios se beneficiam. (Cramer, 2016 apud Potts, 2019)

"'Profissionais urbanos preguiçosos' trabalhando em empregos de escritórios." Isso diz tudo. Especialmente o desprezo pela educação. Lembre-se de Arkansas e a questão de pagar um salário digno aos bibliotecários. Realmente, no entanto, é uma questão de respeito. "As pessoas falavam sobre se opor a programas sociais, porque os beneficiários eram preguiçosos e não trabalhadores como eles; aquelas eram, em geral, afirmações veladas de racismo. Mas, às vezes, eles também falavam sobre a preguiça dos profissionais de escritório brancos como eu." Tudo se encaixa. "A maneira que essas pessoas descreviam o mundo para mim, sua preocupação básica era que as pessoas como eles, em lugares como os deles, eram ignoradas e desrespeitadas." Eles faziam o que supostos bons estadunidenses tinham de fazer para ter uma vida boa. E a vida boa parecia estar passando por eles.

O filósofo Berit Brogaard destaca que essa é uma emoção — cujo nome é "ressentimento" — discutida por Kierkegaard e mais detidamente por Nietzsche. "É uma reação desagradável a um percebido status social inferior ou em declínio que provoca uma reação retaliatória àqueles vistos como mais poderosos" (Brogaard, 2020, p.16). "São todos homens de ressentimento, esses homens fisiologicamente debilitados e carcomidos, um reino totalmente tremulante de vingança subterrânea, inexaurível, insaciável em suas crises contra os afortunados, e da mesma forma em seus disfarces de vingança e pretextos para se vingar". E com qual fim? Para trazer os bibliotecários ao nosso nível. "Quando eles conquistariam seu triunfo último, mais refinado e mais sublime de vingança? Sem dúvida, se eles conseguissem forçar sua própria desgraça, toda miséria em geral, nas consciências dos afortunados, de modo que estes um dia comecem a se envergonhar de sua boa fortuna e talvez digam a si mesmos: 'É vergonhoso ser afortunado. Há muita miséria!'" (Nietzsche, 1887).

Não é preciso ter as habilidades de um prêmio Nobel de economia para compreender as questões subjacentes. Isso já estava apontado anteriormente quando falamos do apoio dos estivadores ingleses (trabalhadores portuários) às políticas anti-imigrantes de Enoch Powell. As classes altas e médias podem estar em uma situação melhor. As classes baixas estão em uma posição muito mais precária do que estavam nos anos 1970. Havia bons empregos, sindicatos fortes, feriados e dias afastados por doenças eram pagos, seguro médico e uma aposentadoria no fim de tudo. Isso era esperado, e dado, de uma organização como General Motors. Já não acontece mais. Os empregos se foram; terceirização no exterior ou substituição por automação. Na melhor das hipóteses: "estagnados". E as perspectivas não é de que as coisas melhorem. Force os empregos de volta ao continente e o que vai acontecer é que o ritmo da automação aumentará e os poucos empregos disponíveis exigirão cada vez mais escolarização. E mesmo assim, a situação não será justa para todos.

> Você está pacientemente aguardando no meio de uma longa fila que desaparece no horizonte, onde o sonho americano aguarda. Mas conforme você espera, você vê pessoas furando a fila na sua frente. Muitos destes fura-filas são beneficiários negros de ações afirmativas ou de assistência social. Algumas são mulheres com carreiras iniciando em empregos que nunca tiveram antes. Então você vê imigrantes mexicanos, somalis, refugiados sírios que ainda virão [...] Então você vê o presidente Barack Hussein Obama chamando os fura-filas para frente. Ele está do lado deles. Na verdade, ele também não é um deles? (Jackson e Grusky, 2018, p.1114)

Volte ao Arkansas. "Essa parte do Arkansas se situa no Fayetteville Shale, que iniciou a exploração de gás natural no início dos anos 2000. Por cerca de uma década, as companhias de gás pagavam impostos locais sobre sua propriedade, equipamentos e dinheiro ganho com a extração de gás natural, e os proprietários rurais pagavam os impostos devidos sobre os *royalties* que recebiam" (Potts, 2019). As pessoas acharam que tinham morrido e chegado ao paraíso. Muito rapidamente, a visão desapareceu. O preço do gás natural despencou em 2009 e os lucros caíram, a produção diminuiu. Umas das maiores empresas de gás natural na região, a Southwestern Energy, com sede em Houston, parou de pagar os impostos aos municípios aqui, argumentando que as taxas eram injustas. Isso resume tudo.

*Por que odiamos*

*Status* sempre fez parte da política estadunidense, mas agora uma variedade de mudanças sociais tem ameaçado o status da classe trabalhadora e dos agricultores brancos que costumavam sentir que tinham uma posição segura, de status médio na sociedade estadunidense – não o topo glamuroso, mas o núcleo respeitável da "sociedade tradicional" [Main Street] dos Estados Unidos. A redução dos salários das classes trabalhadoras e a segurança no emprego, a crescente diversidade demográfica e o aumento da urbanização da população minaram essa sensação e abasteceram a reação política. (Cecilia L. Ridgeway apud Edsall, 2020)

As perspectivas de mudança não são boas. Mesmo se – para seguir com o exemplo que acabamos de destacar – o gás reviva por um tempo, ele não durará muito. As fontes de energia alternativas livres de carbono estão chegando. No meu estado politicamente conservador da Flórida, empreendedores finalmente descobriram que há ouro nas suas montanhas. Em todo o estado, os campos de milho ou algodão estão cedendo espaço para enormes fazendas solares. Nos meus primeiros quinze anos na Flórida, toda minha eletricidade era gerada pelo carvão de West Virginia. Uma ferrovia passa ao longo da borda do pequeno parque onde levo meu cão para um passeio todas as manhãs. Pelo menos duas vezes por semana, um trem passava com dezenas de vagões de carga abertos cheios de carvão. Isso já não acontece mais. Toda minha eletricidade agora é proveniente de energia solar produzida em casa.

Deixemos a discussão por ora. As coisas nunca voltarão a ser o que eram. Contudo, embora a Flórida mostre que as coisas podem mudar, a questão crucial é se aquela mudança pode beneficiar a todos. Como as coisas dão errado para tantas pessoas, elas também poderiam dar certo para muitos? Guarde essa questão, voltaremos a ela mais adiante.

## Raça

Em seu mandato de quatro anos, o presidente Trump confirmou 53 apelações à corte, nenhuma delas era de afro--americanos, ou (resumidamente) negros. Sem comentários, ou melhor, muitos comentários. O tratamento chocante e as atitudes com relação à população negra, desde o início, no que hoje é os Estados Unidos da América, sempre foram a ferida do pecado original, deixando cicatrizes de cima a baixo o que é, em muitos aspectos, um corpo a ser admirado e emulado (Franklin e Higginbotham, 2010). Os primeiros africanos chegaram em 1619. Conforme vimos anteriormente, na época da Guerra Civil, havia mais de 4 milhões de trabalhadores escravizados (Figura 4.2). "Aquele que não tem pecado que atire a primeira pedra." É tentador, no entanto, concluir imediatamente que os donos de trabalhadores escravizados estadunidenses eram, de fato, pessoas ruins; vale a pena fazer uma breve pausa e se perguntar o que estava acontecendo. Como eles podiam praticar e aceitar a exploração de seus semelhantes seres humanos daquela forma? O preconceito – diferente da guerra – é sempre errado. Como as pessoas – em muitos aspectos pessoas certamente decentes e cuidadosas – poderiam estar envolvidas por centenas de anos em algo tão errado? Obviamente, a resposta é que eles não achavam que estavam se envolvendo em algo tão errado. Não é preconceito considerar pedófilos pessoas inferiores, não é preconceito considerar negros escravizados pessoas inferiores. Isso traz à tona a tensão entre guerra e preconceito. A teoria da guerra justa pressupõe, como vimos, que os inimigos sejam todos humanos. É precisamente por isso que precisamos de critérios de comportamento moral. O preconceito começa basicamente quando negamos aos seres humanos seu status completo. É evidente, como vimos no capítulo anterior, a guerra nem sempre segue o curso moral e o inimigo é tratado como menos que um humano. Hume (1739-1740) viu isso: "Se o general de nossos inimigos for bem-sucedido [Hume faz referência a Oliver Cromwell!], é com dificuldade que atribuímos a ele a figura e o caráter de um homem" (p.225). Os alemães e russos não se envergonhavam precisamente porque eles consideravam o outro como "seres humanos falsos" (Livingstone Smith, 2011, p.101).

É bastante óbvio que não haverá uma razão fixa por que um endogrupo considera um exogrupo como menos que um humano. Dependerá das circuntâncias. "Nos Estados Unidos, os estadunidenses brancos são a maioria (77%), ao passo que latino-americanos (18%), afro-americanos (13%), de ascendência asiática (6%) e nativos (1%) são todos minorias numéricas" (U.S. Census Bureau, 2011). Coerentemente, a maior parte dos estadunidenses tem contato mais frequente com pessoas brancas do que com pessoas de cor [people of color], o que resulta em uma percepção mais estreita, preferências desfavoráveis e crenças pessimistas sobre elas" (Roberts e Rizzo, 2020, p.12). No caso da escravidão, é instrutivo nos voltarmos a Aristóteles. Ele é, de forma correta, universalmente reconhecido com um dos maiores filósofos morais da cultura ocidental. É ele também que, em sua *Política,* argumenta tenaz-

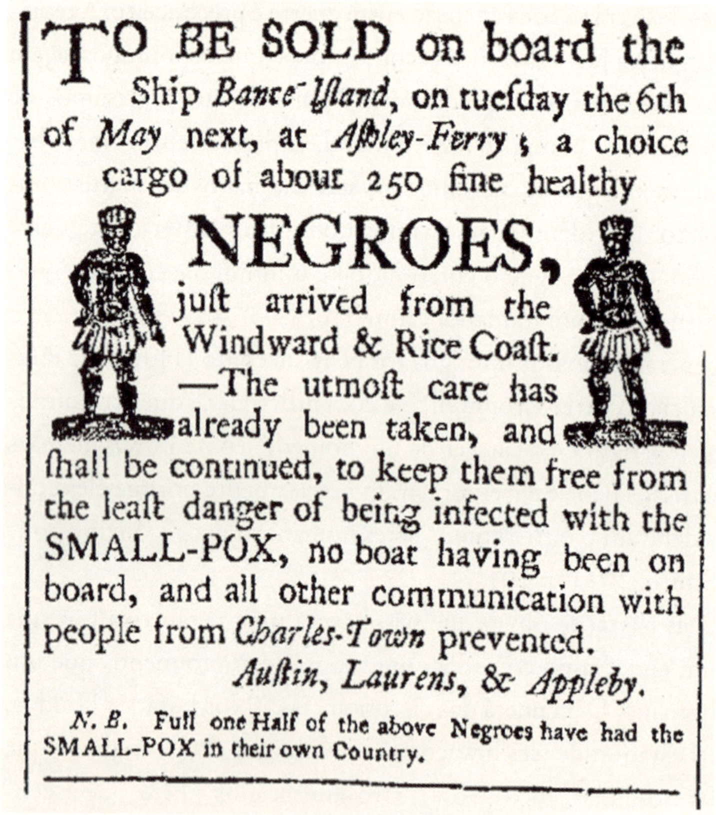

**TO BE SOLD** on board the Ship *Bance-Yland*, on tuesday the 6th of *May* next, at *Afhley-Ferry*; a choice cargo of about 250 fine healthy

**NEGROES,** juft arrived from the Windward & Rice Coaft. —The utmoft care has already been taken, and fhall be continued, to keep them free from the leaft danger of being infected with the SMALL-POX, no boat having been on board, and all other communication with people from *Charles-Town* prevented. *Auftin, Laurens, & Appleby.*

*N. B.* Full one Half of the above Negroes have had the SMALL-POX in their own Country.

Figura 4.2 – Cartaz para venda de escravos

mente pela legitimidade da escravidão. Não era uma discussão hipotética pois, durante a vida de Aristóteles, a escravidão era uma prática aceitável na Grécia. A maior parte dos escravos não era de origem grega – de fato, havia questões sobre se um grego poderia ser um escravo –, eles eram "bárbaros", significando (não nos surpreenderemos ao descobrir) estrangeiros. A senhora Plornish e seus vizinhos têm uma linhagem distinta. As classes baixas – camponeses, agricultores etc. – tendiam

*Por que odiamos*

a não ter escravos, mas, à medida que se ingressava nas classes médias, a dependência da escravidão era a prática. Aceito como a norma e a expectativa. Agora, da nossa perspectiva, a questão é sobre como os escravizados eram considerados. Eles eram apenas os conquistados que estavam lá, a torto e a direito, gostassem ou não – em outras palavras, escravos por costume mais que por natureza? Ou eles eram aquilo que podemos chamar "escravos naturais", pessoa que poderiam ser postas, adequadamente, em um papel de escravo, porque essa era a natureza que tinham. Eles simplesmente não estavam aptos a ser filósofos de luxo? Aristóteles não deixa dúvidas, escravos o são por natureza. Eles não estão no mesmo nível da vida que os filósofos.

Mas existe alguém assim destinado pela natureza a ser um escravo, e para quem tal condição é conveniente e correta, ou melhor toda a escravidão não seria uma violação da natureza?

Não há dificuldade em responder tal questão, com base tanto na razão quanto nos fatos. O fato de que alguns devem governar e outros serem governados é algo não apenas necessário, mas conveniente; desde a hora do seu nascimento alguns são marcados para a sujeição, outros para governar. (Aristóteles, *Política*, 1254a, 17-23 apud Barns, 1984, p.1.989-1.990)

"Com base na razão"? Basicamente, Aristóteles afirma que os escravos simplesmente não possuem o poder de raciocínio do homem livre. "Quando há tal diferença como aquela entre alma e corpo, ou entre homens e animais (como no caso daqueles cujo trabalho é usar seu corpo e não conseguem fazer nada melhor), os tipos mais inferiores são por natureza escravos, e é melhor para eles e para todos os inferiores que devam estar sob o domínio de um mestre" (1254b, 15-21). Não é que os escravos não tenham razão. De fato, havia escravos com habilidades intelectuais significativas – médicos, professores, administradores, artistas –, mas em alguns aspectos lhes faltava o ingrediente crucial. É como se fossem técnicos ou mecânicos, algo como seu eletricista ou encanador, em contraposição ao arquiteto que projetou o edifício. "Pois aquele que pode prever pelo exercício da mente é por natureza senhor e mestre, e aquele que pode com seu corpo dar efeito a tal previsão é um súdito, e por natureza um escravo" (1252a, 31-33). "O escravo não tem uma faculdade deliberativa" (1260a, 12-13), Cultivar as virtudes está um passo além de ensinar os ignorantes ou curar os enfermos.

"Com base nos fatos"? Aqui, desconfia-se, está a força real por trás dos argumentos de Aristóteles. Ele viveu em uma sociedade escravista, e viu que, no dia a dia, os escravos desempenhavam papéis servis. Eles não eram como os senhores com liberdade para seguir os seus interesses mais teóricos. E eles aceitavam esse papel servil! Em seu *Contrato social*, Rousseau compreendeu isso. Aristóteles "havia dito que os homens não são de modo algum iguais naturalmente, mas que alguns nascem para a escravidão e outros para dominar".

Aristóteles estava certo; mas ele tomou o efeito pela causa. Nada pode ser mais certo que o fato de que todo homem nascido na escravidão nasceu para isso. Os escravos perdem tudo com seus grilhões, mesmo o desejo de escapar destes: eles amam sua servidão, como os camaradas de Ulisses amavam sua condição animalesca. Se há, então, escravos por natureza, é porque tem ha-

*Por que odiamos*

vido escravos contra a natureza. A força fez os primeiros escravos, e sua covardia perpetuou essa condição. (Rousseau, 1762, p.4)

É um pouco enganoso falar de "covardia", pois isso significa que você sabe a resposta correta, mas não ousa aceitá-la. Aqui, o problema é que você não sabe a resposta correta, porque você não sabe a pergunta correta. Você trata alguém como um escravo, eles são seus escravos, subservientes, mas ao mesmo tempo se aproveitam de algum conforto – por exemplo, é do interesse de seu senhor te ver bem alimentado e saudável. Ele não quer que sua propriedade entre em ruínas. Mais de uma pessoa já notou que, se os irlandeses tivessem sido escravos dos britânicos, a fome não lhes teria afetado, pois seria do interesse de seus donos que eles não ficassem sem ter o que comer. Havia comida suficiente, a questão era para quem ela seria distribuída.

Qual a moral de tudo isso? De modo mais evidente, que escravidão – raça em geral – é essencialmente um fenômeno cultural, que os opressores acreditam que tem um direito de posse e os oprimidos frequentemente aceitam esse fato. É assim, independente se há ou não algum fundamento objetivo – biológico? – subjacente às crenças. Pode-se desconfiar que muitos – a maioria? – dos casos de preconceito tem algo em comum. A interação Aristóteles/Rousseau não é completamente diferente da classe trabalhadora aceitar a superioridade das classes altas. Ou que as forças que levam ao ódio e ao medo de estrangeiros e imigrantes possam estar em ação aqui. "Um fator que pode contribuir para a escalada da hostilidade contra os não brancos e imigrantes é que sua mobilidade ascendente é cada vez mais difícil. Privadas da oportunidade de subirem na escala social, as classes baixas entre os brancos cada vez mais são deixadas para procurar um bode expiatório para sua situação, tornando-as alvos fáceis da manipulação e desinformação da extrema direita" (Brogaard, 2020, p.311). Paradoxalmente, grupos que sofrem preconceito podem demonstrar hostilidade a outros grupos, o que por sua vez poderia afirmar sua pertença a grupos privilegiados. No Texas, no começo do século XX, os que estavam envolvidos nos linchamentos eram, em geral, imigrantes: "Para cada um dos grupos imigrantes envolvidos na violência – italianos, irlandeses e boêmios –, as mortes dos homens negros ajudavam a resolver a identidade racial ambígua dos imigrantes e a lhes conceder os privilégios da branquitude" (Nevels, 2007, p.7).

Dito isso, notoriamente, as relações entre brancos e negros eram (ainda são) complexas. Hegel (1807) sabia disso. O senhor domina o escravo. Cada vez mais, o senhor precisa do escravo. Nós nos vemos no outro e, em algum momento, transcendemos a relação – tese, antítese, síntese. No geral, os brancos oprimiam e escravizavam os negros. Tese. Mas com as pessoas vivendo em locais próximos, era inevitável que houvesse intimidade social e com bastante frequência intimidade sexual. Antítese. A questão gira em torno da possibilidade e natureza da síntese. Preconceito contra estrangeiros; preconceito contra aqueles de diferentes classes; preconceito racial. Será que, de alguma forma, eles contêm as sementes do seu próprio fim? Isso pode ser estendido a outras formas de preconceito?

## Orientação sexual

O canto dos poetas [poet's corner] na Abadia de Westminster, a catedral mais famosa da Grã-Bretanha, é uma pequena área dedicada à memória das grandes figuras artísticas e literárias do país – romancistas, dramaturgos, poetas, atores, compositores, entre outros. O primeiro assim homenageado foi Geoffrey Chaucer, que escreveu os *Contos de Canterbury* (em fins do século XIV). Mais recentemente, os romancistas do século XIX Jane Austen, Charles Dickens e George Eliot também foram homenageados ali. Um lugar sagrado é um memorial aos poetas da Grande Guerra. Em 14 de fevereiro de 1995, bem acima do monumento a Chaucer, um pequeno vitral memorial foi inaugurado em memória de Oscar Fingal O'Flahertie Wilde. Dame Judi Dench e o notável ator de comédia Michael Denison leram um trecho de *A importância de ser prudente*. Algumas mudanças representam avanço (ver Figura 4.3).

Figura 4.3 – Vitral memorial a Oscar Wilde na Abadia de Westminster

Supreendentemente, Charles Darwin – talvez *malgré lui* – teve um dedo nessa mudança. Desde meados de 1830, quando se tornou um evolucionista, Darwin se preocupou sobre por que os machos têm órgãos femininos não funcionais. Mamilos nos peitos, mais evidentemente. As fêmeas por sua vez também, o clitóris por exemplo. Para explicar tais fenômenos, ele aceitou a teoria desenvolvida pelo anatomista escocês Robert Knox, de um "hermafroditismo primordial" (Brooks, 2021). Os ancestrais primevos de todos os animais eram tanto machos quanto fêmeas. Até hoje, conforme Darwin escreveu em um caderno particular, todos os seres humanos demonstram vestígios de ambos os sexos – "todo homem e mulher é hermafrodita" (Darwin, 1987, p.162). Em fins da década de 1840 vem os grandes estudos das cracas. Darwin estava com um trevo de quatro folhas, ou melhor, com algas pardas (Browne, 1995, p.475-488). Ele descobriu que há cracas hermafroditas, assim como há cracas hermafroditas que, não obstante, são machos – machos muito pequenos que Darwin chamou de "machos complementares" – que se fixam por toda vida aos hermafroditas bem maiores, há fêmeas com macho complementar, e há cracas comuns de dois sexos. Qual prova melhor que essa, Darwin pensou, para a hipótese do hermafroditismo primordial?

Prosseguindo, em seu livro pós *Origem...*, *A variação de plantas e animais sob domesticação* (1868), Darwin reconheceu o comportamento sexual cruzado e o estendeu aos humanos – depois de tratar sobre aves e mamíferos, ele permitiu "vermos algum tipo de comportamento análogo nas espécies humanas" (2, p.51). E ele deixa claro que ele estende essa observação ao comportamento sexual. À época de *A descendência do homem*, Darwin simplesmente tinha de aceitar que o comportamento homossexual era algo que ocorria na espécie humana. Mas ele não queria dizer isso de maneira aberta e, certamente, não queria admitir que tal comportamento, em algum sentido provavelmente natural, estava ocorrendo entre pessoas civilizadas hoje e que era algo aceitável. Ele inventou uma boa solução vitoriana. É tudo culpa dos selvagens! "A grande intemperança com os selvagens não é motivo de reprovação. Sua completa licenciosidade, para não mencionar seus crimes não naturais, é algo surpreendente" (Darwin, 1871, I, p.96). E acrescenta: "O ódio à indecência, que parece tão natural para nós como se fosse considerado inato, e que é uma ajuda tão valorosa à castidade, é uma virtude moderna, que pertence exclusivamente, como o Sir G. Staunton [um empregado da Companhia das Índias Orientais] destaca, à vida civilizada. Isso é desvelado pelos antigos rituais religiosos de várias nações, pelos desenhos nos muros de Pompeia e pelas práticas de muitos selvagens".

A reticência de Darwin não enganou ninguém. Um de seus correspondentes notou que não são apenas os selvagens os envolvidos em atividades homossexuais. Isso era encontrado na Grécia antiga. "Não conheço fato mais instrutivo – apesar de desagradável enquanto tal, de alto interesse científico – do que aquela prática (para denotá-lo pelo termo geral que tenho utilizado), a *paiderastia*, que se tornou sistemática em muitos países. Assim, na Grécia a relação entre um homem e seu amante mais jovem era constituída por uma forma de casamento após contrato entre os parentes de ambos os lados" (carta de John McLennan, 3 de fevereiro de 1874 apud Darwin, 1985-, p.22, 56). Então, o zoologista católico e crítico de Darwin, St. George Mivart, foi publicamente atrás de um pequeno texto sobre a sexualidade humana escrito por George, filho de Darwin. Ele escreveu, na amplamente lida *Quartely Review*: "Não há criminalidade sexual hedionda dos dias pagãos que não possa ser defendida pelos princípios advogados pela escola à qual esse escritor [George Darwin] pertence. Esse fenômeno repulsivo oferece uma renovada demonstração do que a França da regência e a Roma pagã demonstraram há muito tempo; isto é, como a mais profunda corrupção moral pode facilmente coexistir com os mais variados recursos de uma civilização complexa" (Mivart, 1874, p.40).

A situação se complicou. A teoria de Darwin sugere que o comportamento homossexual é natural. Uma conclusão um tanto inaceitável para Mivart; mas para outros era maná vindo do céu. Um entusiasta de Darwin, o naturalista inglês Edmund Selous, notou atividades entre mesmo sexo nas aves, e escreveu:

> Se dizemos que é um instinto viciado ou pervertido, mesmo assim deve haver uma causa natural para o que consideramos perversão. Como é bem sabido, o hermafroditismo precedeu, no caminho da vida, a separação dos sexos e todos os animais vertebrados maiores, incluindo o homem, retêm em seus organismos vestígios desse estado anterior. Se a estrutura foi parcialmente retida, não parece improvável que os sentimentos ligados a isso, apesar de uma longa sucessão de gerações, também tenham sido retidos, e que, embora mais ou menos latentes, eles ainda estão mais ou menos propensos para se tornarem ocasionalmente ativos. Essa visão não apenas explicaria tais ações como eu registrei aqui, mas muitas outras difundidas por todo o reino animal, e podem até mesmo ajudar a nos guiar no vasto domínio da ética humana. (Selous, 1902, p.182)

"Ética humana"! Se a homossexualidade é natural, então devemos condená-la como algo imoral? Nosso preconceito deveria ser contra as pessoas que condenam a homossexualidade e não contra as que a praticam. Os homossexuais não são tão externos ao grupo no fim das contas. Uma conclusão para ser explorada mais adiante.

## Religião

Na Lei de Popery de 1698, o Parlamento britânico aprovou leis onerosas para os católicos, proibindo-os de certas posições, entre outras coisas. Por exemplo, eles não tinham a permissão para servir o exército. Em 1778, o Parlamento britânico aprovou a Lei Papista, que suspendia algumas daquelas leis. Liderados por George Gordon, isso inflamou uma reação feroz por protestantes fanáticos, e em 1780 terríveis levantes irromperam em Londres (Haywood e Seed, 2015). O governo enviou o exército para conter a confusão, o que fizeram a custo de provavelmente 500 vidas ou mais. Charles Dickens escreveu um romance, *Barnaby Rudge* (1841), que tinha como pano de fundo esses "Levantes de Gordon". Ele descrevia a maneira como as pessoas eram levadas à loucura. No curso normal das coisas, a maioria das pessoas seria um tanto quanto indiferentes à emancipação católica. Se as pessoas quisessem renunciar ao sexo para se tornarem padres, passar por cerimônias ingênuas com crenças ainda mais ingênuas sobre pão e vinho se transformando em corpo e sangue, e acima de tudo deixar um estrangeiro ser o chefe de sua organização, então, gosto não se discute. "Se um homem ficasse parado na Ponte de Londres, chamando os passantes, até ficar rouco, a se unirem a Lord

*Michael Ruse*

George Gordon – embora por um objetivo que ninguém entendesse, e que naquele incidente tinha seu próprio charme –, é provável que ele conseguisse influenciar uma dezena de pessoas em um mês" (Dickens, 1841, p.277). Contudo, quando você começa a esquentar as coisas e você se sente diretamente ameaçado, então a ação é necessária.

> Quando o ar se encheu de murmúrios de uma confederação entre os poderes papistas para degradar e escravizar a Inglaterra, estabelecer uma inquisição em Londres, e transformar os currais do Mercado de Smithfield em estacas e caldeirões; quando terrores e alarmes que nenhum homem compreendia eram perpetuamente trazidos à tona, dentro e fora do Parlamento, por um entusiasta que não compreendia a si próprio e medos antigos que jaziam em silêncio por séculos em suas tumbas foram novamente levantados para assombrar os ignorantes e crentes; [...] então a mania de fato se espalhou e o corpo, que aumenta diariamente, ficou quarenta vezes mais forte. (p.277-278)

Perceba o que o visionário Dickens está nos dizendo. Assim como com os homossexuais, o mero fato de que havia católicos no entorno não preocuparia os protestantes comuns. Viva e deixe viver. Os católicos poderiam até aprontar algumas e ninguém se importaria muito. Mas, quando pareceu que os católicos realmente ameaçariam as pessoas – "degradar e escravizar", "inquisição", "estacas e caldeirões" –, então isso se tornou realmente ameaçador e aterrorizante, irritando as pessoas. A questão é que ser do grupo externo não engendra em si ódio e preconceito. É preciso ter algo mais. A ameaça ao grupo interno por parte do grupo externo, ou do comportamento

*Por que odiamos*

do grupo externo por membros do grupo interno. Como a orientação sexual. Ninguém se importa muito para o que os senhores da natureza fazem na privacidade de seus lares; mas, quando se tornam professores que corrompem, a história é outra. O grupo externo está ameaçando o grupo interno. Isso tudo é uma manifestação em uma escala variável de relação a indivíduos do grupo externo. Como com o sexo, a religião está no coração das coisas. Dickens sabia do que ele escrevia: "Uma relação direta e intensa entre um favoritismo do grupo interno e o antagonismo do grupo externo também pode ser esperado em sociedades altamente segmentadas que se diferenciam ao lado de uma simples categorização primária, tal como etnia ou religião" (Brewer, 1999, p.439).

O ateísmo não altera muito essas conclusões. Contudo, uma análise provocativa recente do sociólogo canadense Stephen LeDrew (2016) argumenta que muito do debate atual insuflado pelos novos ateus – Richard Dawkins de *Deus, um delírio* (2006), Sam Harris de *O fim da fé* (2004) e outros – é mais bem compreendido como uma manifestação de questões de classe que discutimos anteriormente neste capítulo do que algo que envolve diretamente preconceito religioso, a favor ou contra. Evidentemente isso acontece com a religião. Hoje, sobretudo nos Estados Unidos, aqueles que estão perdendo na guerra de classes são os que, em geral, são atraídos por um cristianismo evangélico simplista. Eles se identificam com Donald Trump porque (com razão) o veem como um igualmente desprezado por aqueles com alto grau de escolarização, bem-sucedidos e culturalmente sofisticados. Isso está vinculado à religião: "A base evangélica de Trump não liga para quem ele é ou o que faz desde que ele discurse sobre Jerusalém, aborto, o banimento dos transexuais nos meios militares, preces na escola e os direitos dos negócios e indivíduos cristãos de discriminar" (Brown, 2019, p.172-173). LeDrew destaca que isso também acontece no sentido contrário. Os novos ateus são apenas um grupo representativo de cidadãos. Eles têm uma alta escolaridade, com empregos de alto status social – docentes em importantes universidades e coisas do tipo –, que em alguns aspectos são chocantemente eurocentristas, sobretudo quando isso é construído em termos de rejeição da superstição massiva e a promoção da ciência como a solução para todos os problemas, e mais um pouco. LeDrew afirma com relação a esse movimento do novo ateísmo: "A ideia-chave dessa ideologia é a evolução da sociedade de uma fase pré-moderna de superstição religiosa para uma fase moderna caracterizada pelo cientificismo e sua aplicação a questões e problemas políticos e sociais. Isso envolve uma visão teleológica do progresso humano, com o 'pré-moderno' abrindo espaço para caminhos 'modernos' de pensar e viver" (p.59). Isso foi tirado de uma carta de Richard Dawkins escrita para uma mulher mulçumana imaginária.

> Por favor, pare de se lamentar. Sim, sim, eu sei que você teve suas genitálias mutiladas por uma lâmina, e... bocejo... não me conte de novo, eu sei que você não pode dirigir um carro e você não pode sair de casa sem um parente homem, e seu marido pode te bater, e você será apedrejada até a morte se cometer adultério. Mas, por favor, pare de se lamentar. Pense no sofrimento que suas pobres irmãs estadunidenses têm que suportar. (postagem de um blog de 2011 apud LeDrew, 2016, p.199)

Lembre-se do filósofo de Harvard Michael Sandel (2020a): "Além de revelar as visões depreciativas que as elites com curso

*Por que odiamos*

superior têm das pessoas com menos escolaridade, a pesquisa também descobriu que as elites não têm vergonha desse preconceito. Elas podem denunciar o racismo e o sexismo, mas se desculpam pelas suas atitudes negativas com relação àqueles com menor escolaridade".

Com razão, pode-se sentir que são os cristãos que demonstram preconceito contra ateus. Em aspectos importantes, isso é obviamente verdade ainda hoje. Contudo, o que temos agora é um grupo de ateus – os novos ateus – que se consideram superiores aos não ateus, principalmente àqueles como os grupos mulçumanos menos sofisticados e evangélicos estadunidenses, os grupos religiosos que se colocam contra a ciência. Como se pode dizer ironicamente, temos "um tipo de providencialismo sem Deus" (Sandel, 2020b, p.42). Como parte de sua afirmação da identidade de grupo interno, os novos ateus menosprezam e desprezam aqueles sobre os quais se sentem superiores. E uma das maneiras pelas quais se sentem superiores é no desprezo por aqueles que não tem o intelecto e a coragem de ver que as conversas sobre Deus são quase inteiramente uma função de um medo da morte e do desconhecido. É similar aos moradores com alta escolaridade do Centro-Oeste olharem com desprezo os indivíduos ignorantes e rudes que não tem segurança no emprego, que assistem televisão demais, são contra o aborto e cujos filhos jogam futebol em vez de futebol americano.

## Deficiência

Outra peça de Shakespeare, *Ricardo III*. Eduardo, da casa de York, é o rei da Inglaterra. O solilóquio de abertura é feito pelo seu irmão Ricardo, o duque de Gloucester.

Agora o inverno de nosso descontentamento
Fez-se verão glorioso por este sol de York;
E todas as nuvens que cobriam nossa casa
No seio do oceano estão enterradas.

Tudo parece justo e organizado para permanecer assim. Ricardo, contudo, tinha outras ideias. A situação não era boa para o chefe da casa de York.

Eu, que sou rudemente marcado e desejo o amor da majestade
Para exibi-lo a uma ninfa lasciva e vagarosa;
Eu, a quem falta essas belas proporções,
Privado de características pela natureza dissimulada,
Deformado, inacabado, enviado antes do meu tempo,
a esse mundo vivo como pela metade,
defeituoso e fora de moda
de modo que os cães ladram se me detenho diante deles;
Por que, eu, nesse frágil tempo de paz,
Não me deleito com nenhum passatempo,
A não ser espiar minha sombra ao sol
E cantar minha própria deformidade:
Portanto, como não posso provar ser um amante
Para entreter esses benditos belos dias,
Estou determinado a provar ser um vilão
E odiar os prazeres desses dias.

Há uma tradição que dizia que Ricardo era corcunda, embora descoberta recente de seu esqueleto sugira que isso seja um exagero (Figura 4.4). De fato, toda a peça é uma semificção para dar lustro à casa de Tudor (que estava no trono quando a peça foi escrita) com relação à casa de York. Mas, detenha-se na peça e na figura de Ricardo, duas coisas chamam a atenção. Primeiro, ele é fisicamente grotesco, o tipo de pessoa que causa repulsa ao olhar. "Deformado, inacabado", "Defeituoso e fora de moda"; "minha própria deformidade". Segundo, ele é uma pessoa realmente má: "Estou determinado a provar ser um vilão". Ele alcança, com considerável sucesso, objetivos como ordenar o assassinato de dois sobrinhos, os "príncipes da torre". Contudo, ao menos da perspectiva de Ricardo, parodiando o título de outra peça de Shakespeare, as coisas não acabam bem. Ele perde sua montaria na batalha de Bosworth Field (1485) – "Um cavalo, um cavalo, meu reino por um cavalo" – e é morto pelo conde de Richmond, que prontamente coroa a si próprio como Henrique VII.

Aqui, como de costume, Shakespeare captura muito da natureza e força do preconceito contra as pessoas com deficiência. Por um lado, somos repelidos (ou ao menos incomodados) por elas. Elas não são o ideal de ser humano. É evidente que a maior parte de nós também não, mas isso nos torna especialmente inseguros com relação ao nosso status. O que os outros vão pensar de nós? Eles nos julgaram como julgamos os deformados [deformed]? Eles nos incluirão entre os deformados? O que surge é algo que podemos encontrar com bastante força quando nos voltamos ao preconceito contra os judeus. Nós nos definimos – nos afirmamos – em contraposição a eles como o "outro". Mesmo se eles começarem em nosso grupo interno, nós podemos expulsá-los, torná-los parte do grupo externo. E isso traz à tona, por outro lado, o fato que nós devemos justificar nossos sentimentos e ações para nós mesmos e para os outros. Qual argumento melhor do que dizer que os defor-

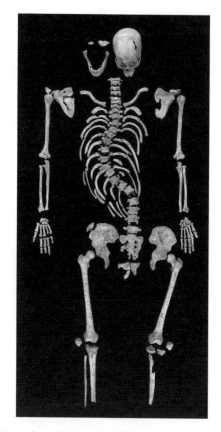

Figura 4.4 – Esqueleto de Ricardo III

mados, com deficiência, são de algum modo responsáveis pelo seu destino? Não é sua aparência ou sua saúde, coisas sobre as quais eles não têm controle, que estão em jogo. Trata-se de eles serem moralmente ruins, maus. É correto e adequado ser contrário a eles. Violência virtuosa.

Shakespeare foi um paradigma, não uma exceção. Do sublime ao ridículo, tome o capitão Gancho da peça de 1904 de J. M. Barrie e seu romance subsequente (1911) sobre o meni-

*Por que odiamos*

no que nunca cresceu, Peter Pan. O mesmo padrão. Uma pessoa com deficiência – ele perdeu uma mão – que assusta e ao mesmo tempo ameaça.

Ele repousava em uma carruagem rústica puxada pelos seus homens, e em vez de uma mão direita ele possuía um gancho de aço com o qual de vez em quando ele os fustigava a aumentar o ritmo. Esse terrível homem os tratava como cães, e eles como tal o obedeciam. Pessoalmente, ele era cadavérico de semblante negro, seu cabelo com longos cachos, que de perto se pareciam com velas negras e davam uma expressão singularmente ameaçadora à sua bela fisionomia. Seus olhos eram de um azul de miosótis e de uma profunda melancolia, salvo quando ele enfiava seu gancho em alguém, momento em que duas bolas vermelhas apareciam em seus olhos e os acendiam de maneira terrível.

Você tem preconceito contra tais pessoas, mas ao mesmo tempo elas dão motivo para tanto. Elas são uma ameaça ao grupo interno. Você pode achar que, algumas formas de deficiência não são ameaçadoras. Uma pessoa com inteligência limitada, talvez? Desconfia-se que, embora isso possa ser verdade, ao mesmo tempo há um ressentimento contra o fardo que eles representam e, racional ou não, um sentimento de que eles podem fazer mais para se ajudar. Isso fora o fato de que alguns transtornos mentais podem ser profundamente ameaçadores. Renfield, o louco em *Drácula*, é um exemplo clássico. "Por meia hora ou mais Renfield se excitava cada vez mais. Eu fingia não estar observando-o, mas mantinha uma observação rigorosa mesmo assim. De repente seu olhar foi tomado por aquela aparência astuta que sempre vemos quando um louco se agarra

*Michael Ruse*

a uma ideia, e com ela um movimento astuto da cabeça e das costas que os atendentes do hospício conhecem tão bem." Imediatamente, sabemos que estamos na presença do mal, e fica evidente à medida que descobrimos que o Drácula os ensinava a consumir, tal como um vampiro, vários insetos e aranhas, avançando até os pássaros. Tão vil e perigoso como Ricardo III e o Capitão Gancho.

Nem todas as pessoas com deficiência intelectual são assim. Muitas – a maioria – são um tanto quanto patéticas. Isso pode trazer à tona o que há de pior nas pessoas normais, saudáveis. Smike em *Nicholas Nickleby* de Dickens é um rapaz simples, para utilizar a linguagem da época. Empregado de uma escola, Dootheboys Hall dirigida por Wackford Squeers, na qual o herói Nicholas leciona por um tempo, seu status fica bem evidente. Uma colher desaparece.

> Seguiu-se a uma grande busca e vasculhamento, e como não se encontrou nada, Smike foi chamado, e empurrado pela senhora Squeers e esmurrado pelo senhor Squeers; esse tipo de tratamento iluminou seu intelecto e lhe possibilitou sugerir que possivelmente a senhora Squeers tivesse guardado a colher em seu bolso, o que, na verdade, por fim era o que havia acontecido.

A senhora Squeers ficou envergonhada: "Smike recebeu outro soco na orelha por pressupor contradizer sua senhora, junto com a promessa de uma sonora surra se ele não fosse mais respeitoso no futuro". Inadequado, inseguro, com deficiência – a marca perfeita para coações. Coerente com o que vimos anteriormente nessa seção, Squeers tinha apenas um olho, o que como causa ou efeito, o tornava mais vil.

*Por que odiamos*

"Causa ou efeito"? A deficiência torna (ou melhor pode tornar) alguém mal-humorado ou perigoso, ou será que a má-disposição faz com que se enfatize a deficiência, que não precisa gerar nenhum comentário ou preconceito? O ótimo romance infantil *O jardim secreto*, de Frances Hodgson Burnett, trata diretamente dessa questão. Mary Lennox é uma criança desagradável e azeda, que ficou órfã na Índia, enviada para viver em uma casa grande de seu tio (ausente) em Yorkshire. Ela descobre um "jardim secreto" escondido do lado de fora da casa. Ao conseguir acessá-lo, sob a influência do clima acolhedor de Yorkshire e por meio da amizade de um rapaz local, Dickon, sua saúde começa a melhorar e ela toma uma atitude mais positiva com relação à vida. Ela descobre que não é a única criança da cidade. Seu tio deixou, em segredo, seu filho com deficiência, Colin – ele tem uma deformidade na coluna que lhe causa dor e incapacidade de agir adequadamente. Mary tem pouca paciência para autopiedade do menino e o força a perceber que sua deficiência está em sua mente. 'Eu senti o caroço – Eu senti', Colin disse soluçando. 'Eu sei que deveria. Eu devo ter uma corcunda em minhas costas e então devo morrer', e ele começou a se contorcer de novo, virou-se de bruços, soluçou e chorou, mas não gritou." Grande erro. "'Você não sentiu um caroço!', contradisse Mary ferozmente. 'Se você sentiu algo foi apenas um caroço histérico. A histeria causa caroços. Não há nada de errado com suas costas horríveis a não ser a histeria! Vire-se e me deixe ver!'" Prossegue: "'Não há um único caroço ali!', ela disse por fim. 'Não há um caroço tão grande quanto um alfinete – a não ser os ossos da coluna, e você só pode senti-los porque você é magro. Eu mesma tenho caroços dos ossos da coluna, e eles eram tão salientes quanto os teus, até eu começar a engordar, e ainda não estou gorda o bastante para eles sumirem. Não há um caroço maior que um alfinete! Se você disser isso mais uma vez, eu terei de rir!'" Colin é levado para o jardim secreto, onde seu corpo e mente também melhoram. Para grande alegria de seu pai que retornava. "Pela relva veio o senhor de Misselthwaite e ele possuía uma aparência que muitos nunca haviam visto antes. E ao seu lado com sua cabeça erguida e com seus olhos cheios de alegria ele andava tão forte e firme quanto qualquer outro garoto em Yorkshire – senhor Colin!"

O ponto aqui não é banalizar a deficiência. Mas sim, demonstrar como ela é uma questão um tanto quanto complexa. As atitudes tomadas não têm apenas uma simples causa. Nada disso nega que, moralmente, nós temos uma obrigação em amar e cuidar das pessoas com deficiência. Jesus deixa isso bem evidente. Em ação – "Jesus caminhou por toda Galileia, ensinando em suas sinagogas, anunciando as boas novas do reino, e curando toda doença e enfermidade entre as pessoas" (Mateus 4:23) – e em palavras – "Pois quando tive fome me deste de comer, quando tive sede, me deste de beber, eu era um estranho em sua terra e você me acolheu, eu estava nu e você me vestiu, estava doente e você me visitou, estava preso e você veio me ver" (Mateus 5:35-36). Os *quakers*, com sua crença de Deus estar em cada pessoa, estão completamente comprometidos a cuidar e se preocupar com pessoas com deficiência. Minha irmã estudou no "Retiro": fundado em York em 1796 pelo *quaker* William Tuke, ele se concentra nos cuidados às pessoas com transtorno mental em um ambiente familiar. Muito distinto das instituições e abordagens das quais tratamos no Capítulo 2. Pensadores seculares também. O dito moral de Kant, o "imperativo categórico", exige, em sua forma mais imediatamente compreensível, que devemos tratar as pessoas como fins, não como meios. O senhor e a senhora Squeers quase não tratam o pobre Smike como um fim em si mesmo.

A questão importante aqui é tentar entender por que não agimos imediatamente e às vezes, com frequência, fazemos exatamente o que não deveríamos fazer. Para concluir essa seção, tomemos nossas atitudes e tratamento dos feridos de guerra, que tiveram deficiências permanentes, talvez a perda de membros, talvez algo mental — neurose de guerra ou, hoje em dia, transtorno de estresse pós-traumático. Se algum grupo merece amor e respeito, é o deles; nem tanto. Em geral a indelicadeza vem da indiferença, ressentimento, um desejo de cuidar da sua própria vida. Em *O amante de Lady Chatterley*, o baronete, Sir Clifford Chatterley, retorna (da Grande Guerra) com ferimentos graves e estéril. Totalmente dependente de sua esposa Connie. "Alto e forte como era, estava desamparado. Ele poderia se locomover sozinho em uma cadeira de rodas, e tinha um tipo de cadeira de banho com um motor acoplado, no qual podia dar lentas voltas pelo parque. Mas sozinho ele era como algo perdido. Ele precisava que Connie estivesse ali, para garantir a ele que existia de fato." A história é bem conhecida, as coisas não vão bem, ou talvez possa se dizer somente não tão bem. Pouco tempo depois, Connie está passeando sem rumo pelo bosque com o guarda florestal Mellors, e "John Thomas" e "Lady Jane" estão vivendo o melhor de suas vidas. No fim do romance, Clifford e Connie estão separados, ela com esperanças de se casar com Mellors. Ela agora está grávida; no entanto, parece que se a criança for um menino, ele herdará o título de baronete, tudo de fato acaba bem.

Connie não tem repulsas pelo estado de Clifford, ela apenas não é solidária. Ao sentir que, se a vida lhe pregou uma peça ruim, assim o fez também para ela. Em geral, como é tornado evidente no poderoso poema, "Deficiente" [Disabled] de Wilfred Owen, há algo mais.

> Ele sentado em uma cadeira de rodas, esperando a escuridão,
> E tremia em seu medonho terno cinza,
> Sem pernas, cotovelo remendado. Pelo parque
> Vozes de garotos soando tristemente como um hino,
> Vozes de brincadeiras e prazer após o dia,
> Até o sono crescente protegê-lo delas.

O rapaz era cheio de vida, um dos camaradas, até seus terríveis ferimentos. A vida não é mais dele; ele está às ordens de outros. Alguns demonstram pena, quando manifestada de uma maneira um tanto quanto rude e com juízos de valor.

> Alguns comemoraram seu retorno, mas não como as multidões comemoram gols.
> Apenas um homem solene que lhe trouxe frutas
> O agradeceu; e, então, lhe perguntou sobre sua alma.

Outros são simplesmente repelidos.

> Agora nunca mais sentirá a finura
> Das cinturas das meninas, ou o calor de suas mãos sutis,
> Todas o tocam como uma enfermidade estranha.

Wilfred Owen escreveu em uma tradição. "Filoctetes de Sófocles, um guerreiro que combateu ao lado de Odisseu, [...] foi mordido por uma cobra quando estava em uma missão. Um ferimento horrível que não poderia ser curado e com frequência se tornava doloroso, infectado, sangrento e malcheiroso. Apesar de possuir um direito moral como um companheiro necessitado, seus amigos guerreiros não podiam lhe dar apoio. Não podiam fazer nada para curar seu ferimento, que os assustava e os ofendia" (Gerber, 1994, p.548). Diga de novo: seleção natural não é nossa amiga. O legado do pensamento endogrupo persiste. É claro, Jesus está certo; é claro, os *quakers* estão certos; é claro, Kant está certo. Temos de amar e estimar os jovens que nos deram tanto. Por que, então, como animais sociais, nós não avançamos diretamente e fazemos isso? Por conta da nossa história evolutiva. Aqueles do grupo que, seja lá por que razão, não conseguem carregar o seu peso serão odiados, temidos, excluídos. Era assim que tinha que ser se o grupo quisesse sobreviver, ou seja, se nós, os membros saudáveis do grupo, quiséssemos sobreviver. No próximo capítulo nossa tarefa será ver se esse é o fim da história.

# Judeus

Um enorme apelo dos nacional-socialistas era sua determinação para dar à Alemanha aquele senso de endogrupo, de pertencimento a uma unidade. *Ein Reich, ein Volk, ein Führer* [um império, um povo, um líder]. Segundo o filósofo Martin Heidegger: "O próprio *Führer* e somente ele é Realidade na Alemanha hoje e no futuro" (apud Koonz, 2003, p.194). Isso diz tudo. Nós no Terceiro Reich somos um corpo vivo, um todo, cada um de nós uma parte vibrante daquele organismo: "o *Estado* é um inimigo; ele deve ser substituído pela nação, que consis-

*Michael Ruse*

te em indivíduos autossuficientes que coletivamente escolhem se sacrificar por um objetivo comum de glorificação étnica ou religiosa" (Stanley, 2018, p.152). Hitler herdou esse modo de pensar e esse foi o fundamento de tudo que ele pensou e fez.

De forma geral, a concepção nacional-socialista de Estado e cultura é a de um todo orgânico. Como um todo orgânico, o Estado *Volkish* é mais que a soma de suas partes, e de fato porque essas partes, chamadas indivíduos, se encaixam para formar uma unidade superior, dentro da qual, por sua vez, se torna capaz de um nível superior de conquista de vida, ao mesmo tempo que desfrutam de um senso de segurança acentuado. O indivíduo se vincula a esse tipo de liberdade ao cumprir sua obrigação a ser-viço do todo. (membro do partido Karl Zimmerman, em 1933, apud Harrington, 1996, p.176)

Na velhice, minha madrasta admitia livremente que os anos mais felizes de sua vida foram sob o Terceiro Reich. Ela foi forçada a se alistar à versão feminina da juventude hitleris-ta – *Bund Deutscher Mädel* [Liga das garotas alemãs]. Escalar as montanhas de Taunus, passar noites acampadas, cantar em volta da fogueira. Um maravilhoso senso de pertencimento e alegria de ser parte da família alemã. Acima de tudo, doutrina-ção na obrigação do autossacrifício para o Reich. Não é de se admirar que esses tenham sido tempos memoráveis na vida de uma criança solitária de pais idosos e um tanto sofisticados, devotos do polímata e guru místico Rudolf Steiner, que nunca a deixavam brincar com outras crianças porque elas não eram "boas o suficiente". No terceiro ano da guerra minha madrasta tinha 14 anos: "Ela, entre toda a população civil, não está desmoralizada; ela está entusiasmada e clama por mais do mesmo. Ela permanece, por conta dos muitos favores demonstrados a ela, a mais efusiva apoiadora de Adolf Hitler. Estou falando da juventude alemã; os pequenos garotos e garotas" (Smith, 1942, p.172). Doutor Goebbels, o ministro da propaganda, sabia fazer seu trabalho (ver figura 4.5).

**My Führer**

I know you well and love you like my father and mother.

I will always obey you like my father and mother.

And when I grow up, I will help you like father and mother.

And you should be proud of me, like my father and mother.

Meu Führer
Conheço-te bem e gosto de você como meu pai e minha mãe.
Sempre te obedecerei como ao meu pai e minha mãe.
E quando crescer, te ajudarei como pai e mãe.
E você deve se orgulhar de mim, como meu pai e minha mãe.

Figura 4.5 – Hitler e crianças (Otto Zimmermann, *Hand in Hand fürs Vaterland* [De mãos dadas pela pátria mãe])

*Michael Ruse*

Um endogrupo holístico. Mas e os de fora? Nossa teoria nos diz que o fato de alguém ser de fora não necessariamente o faz ser considerado um perigou ou inimigo. A atitude de Hitler com relação aos asiáticos ilustra isso perfeitamente. Ele não os considerava uma ameaça, longe disso, e durante a guerra ele se aproximou cada vez mais dos japoneses.

> Orgulho pela sua raça, que não implica no desprezo por outras raças, é também um sentimento normal e saudável. Eu nunca considerei os chineses ou japoneses como inferiores a nós. Eles pertencem a civilizações antigas e eu admito sem reservas que a história passada deles é superior à nossa. Eles têm o direito de se orgulhar de seu passado, assim como nós temos o direito de nos orgulharmos da civilização à qual pertencemos. De fato, eu acredito que quanto mais resolutamente os chineses e japoneses permaneçam orgulhosos de sua raça, tanto mais fácil será para mim compatibilizar com eles. (Adolf Hitler, *O testamento político de Adolf Hitler*, caderno 5, fev. 1945 a abr. 1945)

Os judeus eram diferentes, eles estavam em destaque e já havia uma história de antissemitismo, eles eram o alvo perfeito, havia trabalho a ser feito. A Alemanha no século XIX foi notável pelo tratamento dispensado à população judaica, removendo todo tipo de barreiras e permitindo que eles assumissem plenamente seus papéis sociais e fossem aceitos. Isso continuou no século XX e além da Grande Guerra. Até Hitler chegar ao poder, 20% dos judeus eram casados com não judeus (Lowenstein, 2005). As necessidades do grupo interno exigiram identificar um grupo externo e aumentar sua natureza inaceitável. Isso pode não ter convencido todos os alemães. A retórica de Hitler certamente convenceu a ele próprio. Depois de Pearl Harbor, a suposição imediata foi de que os principais fatores dirigentes por trás da reação dos Estados Unidos eram a influência dos judeus sobre o presidente Franklin Roosevelt. Cinco dias depois, Hitler declarou guerra aos Estados Unidos. No dia seguinte, 13 de dezembro de 1941, Goebbels escreveu em seu diário: "Com relação à questão judaica, o *Führer* está determinado a resolvê-la de uma vez por todas. Ele profetizou que se os judeus novamente trouxessem à tona uma guerra mundial, eles experimentariam sua exterminação. Isso não foi uma frase vazia. A guerra mundial está aqui. A exterminação dos judeus deve ser sua consequência necessária" (Herf, 2006, p.132). A Conferência de Wannsee aconteceu menos de dois meses depois. Como um verme, os judeus eram perigosos e deviam ser eliminados. O grupo externo era uma ameaça ao grupo interno e tinha de ser tratado dessa maneira. "A solução final não se desenvolveu como um mal encarnado, mas sim como o lado sombrio da retidão étnica" (Koonz, 2003, p.273).

## Mulheres

As mulheres obviamente não são "outros". Para os homens, elas são suas mães, irmãs, esposas, filhas. E, da mesma maneira, os homens são pais, irmãos, maridos, filhos para as mulheres. Se você pensar em termos de grupos de caçadores-coletores, toda questão gira em torno do fato de que o grupo deve ser integrado, com homens e mulheres desempenhando seus papéis, seja caçando, seja coletando, seja cuidando das crianças, seja resolvendo disputas intragrupo. Dito isso, homens não são mulheres e mulheres não são homens. E como orientado por Aristóteles e São Paulo, junto de outros, muitos outros, os homens tradicionalmente tendem a afirmar sua autoridade sob a aparência da superioridade. E, novamente, demonstrando como o preconceito internaliza o status secundário que as mulheres têm aceitado frequentemente, se não sempre. É impressionante, por exemplo, descobrir quantas mulheres inteligentes, estudadas se opuseram ao sufrágio feminino. E embora possamos não aceitar os seus argumentos, obviamente elas não eram estúpidas. Uma das linhas principais era de que a relação apropriada e mais frutífera entre homens e mulheres seria a cooperação e não a concorrência.

Dito isso, vale destacar dois pontos. Primeiro, se se leva a sério a afirmação de que os caçadores-coletores não possuíam as divisões de gênero das sociedades pós-agrícolas, certamente deveria se esperar que até hoje houvesse exceções notáveis ao papel dominante masculino. A cultura pode ter tido um papel central nas desigualdades atuais. Não houve nenhum argumento de que a cultura é diretamente respaldada pela biologia. E, de fato, há muitos exemplos em que as mulheres tomaram (ou receberam) os reinos do poder, utilizando-os efetivamente. Nenhum monarca inglês é tão venerado quanto a "Boa Rainha Bess", Elizabeth I. Em seu longo reinado, a Inglaterra se tornou solidamente protestante e se defendeu de ameaças externas, sobretudo da Espanha. Ela sabia como encobrir suas escolhas, ela era muito boa em utilizar sua suposta natureza inferior para afirmar seu superior exercício do poder. Do seu discuro em Tilburi (julho de 1588), às suas tropas reunidas para expulsar a armada espanhola:

*Por que odiamos*

Sei que tenho o corpo de uma mulher fraca, frágil; mas eu tenho o coração e o estômago de um rei, e de um rei da Inglaterra, e tenho grande repulsa a Parma ou Espanha ou qualquer príncipe da Europa que ouse invadir as fronteiras do meu reino; em vez de permitir que qualquer desonra cresça em mim, eu mesma pegarei em armas, eu mesma serei sua general, juíza e recompensadora de todas as suas virtudes no campo. (Marcus, Mueller e Rose, 2002, p.325)

De sua tumba, Platão soltava um grande grito de viva!

O segundo ponto é que, se as mulheres estão livres de tarefas culturalmente impostas, não há absolutamente nenhuma razão para pensar que elas se mostrarão menos inteligentes ou menos capazes de controlar e dirigir coisas. Antecipar o caminho pelo qual o antílope passará exige a habilidade de pensar e de colocar tais pensamentos em uso. Desenvolver e construir armadilhas para pequenos mamíferos parece exigir não menos habilidade de pensamento e de colocá-lo em ação. A título de informação, hoje, os matemáticos de excelência tendem a ser homens; mas contra isso muitas mulheres matemáticas talentosas tendem a ser melhores em habilidades verbais que os homens. Como dizem por aí, tanto faz um ou outro. Certamente qualquer pessoa que já passou por universidade no último meio século pode e dirá que quando as mulheres jovens têm oportunidades elas são tão boas quanto, se não melhores, que os jovens homens.

Aproximadamente metade da população [estadunidense] é feminina e pelos principais indicadores elas se saem muito bem academicamente. Considere que aos 25 anos de idade, mais de um terço das mulheres já terminaram a faculdade (contra 29%

*Michael Ruse*

de homens); as mulheres superam os homens em quase todos os cursos de ensino médio e faculdade, incluindo matemática; as mulheres agora compreendem 48% de todos os formados em matemática; e as mulheres entram na pós-graduação e em escolas profissionais em número igual na maioria dos cursos, mas não todos (atualmente as mulheres compreendem 50% dos mestrados, 75% dos doutorados de medicina veterinária, 48% dos PhDs em ciência da vida, e 68% de PhDs de psicologia) (Ceci e Williams, 2009, p.5).

Como tudo isso aconteceu? Duas razões óbvias. Primeiro, as máquinas transformaram as vidas das mulheres, pelo menos no Ocidente. Sua semana não é mais dominada por lavar roupas à mão no tanque, estendê-las no varal sempre que haja uma réstia de sol, depois passá-las – e passá-las de novo –, seguido por dobrá-las e guardá-las em um armário arejado. Graças a empresas como a Bendix – que começou a fabricar máquinas de lavar roupa em 1938 –, as vidas cheias de trabalho enfadonho não existiam mais. As horas antes gastas com água e sabão puderam ser substituídas por horas sobre livros de cálculo. Outra descoberta libertadora para mulheres e que as tornou muito mais iguais e prontas a competir com os homens foi a chegada dos anticoncepcionais nos anos 1960. O romance de David Lodge *How far can you go?* [Até onde você pode ir?] (1980), sobre jovens católicos na universidade nos anos 1950 e as mudanças que vieram nos anos seguintes, é uma narrativa satírica, mas reveladora de como o status das jovens mulheres passou de criaturas vulneráveis que precisam de proteção contra os predadores selvagens – homens jovens! – para iguais social e

*Por que odiamos*

sexualmente. Seres humanos mais que prontas para assumirem a dianteira, o papel dominante.

Humanos são seres sociais inteligentes. Não há nada na teoria de Darwin que diga, para um ótimo funcionamento de um grupo, que os machos devem ser dominantes sobre as fêmeas. Talvez em uma sociedade pós-agrícola, com a guerra, haja fatores que possam trazer isso à tona. Um número muito maior de filhos sobre os quais as mulheres, por necessidades, são obrigadas a se concentrar. Mas à medida que esses fatores mudam ou são reduzidos ou eliminados — máquinas, contraceptivos — a necessidade de dominância masculina também muda, é reduzida ou eliminada. As mulheres podem reconquistar seu antigo status.

É hora de avançar, mudar consideravelmente de direção. Precisamos ver como o que aprendemos até agora pode nos ajudar em nosso pensamento sobre o ódio, suas razões e possíveis caminhos de, se não eliminá-lo, mantê-lo sob um controle maior do que no passado e, infelizmente, do que tem sido na maior parte dos casos hoje. Cada vez mais, tem havido insinuações evidentes sobre como podemos realizar nossa tarefa. Vamos ver se essas insinuações nos levam a alguma estratégia retumbante.

# 5
## *Avançando*

## Natureza humana

Guerra e preconceito são questões morais. Filósofos dividem questões sobre moralidade em duas camadas. A primeira, há uma ética "substantiva" ou "normativa". O que eu devo fazer? Sabemos a resposta, somos seres sociais, essa é nossa natureza. A seleção darwinista nos fez desse jeito. A ética – substantiva – é uma ferramenta pela qual nós expressamos e regulamos nossa sociabilidade. Ser coloquial, é o que nos mantém no caminho certo, é o que distingue o bom do mau, o certo do errado. Isso para não dizer que nós sempre fazemos ou queremos fazer o que é bom, o que é certo; mas em geral isto nos mantém na linha. Se não funcionasse, não estaríamos aqui. Afirmações como as de Thomas Henry Huxley de que a moralidade, ética substantiva, vai contra e, espera-se, controla nossa natureza animal, estão simplesmente erradas, empiricamente erradas. Isso também é verdade para as afirmações de pessoas como Friedrich von Bernhardi, de que a guerra é natural e boa. A guerra é uma distorção, algo que nos força para longe de nossa natureza, algo criado pelo advento da civilização.

Ao argumentar que fazer o bem é fazer o que nos é natural, não é um chamado a uma revisão radical dos escritos filosóficos dos últimos dois mil anos sobre isso: "é fácil esquecer que as principais teorias éticas da tradição filosófica e as principais religiões mundiais têm mais em comum sobre o que é bom do que o contrário" (Grayling, 2006, p.182). Aristóteles, em sua *Ética a Nicômaco*, argumenta que devemos ser virtuosos; quando Kant (1785) postula seu já mencionado "imperativo categórico", sua principal forma imediatamente concreta é que nós devemos tratar as pessoas como fins, não como meios; e John Stuart Mill (1863), um "utilitarista", insiste que devemos promover a felicidade e reduzir a infelicidade. É claro, nós devemos ouvir os seus conselhos e comandos. O que une todos eles é a diretiva de fazer o que é natural, de seguir nossa natureza humana. É natural ajudar uma criança que está perdida e chorando, é o que devemos fazer, estamos sendo virtuosos; estamos cuidando da criança porque ela é uma pessoa e merecedora de cuidado por direito; e estamos maximizando felicidade e minimizando a infelicidade. Não é natural empurrar um estranho para fora de um trem, não é o que devemos fazer, não é virtuoso; não estamos tratando-o como um fim, mas sim como um meio para satisfazer nossa luxúria pervertida; e com certeza não estamos maximizando a felicidade. Quando nossos filósofos discordavam, por exemplo sobre a moralidade da escravidão, a diferença não está em sobre ser natural, mas sobre o que constitui o "natural". Aristóteles acreditava que por natureza os escravizados não eram iguais aos gregos. Kant (1785), tipicamente, tinha um argumento intricado de

*Por que odiamos*

que alguém nunca pode vender a si mesmo à escravidão! Mill (1848), igualmente típico, foi direto ao ponto, o envolvimento no tráfico de escravizados "será uma mancha duradoura na história inglesa" (p.312)

A segunda camada do entendimento moral é a "metaética". Por que eu devo fazer o que devo fazer? Para os cristãos, como vimos, fazer o que é natural é fazer o que Deus quer de nós. "Todo ato da razão e do desejo em nós se baseia naquilo que está de acordo com a natureza [...] Portanto, a primeira direção de nossos atos aos seus fins deve ser necessariamente em virtude da lei natural." E Deus está por trás disso, pois a "luz da razão natural, pela qual podemos discernir o que é bom e o que é mau, que é a função da lei natural, não é nada mais que uma marca da luz divina em nós. É, portanto, evidente que a lei natural nada mais é que a participação da criatura racional na lei eterna" (Aquinas, 1981, *Summa Theologica*, IaIIae 91, 2). Fim do argumento; no entanto, note que, com a escravidão, em geral há desacordos com relação ao que é natural. Estes estão mais baseados nas questões de fato do que em questões estritamente éticas. É certo praticar controle de natalidade artificialmente? O papa Paulo VI disse que não é natural, logo, é errado. Isso torna a relação entre homens e mulheres em algo um pouco mais que oportunidades para gratificação sexual por prazer. Outros, bons cristãos, dizem que não é antinatural utilizar contraceptivos, logo pode ser um bem moral. O seu uso pode levar a um planejamento familiar responsável e não transforma os que o utilizam em caçadores de prazer imorais, indiferentes às relações humanas; muito ao contrário.

Para os não crentes, os fatos também são importantes, mas o que dizer da justificativa superior? O argumento é que ser natural de algum modo traz um sentimento importantíssimo de autoestima: *eudaimonia*. É assim que a seleção natural alcança seus resultados. Felicidade? O predecessor de Mill, Jeremy Bentham (1830), notoriamente, disse que "um alfinete é tão valioso quanto a poesia". Em certo sentido, é verdade. "Muito trabalho e pouca diversão faz de Jack um bobalhão." Não é errado tomar algumas cervejas com seus amigos do clube dos docentes. Mas a felicidade no presente contexto é algo um tanto mais etéreo. Um orgulho justificável em ter feito a coisa certa. Aristóteles nos diz que "felicidade é uma atividade da alma em acordo com a virtude perfeita". Kant opina que "benevolência ou boa vontade é o prazer que alcançamos na prosperidade e felicidade de nossos vizinhos". Mill fala de "dignidade", de tentar evitar que alguém se sinta em "um grau menor de existência". Ele destaca, algo com o qual Aristóteles e Kant concordam plenamente, de que tudo isso está ligado ao fato de os humanos serem pensantes, racionais. Isso é verdadeiramente natural. Himmler era malvado de tal maneira que um tigre devorador de homens não o é. Ele tinha o poder da razão para saber que aquilo que estava fazendo era errado, o tigre não tem tal poder. Isso leva a uma das citações mais famosas da filosofia: "É melhor ser um ser humano insatisfeito do que um porco satisfeito; melhor ser um Sócrates insatisfeito que um tolo satisfeito. E se o tolo, ou o porco, são de opiniões distintas, é porque eles só conhecem o seu lado da questão. A outra parte em comparação conhece os dois lados".

Natureza humana. Somos seres sociais, e a moralidade é o principal fator por trás de nossa sociabilidade. Mill novamente: "Quando pessoas que são razoavelmente afortunadas em sua condição exterior não encontram na vida prazer suficiente para torná-la valiosa para si, a causa em geral é não se importar com ninguém além de si mesmas". Nós ajudamos uns aos outros porque acreditamos que devemos ajudar um ao outro. Não podemos fazer tudo sozinhos: "Nenhum homem é uma ilha". O pensamento darwinista exige moralidade, crentes ou não crentes concordam com isso. A moralidade existe, e existe apenas, para nos manter funcionando de forma eficiente conforme fomos moldados pela seleção natural. Os crentes acreditam que há algo por trás de tudo isso; os não crentes não têm tanta certeza assim. Mas com relação à necessidade de ser natural, ambos têm a mesma opinião. Comportamentos imorais como em My Lai não são um resultado predeterminado de nossa natureza biológica, mas uma infeliz consequência de efeitos distorcivos do ambiente, incluindo a cultura. Fazer a coisa certa é revelar nossa verdadeira natureza e tentar agir segundo suas regras.

## A moralidade da guerra

Voltemo-nos ao que é de nosso interesse, começando pela guerra. A chave será que a força de mudança é a seleção individual, não a seleção grupal. Isso significa que, se de fato a seleção individual estiver por trás de nossa moralidade, então, embora sejamos seres sociais e esperemos que nossa compreensão moral e domínio se estendam para todos os seres humanos, vamos esperar um gradiente: tipo de pensamento endogrupo/exogrupo. A parábola do bom samaritano sugere que temos obrigações iguais com todos, e o filósofo australiano Peter Singer (1972) argumentou nesse mesmo sentido: "O fato de uma pessoa estar fisicamente próxima a nós, de modo que tenhamos contato pessoal com ela, pode tornar mais provável nós darmos assistência a ela, mas isso não demonstra que temos que ajudá--la em vez de ajudar a outra pessoa que está distante de nós" (p.232). Mesmo sem evocar Darwin, muitos – começando por David Hume – discordariam disso. "Um homem naturalmente ama mais seus filhos que os seus sobrinhos, mais estes que seus primos, seus primos mais que estranhos, que são todos praticamente iguais. Daí surgem nossas medidas comuns de dever, ao preferir um ao outro. Nosso senso de dever sempre segue o curso comum e natural de nossas paixões" (Hume, 1739-1740, p.483-484). A Bíblia, como de costume, é ecumênica nesse tema. "Qualquer um que não prover aos parentes, e principalmente para aqueles de sua casa, nega a fé e é pior que aquele que não crê" (I Timóteo 5:8). E em geral, se uma pessoa souber de alguém que está comprando sua entrada para o reino dos céus ao enviar a maior parte de seu salário para alimentar os pobres necessitados na África – senhora Jellyby em *A casa soturna*[1] – enquanto seus próprios filhos recebem comida de um banco de alimentos e roupas da caridade, se isso acontecer – Jo, um varredor de cruzamento[2] nesse mesmo romance – a pessoa ficaria horrorizada. Não é natural!

Pode-se ver imediatamente como tudo isso, respaldado pelas causas darwinistas, ajuda a explicar nossa prontidão para ir à guerra. Temos mais obrigações com os membros de nossa própria tribo do que com os de outras. Embora não queiramos ir à

---

1 Romance escrito por Charles Dickens, publicado em 1853. (N. T.)

2 Ocupação informal de pessoas pobres nas grandes cidades da Inglaterra do século XIX, que consistia em varrer as ruas e cruzamentos em troca de gorjeta dos pedestres. (N. T.)

guerra, às vezes sentimos que devemos, que é um dever moral. Não é que o ódio ao grupo exterior seja inato, e certamente não queremos mergulhar na guerra; mas se as circunstâncias trazem essas coisas à tona, então que seja assim. Não podemos ser companheiros e ajudar a todos. "Nossos cérebros não foram projetados para se importar profundamente com a felicidade de estranhos. De fato, nossos cérebros podem, na verdade, ter sido projetados para a indiferença e malevolência com relação a estranhos" (Greene, 2013, p.257). Na linguagem da teoria da guerra justa, *jus ad bellum*. Note, à luz do que já aprendemos anteriormente, que isso não significa que devemos ir à guerra, nem que estamos necessariamente justificados em construir o tipo de sociedade influenciada militarmente como era a Alemanha antes da Grande Guerra. O darwinismo não oferece muita justificativa para a guerra agressiva. O ato de simplesmente sair e tomar o que os outros possuem porque queremos não tem lugar em nossa ética. É a guerra defensiva que o darwinismo permite, até mesmo incentiva.

Dito isso, o fato de termos mais obrigações com nossa própria tribo leva a crer que aquilo que Peter Singer diz não é totalmente irrelevante. Mesmo que seja apenas com base no altruísmo recíproco, há valor em tratar o inimigo como seres humanos – nós respeitamos vocês, vocês nos respeitam. Teoria da guerra justa – *jus in bello*. A compreensão moral darwinista endossa o imperativo de pessoas como Aquino ou Grotius. Se você lança bombas em mulheres e crianças com o objetivo de deixar seu inimigo de joelhos, você não está fazendo a coisa certa. Novamente, mesmo que apenas com base no altruísmo recíproco, deve-se tratar os prisioneiros com dignidade. No entanto, certamente as pessoas são instadas a ir além do interesse próprio nu e cru. O inimigo são semelhantes humanos; deixar prisioneiros passar fome ou fazê-los trabalhar literalmente até a morte em minas, como era a prática dos nazistas com os russos, dificilmente incute um senso de autoestima. Você com certeza não os está tratando como fins em si mesmos. Pessoas decentes e virtuosas não precisam de ajuda para ver que aquilo que os alemães fizeram aos prisioneiros russos estava errado. As pessoas com intenção de promover felicidade não tratam prisioneiros russos como os alemães fizeram; tampouco se comportam como os russos na Prússia oriental com relação às mulheres alemãs. Nossos valores vêm de nós, eles são parte de nossa natureza, e somos orgulhosos por termos nossos deveres e obrigações. Nossas habilidades e responsabilidades nos dão razão para estimarmos nosso status superior. Os alemães e russos deveriam ter vergonha de si mesmos. Isso também é verdade para aqueles que foram a favor do bombardeio de destruição.

## Evitando a guerra

Vamos recapitular rapidamente acontecimentos pertinentes das duas guerras mundiais do último século, uma que não deveria ter sido travada e outra que tinha de ser travada. Com relação à Primeira Guerra Mundial, assim como o personagem em *Rilla de Ingleside*, muitas pessoas de muitos países foram convencidas de que a guerra estava chegando, era só uma questão de tempo. Mas por que ela era "inevitável"? Para se começar a perguntar sobre a possibilidade de mudança, comece logo com a hipótese do "macaco assassino". É plausível pensar em termos da violência humana inata e isso ajuda na compreensão do início da Primeira Guerra Mundial? A resposta é: "não muito". A Prússia tinha uma casta militar dominante e falava por todos os Estados (Clark, 2009). Ela era suficientemente poderosa para ter acesso direto ao *kaiser* e para agir independentemente dos líderes civis. Um resultado foi o começo da já mencionada corrida armamentista naval com a Grã-Bretanha, construindo enormes navios de guerra. Os britânicos – que já tinham de longe a maior marinha no mundo – responderam construindo seus próprios enormes navios de guerra. O entusiasmo pela batalha mostrado pelos membros do Estado-Maior alemão não foi uma grande surpresa. Headquarters Nights (1917) torna dolorosamente clara a natureza agressiva de seu pensamento. Não havia nada particularmente inato nisso. Um garoto da classe dos *junkers* – nobreza latifundiária prussiana – foi enviado para a academia militar quando era bem jovem, e daí em diante passou por uma formação ininterrupta, com intensidade similar à associada aos bailarinos ou – aqueles que conhecem *Oliver Twist* se lembrarão de como Fagin formou seus jovens sócios – aos batedores de carteira. Se eles não tivessem vindo de um país que havia tido de lutar initerruptamente por seu lugar ao sol, eles teriam entrado na Academia de Platão, onde toda formação teria sido dirigida a servir o bom do Estado, eles teriam sido bem diferentes. Diga o que quiser sobre reis-filósofos, mas eles não são macacos assassinos, acredite em mim.

Em âmbito individual, certamente há aqueles que tem sede de sangue, como Robert Ardrey esboçou. O conde Franz Conrad von Hötzendorf foi o chefe de Estado Austro-Húngaro quase continuamente de 1906 a 1917. Ele queria declarar guerra preventiva à Itália para conter sua influência nos Bálcãs e no Adriático. A Sérvia foi outro alvo de seu ódio. Novamente, perdeu-se a oportunidade de uma guerra preventiva. "O exército [...] é um instrumento para ser utilizado por políticos inteligentes conscientes de seus objetivos como a defesa última de seus interesses" (MacMillan, 2014, p.236). E assim por diante. Contudo é notável quantas pessoas que não eram sanguinárias foram totalmente incapazes de resolver pacificamente certas situações em que se envolveram. O czar russo Nicolau foi um caso paradigmático – inclinado "à paz", ele, ainda assim, "era fraco e facilmente influenciável (p.584). A tragédia foi que, diferente da Grã-Bretanha, onde os monarcas não tinham poder político, na Rússia o czar era todo-poderoso, assim como na Alemanha. Quem dera se alguém tivesse levado em conta Immanuel Kant, ele alertou para os perigos de líderes hereditários terem poder. Por terem nascido em tal posição, eles simplesmente não se importam: "se envolver na guerra é a coisa menos séria que existe no mundo". Pior que isso, pois tal governante "não perde absolutamente nada com a guerra, enquanto ele segue desfrutando dos deleites de sua mesa ou esporte, ou de seus palácios prazerosos e seus dias de gala. Ele pode, portanto, decidir pela guerra por conta das razões mais triviais, como se fosse um tipo de festa prazerosa" (Kant, 1795, p.123).

"Dias de gala"! Sente-se que, mais tarde na vida, as memórias mais felizes do *kaiser* envolviam desfiles de tropas como robôs, em uniformes bem alinhados com cavalos e bandas. Pouco importava. Guilherme foi um desastre completo como líder, ele mudava de ideia constantemente, ora afirmando autoridade, ora não fazendo nada, lisonjeiro e falante, ele era tudo que alguém não precisava, começando com a terrível decisão

*Por que odiamos*

de dispensar Bismarck assim que ele pudesse. Difícil imaginar alguém mais distante de um macaco assassino – "ele recuava da guerra assim que tinha de realmente enfrentar sua realidade" (MacMillan, 2014, p.590). Francisco Ferdinando, herdeiro do trono austro-húngaro cujo assassinato foi a fagulha que acendeu o pavio, não foi, de acordo com todos, um homem muito bom – "ganancioso, exigente, intolerante", além de também ser antissemita, mas ele não queria guerra e demitiu Conrad na primeira oportunidade.

A Inglaterra conta uma história similar. O almirante "Jacky" Fisher estava completamente preparado para lançar um ataque preventivo contra a marinha alemã. "Meu Deus, Fisher, você deve estar louco!", foi a reação de seu monarca Jorge V (p.130). O secretário de assuntos estrangeiros Sir Edward Grey estava muito relutante em ir à guerra – ele preferia observar pássaros – e mudou de ideia somente pela preocupação de que a Alemanha pretendia invadir a Bélgica, independente se os belgas gostassem da ideia ou não. Essa hesitação estava refletida na nação como um todo, com a obrigação moral de honrar nossos tratados em conflito com a ideia de que aquela realmente não é nossa luta. Além de tudo, ninguém conseguia suportar a Bélgica devido à sua terrível exploração dos habitantes do Congo, onde criança pequenas tinham suas mãos e pés amputados se não conseguissem cumprir sua cota diária de produção de borracha (Ewans, 2002). Muito das causas da Primeira Guerra Mundial decorre do pecado original e seu parceiro, a hipótese do macaco assassino. Melhor lamentar a falta de pessoas mais sábias e de sistemas políticos mais sensatos. A guerra não precisava e não deveria ter acontecido, e não é um argumento real dizer que a dominação crescente da Alemanha a tornou inevitável. Herbert Spencer (1892) particularmente enfatizou como o comércio neutraliza o entusiasmo pela guerra. Desde a Segunda Guerra Mundial, a Alemanha emergiu, novamente, como o país dominante. Mas agora, graças especificamente à União Europeia, seu destino está ligado aos destinos dos outros, aquela guerra teria sido simplesmente uma estupidez. Para se referir novamente a Kant, ele enfatizou mais de uma vez a necessidade de formar organizações conectando diferentes países: "a razão, de seu trono de máximo poder moral legislador, condena absolutamente a guerra como um procedimento moralmente legal, e torna o estado de paz, em contrapartida, um dever imediato. No entanto, sem um pacto entre as nações esse estado de paz não pode ser estabelecido ou assegurado" (Kant, 1795, p.133-134).

Retomando material já trabalhado, mas enfatizando e destacando questões do nosso interesse aqui, com relação aos macacos assassinos e a inevitabilidade do conflito, passemos ao segundo exemplo, as origens da Segunda Guerra Mundial na Europa. Lembre-se, a Segunda Guerra é mais bem vista como uma extensão da Primeira. A décima primeira hora do décimo primeiro dia do décimo primeiro mês marca o dia do armistício, não o dia do rendimento incondicional. A Alemanha derrotada, mas ainda livre para cuidar de seus negócios internos. Dizer que ninguém se comportou de maneira particularmente sensata no pós-guerra é quase uma tautologia. Em 1923, agravado pelo fato de que a Alemanha não estava pagando suas dívidas como exigido pelo Tratado de Versalhes, a França invadiu o vale do Ruhr, causando uma enorme inflação e fazendo com que as classes médias alemãs perdessem tudo e fossem reduzidas à penúria. Era de se esperar que, em resposta aos tempos

*Por que odiamos*

problemáticos, grupos de direita se organizassem na Alemanha. O Putsch de Munique, em 1923, quando os nacional-socialistas tentaram tomar a Bavária — levando à prisão de Hitler (período no qual ele escreveu *Minha luta*) —, foi apenas um dos episódios. Não foi de modo algum uma predeterminação, mas é inteiramente compreensível, olhando em perspectiva, que Hitler e seu partido nazista fossem capazes de tomar o poder em 1933, e com isso iniciar o Terceiro Reich.

Hitler sempre quis conquistar o Oriente. Lembre-se de que em 1 de setembro a Alemanha invadiu a Polônia; em 3 de setembro de 1939, em resposta, a Grã-Bretanha e a França declararam guerra à Alemanha. O resto, como se diz, é história. Nosso conto nos leva ao seu desfecho nos Estados Unidos da América. O presidente Franklin Roosevelt sempre teve uma inclinação favorável à Grã-Bretanha, mas com reservas. Havia fortes sentimentos isolacionistas nos Estados Unidos, com a sensação de que essa "guerra não é nossa". Cada vez mais, no entanto, Roosevelt fez muito para ajudar a Grã-Bretanha — a França estava ocupada e a Rússia entrou tardiamente em cena. Os assuntos foram retirados das mãos estadunidenses. Já sabemos que no dia 7 de dezembro de 1941, os japoneses bombardearam a frota estadunidense ancorada em Pearl Harbor, no arquipélago do Havaí. O conflito se ativou, e um dia ou dois depois a Alemanha declarou guerra contra os Estados Unidos, que, mais uma vez, foi arrastado a um conflito europeu, que duraria até a vitória dos aliados em 1945.

Por acaso isso exige a hipótese do macaco assassino? Sem levar em conta as aparências, se alguém fosse um macaco assassino, esse alguém seria Adolf Hitler. É praticamente irrelevante se isso é algo inato ou adquirido; e, em certo sentido, algo impossível de responder. Se a Alemanha depois 1918 não tivesse sido estilhaçada, como país inseguro que era, dificilmente Hitler teria tido sucesso (Staub, 1992, p.24). É de se duvidar que um Hitler, no Canadá de hoje, poderia em uma década acabar com um todo poderoso *Führer*. Os canadenses não gostam de pessoas insistentes. Dito isso, pode-se apontar para fatores na juventude de Hitler que o influenciaram bastante, por exemplo o antissemitismo que ele encontrou quando viveu em Viena – o prefeito, Karl Luerger, era notório nesse aspecto –, bem como o sentimento de desespero com a derrota na guerra e o desolamento nos primeiros anos subsequentes (Kershaw, 1999). Mas muitas pessoas tiveram experiências similares e não demonstraram qualquer sinal de serem um Adolf Hitler em potencial. Hitler foi uma exceção? Com alívio, pode-se dizer que, em muitos aspectos, sim foi, mas obviamente ele tinha apoiadores com a mesma mentalidade.

Hoje, parece quase indecente perguntar se os aliados possuíam equivalentes a Hitler. Joseph Stalin certamente quase se encaixa; Winston Churchill? De acordo com seus primeiros escritos autobiográficos, parece que ele gostava de uma boa luta. Os horrores da Primeira Guerra Mundial – incluindo o desastre em Gallipoli pelo qual ele foi o principal responsável – parecem tê-lo deixado bastante sóbrio. Nos anos 1930, seus alertas eram mais sobre a necessidade de responder a Hitler do que um desejo por mais guerra, e, embora na Segunda Guerra Mundial ele estivesse preparado para a batalha com o inimigo – o bombardeio de destruição, por exemplo –, sua estratégia foi principalmente responder ao inimigo. Sem dúvida havia outros sanguinários, o general George Patton, por exemplo. Mas é digno de nota quantos dos comandantes de batalha dos aliados eram reservados e cautelosos, especialmente aqueles que, como

*Por que odiamos*

o marechal de campo Bernard Montgomery, haviam passado pelos horrores da Primeira Guerra.

Para equilibrar essas pessoas, alemães ou não, havia os apaziguadores absolutos – notadamente Chamberlain e seu companheiro político Lord Halifax, que era ávido, depois da queda da França, para ver se um armistício poderia ser forjado entre os combatentes. No entanto, outros aspectos da personalidade de Chamberlain são absolutamente relevantes. Ele poderia estar à mesma altura de Enoch Powell no que toca aos estrangeiros. Uma pessoa diferente poderia ter formulado uma abordagem melhor para Hitler. Havia também o presidente dos Estados Unidos, Franklin Roosevelt. Independente se por motivos pessoais ou políticos – para Roosevelt os dois eram em geral idênticos –, acabamos de ver que ele estava relutante em se envolver diretamente em guerra com a Alemanha (ou com o Japão, nesse caso), até ser forçado por Pearl Harbor e a declaração de guerra da Alemanha. Em suma, apesar dos exemplos de Hitler e Stalin, a explicação apenas em termos de violência inata e agressão é na melhor das hipóteses simplista. A maior parte das pessoas simplesmente não quer ir à guerra a não ser que sejam obrigados. E é interessante notar que quando eles de fato vão à guerra agressivamente, como com Hitler, em geral é porque o grupo interno se sente ameaçado e quer se proteger dos grupos externos, incluindo obviamente coisas como lutar por território que beneficiará o grupo interno às custas do grupo externo. Em outras palavras, respondendo às circunstâncias que não surgiram quando ainda éramos caçadores-coletores.

Afirmações sobre o onipresente pecado original se manifestando como uma tendência inata à guerra e à violência precisam ser bastante qualificadas. Devemos limpar do nosso pensamento resquícios religiosos que parecem não ser totalmente úteis.

259

Em contrapartida, a afirmação de que a guerra é algo recente, trazida pelas mudanças nas circunstâncias, potencializada originalmente pelo surgimento e sucesso da agricultura parece, no mínimo, promissora. A chegada da guerra parece mais contingente que predestinada. "É importante perceber que mais de 99% da história evolutiva de nossa espécie envolvia a vida como forrageiros em pequenos bandos nômades. Em sua viagem de acampamento por toda a vida, nossos ancestrais do Pleistoceno enfrentaram alguns problemas adaptativos assustadores" (Waller, 2007, p.153). Como é de se esperar, o que funcionou bem àquela época não necessariamente funciona hoje. "O comportamento humano no *presente* é gerado pelos circuitos de raciocínio universal que existem porque eles resolveram problemas adaptativos no *passado*. Como resultado, esses circuitos com orientação passada nem sempre necessariamente gerarão comportamento adaptativo no presente." Eles podem inclusive sair pela culatra. "Em alguns casos, aquilo para que os circuitos foram projetados a alcançar no contexto caçador-coletor pode até levar a um comportamento mal adaptado em resposta aos contextos ambientais contemporâneos" (p.154).

A questão não é que a guerra seja evitável ou esteja prestes a desaparecer. Isso é ingenuidade. "Enterradas em meio de todo o nosso progresso do século XX há mais de 100 milhões de pessoas que tiveram uma morte violenta pelas mãos de outros seres humanos em guerras e conflitos. Isso é mais que cinco vezes a cifra do século XIX e mais de dez vezes os números do século XVIII" (ibid., p.XIV). Apesar disso, o que aprendemos aqui me inspira a me afastar da visão de que somos passageiros desassistidos de uma frágil embarcação em um oceano turbulento, e que, inevitavelmente, naufragará e muitos de nós nos

*Por que odiamos*

afogaremos. Há coisas que podemos fazer. Trabalhar para ter certeza de que não só nós, mas também outras nações tenham métodos mais confiáveis de governo. Você consegue imaginar se Eduardo VIII, aquele famoso pelo caso da senhora Simpson e conhecido admirador de Hitler, tivesse tido a mesma influência e o poder que o *kaiser* Guilherme II?[3] A melhor solução para problemas é, antes de tudo, não tê-los. É de grande dúvida se o Tratado de Versalhes foi o responsável por todos os males que lhe são atribuídos, mas os aliados da Segunda Guerra Mundial haviam aprendido seus ensinamentos e fizeram um trabalho muito melhor ao tratar com seus inimigos derrotados e ao reintegrá-los. A ONU certamente não terminou a guerra, mas tornou o mundo um lugar muito mais seguro do já havia sido. Não se pode, não se deve, fingir que agora tudo são rosas. A tempestade no deserto foi uma parte dos contínuos conflitos no Oriente Médio. É bastante conhecido o chocante comportamento de jovens soldados americanos no Iraque com relação aos prisioneiros de guerra. Eles foram punidos, é verdade, mas o simples fato de isso ter acontecido mostra o descaso, tanto por parte dos comandantes quanto de qualquer outro, com o comportamento moral básico em tempos de guerra. A crítica citada anteriormente argumenta que só isso mostra a futilidade, para não dizer a imoralidade, de se confiar na teoria da guerra justa. "Oficiais profissionais consideram parte da for-

---

3 Eduardo VIII foi o primeiro monarca a abdicar voluntariamente o trono inglês, pois seu anunciado casamento com Wallis Simpson, uma *socialite* estadunidense duas vezes divorciada, teve grande repercussão negativa na imprensa, no governo britânico e na igreja anglicana. Em dezembro de 1936, ele abdica para se casar com Simpson. (N. T.)

*Michael Ruse*

mação psicológica de suas tropas serem formadas no ódio, e isso se torna mais sistemático e sutil conforme a guerra segue" (Gray, 1998, p.161 apud Meagher, 2014, p.146). É verdade, mas se este livro demonstrou algo é que o ódio não é um aspecto inevitável, irremediavelmente dado da vida humana. Como foi dito no fim da Introdução: "O que há de maravilhoso sobre a natureza humana é que apesar de se curvar ao curso da história, ela não deixa que a história seja a única determinante".

O eminente historiador militar John Keegan escreveu: "Depois de uma vida de leituras sobre a guerra, de estar junto com homens de guerra, de visitar locais de guerra e observar seus efeitos, me parece que a guerra pode muito bem estar deixando de se recomendar aos seres humanos como um meio desejável, produtivo, e muito menos racional, de reconciliar suas insatisfações" (1993, p.58). Michael Howard, não menos reconhecido, escreve que se tornou "bastante possível que a guerra, no sentido de um conflito armado importante entre sociedades altamente desenvolvidas, pode não se repetir e que uma estrutura estável para a ordem internacional será firmemente estabelecida" (1991, p.176). Deixe as coisas como estão. Reze para que a Ucrânia seja apenas um contratempo no caminho para um futuro melhor.

## Preconceito

E o preconceito? Nossa hipótese científica de fundo é que os sentimentos e compromissos endogrupo/exogrupo são um legado do nosso passado caçador-coletor, e que são eles, para o bem e para o mal, que influenciam e guiam nossos sentimentos e ações hoje. Já não vamos mais entrar desavisados no debate.

Se fizemos uma grande descoberta, juntando praticamente todas as instâncias de preconceito, é a de que a ignorância é o principal fator. As pessoas têm preconceitos das outras porque as consideram objetivamente inferiores e/ou uma ameaça e isso raramente ou nunca é verdade – ou se for verdade, não é algo impenetrável à correção cultural.

## Estrangeiros

O preconceito contra estrangeiros obviamente é um legado de nosso passado (pré-histórico). As atitudes podem ser mudadas? Hoje temos um estudo de caso pedindo para ser utilizado: Brexit. Antecipando, veremos um espelhamento muito estranho do que já vimos antes. Nos últimos cinquenta anos, a devastação assolou as classes trabalhadoras por meio de uma maior eficiência na automação e pela economia, especialmente a terceirização; a falsa promessa do neoliberalismo de que a remoção das barreiras levaria a uma pletora de novos empregos e que graças ao maior acesso à educação formal e similares, por meio de muito trabalho e dedicação, tudo melhoraria, gradualmente, ao mesmo tempo; o encanto da "aldeia Potemkin" de pessoas como Donald Trump, oferecendo soluções prontas a todos os males, ao mesmo tempo que satisfatoriamente criticam os bem-sucedidos, sobretudo pela meritocracia. Não é preciso acrescentar que, como todos os encantos, terminamos com nada: "O lesmarão *era* um boojum, como você pode ver!"[4]

---

4 Trata-se de um verso do poema de Lewis Carroll originalmente intitulado "The Hunting of the Snark". Snark seria um monstro encantador assim como o boojum, criações do autor para esse poema.

Em 23 de junho de 2016, o Reino Unido votou pela saída da União Europeia. Foram 17,4 milhões de votos a favor da saída e 15,1 milhões por ficar. Se fôssemos isolar um fator que fez isso emergir, assim como em épocas anteriores, a resposta é simples: imigração. Dessa vez, vinda não do antigo Império britânico — as Índias ocidentais e o subcontinente indiano — mas dos países pobres do leste da União Europeia. "Dezenas de milhares de polacos, lituanos, húngaros e outros fluíram para os aeroportos britânicos e rodoviárias, atraídos pela grande quantidade de empregos com salários melhores do que os disponíveis em seus países. Em uma década, os poloneses haviam tomado a dianteira das comunidades da primeira onda estabelecidas do sul da Ásia e do Caribe se tornando o maior grupo de origem migrante na Grã-Bretanha" (Sobolewska e Ford, 2020, p.145). Esses recém-chegados não poderiam ser ignorados, porque, diferente dos primeiros imigrantes, eles se espalharam pela Grã-Bretanha, fazendo sentir sua presença em pequenas cidades conservadoras até então intocadas pelos estrangeiros. Enoch Powell havia alertado que um influxo de europeus seria, em alguns aspectos, "mais sério" que a imigração do antigo império, um ponto notado e divulgado pelos que faziam campanha a favor da "saída". O sentimento anti-estrangeiro levou à pressão por um referendo sobre a filiação à União Europeia, e o resto, como dizem, é história. O trecho a seguir é proveniente de uma entrevista televisiva (na Fox News) de Nigel Farage, o líder do movimento Brexit, em junho de 2016, na noite em

---

A palavra *snark*, segundo o autor, seria a junção das palavras *snail* (lesma) e *shark* (tubarão). (N. T.)

que os britânicos votaram pela saída do mercado comum (no qual haviam entrado em janeiro de 1973):

> Eu tenho visto gente se reunindo em clima festivo e, sim, hasteando a bandeira do Reino Unido. E sabe por quê? Porque essa é nossa bandeira nacional. Não queremos a bandeira estrelada europeia. Não queremos o seu hino. Não queremos o presidente deles. Não queremos o Exército deles. Nós, dentro de seis horas, estaremos livres disso. E é por causa disso que esse é o maior dia da moderna história britânica.

O dia mais importante? Sim. O maior dia? Pouco provável. "A incerteza com relação ao Brexit desacelerou o crescimento do Reino Unido de 2,4% em 2015 para 1,5% em 2018. O governo do Reino Unido estimou que o Brexit diminuirá o seu crescimento em 6,7% em quinze anos" (Ball, 2016). O sistema bancário britânico, sem acesso imediato à União Europeia, está no caminho de ser dizimado. O efeito cascata afetará a maior parte das coisas com algum aspecto internacional — aeronaves, internet, até carregadores de telefone. É importante enfatizar que os favoráveis à saída e os não favoráveis não eram grupos coesos. Eles eram uma mistura heterogênea. Mais significativamente, aqueles com maior escolaridade queriam ficar; os com baixa escolaridade queriam sair (ver Figura 5.1).

> Um total de 78% das pessoas sem escolaridade formal votaram pela saída da União Europeia, assim como o fizeram 61% cuja escolaridade mais alta era ensino médio [GCSE ou O-level].
> Em contrapartida, somente 26% das pessoas com diploma universitário votaram pela saída.

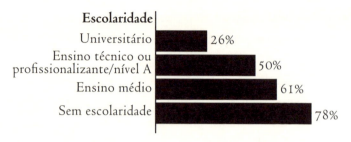

Figura 5.1 – Brexit: com escolaridade *versus* sem escolaridade (NatCen Social Research)

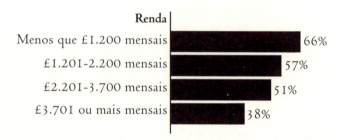

Figura 5.2 – Brexit: ricos *versus* pobres (NatCen Social Research)

Relativamente, os ricos queriam ficar e os pobres queriam sair (ver Figura 5.2).

O grupo de votantes com menor renda na pesquisa, com uma renda anual de £14.400 (£1.200 por mês) ou menos, foram de longe os mais suscetíveis a apoiar o Brexit, com 66%.

O único grupo na pesquisa que apoiava ficar eram os votantes que recebiam mais de £44.400 – *grosso modo*, pagadores de uma taxa mais alta de impostos –, dos quais somente 38% votaram por sair União Europeia.

Aqueles que iam bem na vida e na economia queriam ficar, os que não iam bem queriam sair (ver Figura 5.3)

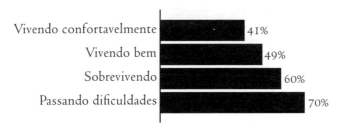

Figura 5.3 – Brexit: felizes com a vida *versus* infelizes com a vida (NatCen Social Research)

As pessoas que pensavam que o país tinha piorado na última década votaram majoritariamente pelo Brexit e esse efeito foi ainda maior sobre aqueles que sentiram que tiveram uma piora pessoal.

A imagem é evidente. Outros possíveis fatores de divisão como gênero foram praticamente irrelevantes (homens: 54% sair; mulheres: 49% sair).

Nem sempre é fácil ser solidário com os britânicos. Considerando o modo pelo qual eles ganharam e governaram o seu império – já foi mencionado o de modo algum atípico episódio no Amritsar, isso para não mencionar os milhares de anos de viagens egoístas à Europa –, o que os britânicos estavam fazendo na França para que tivessem que lutar a batalha de Agincourt? Há uma (considerável) dose de sentimento de felicidade com a desgraça alheia [*Schadenfreude*] em vê-los em situação difícil diante dos imigrantes. Para além da satisfação arrogante, é compreensível que houve reações ao afluxo de pessoas do Caribe e do subcontinente indiano e depois da Europa ocidental. Costumes, línguas e religiões distintas. Compreensível, mas não justificável. Deve-se fazer algo para reduzir o encorajamento do preconceito. Para início de conversa, é preciso mostrar que os imigrantes trazem benefícios, sobretudo para aqueles que estão no lado da sociedade que sai perdendo. Preencher lacunas vitais, não apenas como baristas. Por volta dos anos 1960, era como se metade dos enfermeiros do Sistema Nacional de Saúde viesse das Índias Ocidentais. Na verdade, era mais ou menos 20%, e uma porcentagem consideravelmente alta de profissionais asiáticos. Enfermeiros das Índias Ocidentais respondiam desesperadamente aos pedidos de ajuda do Serviço Nacional de Saúde. Muitos dos médicos, particularmente, substituíam os médicos britânicos, que era parte daquele corpo que estava se mudando para as regiões europeizadas da Comunidade das Nações Britânicas procurando melhores oportunidades. O êxodo estava apenas começando. Entre 1961 e 1981, a emigração da Grã-Bretanha superou em mais de 1 milhão os imigrantes que entraram nela (Winder, 2004, p.3). Tenho dois colegas que, ao se formarem no curso de medicina, tomaram o primeiro barco para a Austrália. Eu posso atestar que não há nenhum opróbrio britânico com relação a isso. Ninguém nunca disse a eles, ou a mim, que éramos ingratos e desleais em deixar o país assim que havíamos terminado nossa sofisticada formação às custas do Estado. Domínios da Comunidade das Nações Britânicas – Canadá, Austrália, Nova Zelândia especialmente – ainda eram considerados vinculados ao país-mãe, que por sua vez se sentia em grande dívida com seus filhos por conta da ajuda nas Grandes Guerras. Gallipoli foi parte de nossa herança, assim como Dieppe.

Ao mesmo tempo, aqueles que ficaram em casa precisavam fazer esforços para integrar os imigrantes. Pare de sentir pena de si mesmo e seja um pouco mais positivo. Um pouco mais de religião comparada nas escolas tentando entender o que significa ser um mulçumano ou um hindu pode ser um começo. Não há planos de proselitismo para circuncidar suas filhas, tentar evitar a criação de guetos étnicos, uma receita para o preconceito. Os nazistas nos mostraram isso. Esforços para misturar, sobretudo pelos esportes. É difícil odiar alguém que é seu goleiro no críquete. Quando criança, eu venerava Alf Valentine, originário das Índias Ocidentais, o melhor arremessador canhoto de bolas lentas do mundo nos anos 1950 e jogador profissional do meu clube de críquete. Isso mostra que o relacionamento não precisa ser apenas de trabalho sem diversão. Pessoas ricas viajam mais e trabalham mais além das fronteiras. Pense em ser um professor universitário/pesquisador e como isso se tornou algo tão internacional. As pessoas têm de aprender sobre outros países e os povos que ali vivem. Subsidiar viagens de intercâmbio no exterior para crianças em idade escolar pode ser um começo. É difícil sermos totalmente negativos com relação aos franceses, se você já passou algumas semanas com uma família e a mãe lhe mostrou que existem outras comidas além de *toad in the hole* e *spotted dick*.[5] Adolescentes que se misturam podem, então, aprender que a França tem outras atrações.

Tudo isso, além do mais óbvio de tudo, a imigração pode ser algo bom. No fim das contas, os próprios britânicos são pessoas da cultura do vaso campaniforme! O outro lado da ascensão do status das mulheres é que as taxas de natalidade caíram. Há uma necessidade desesperada por imigrantes para

---

5 Referência a dois pratos típicos ingleses. *Toad in the hole* é uma espécie de torta feita com salsichas, e *spotted dick* é um pudim de frutas secas preparado no vapor. (N. T.)

manter a média de pessoas jovens, para bancar o crescente número de aposentados etc. "A taxa de natalidade na Inglaterra e em Gales atualmente é a mais baixa desde que se iniciaram os registros. Somente 11 bebês nasceram para cada 1.000 pessoas em 2018, com 657.076 nascimentos no geral. Para colocar isso em perspectiva, 957.782 bebês nasceram em 1920 apesar de a população geral ser 22 milhões a menos que a de hoje" (Leachman, 2019). Em contrapartida: "O Reino Unido é uma nação com idade cada vez mais avançada e isso só tende a aumentar. Há 26,6 milhões de pessoas no Reino Unido com idade entre 40 e 79 anos – são essas pessoas que, nos próximo vinte anos, precisarão de cuidados ou chegarão perto disso. Por outro lado, há menos de 14 milhões de pessoas com menos de 19 anos – que nos próximos vinte anos proverão tais cuidados". O país precisa de imigrantes. Hoje o sistema de saúde tem um déficit de 100 mil trabalhadores, isso também é verdade para a assistência social de adultos. Moral ou não, é simplesmente estupidez não ter qualquer controle sobre a imigração. O Brexit pode ser igualmente ou mais estúpido, mas é possível compreender como ele ocorreu. A resposta é perceber, como de costume, que é uma questão de equilíbrio. O preconceito não nos ajudará a alcançá-lo.

## Classe

Já estamos falando sobre classe. Os ricos, com alta escolaridade e protegidos – as classes altas e médias – são muito mais amigáveis aos estrangeiros que os pobres, com baixa escolaridade e desprotegidos – as classes "baixas" trabalhadoras. Vimos que isso é uma verdade nos Estado Unidos, e sem dúvida em

*Por que odiamos*

outros lugares, como na Grã-Bretanha. Além de qualquer outra coisa, os ricos não tendem a viver grudados com estrangeiros recém-chegados.

Infelizmente, por causa dos benefícios excessivamente generosos oferecidos para o resto do mundo, as pessoas que se aglomeram em nossos bairros (na habitação social, antes de residentes locais com necessidades) sentem que têm direito a tudo por nada, e não têm absolutamente nenhum respeito por nós ou por onde vivemos. (Carta de uma mulher do East End, Londres, ao então primeiro-ministro da Inglaterra, David Cameron, 10 de fevereiro de 2012 apud Gest, 2016, p.59)

As tensões não serão resolvidas em um dia. Há, contudo, algumas jogadas óbvias a se fazer. Evidentemente há espaço para repensar muitos aspectos da educação superior. Em geral a crítica é que os professores universitários são demasiado liberais ou socialistas e gastam muito tempo e esforço para doutrinar seus alunos. Ainda assim, embora a maior parte dos professores tenda à coloração liberal do espectro, simplesmente não é verdade que eles são apenas propagandistas soviéticos. Isso é o que todos nós, na prática, acreditamos que não devemos ser. O objetivo é dar aos alunos os instrumentos e, assim, eles se tornam independentes. Não obstante, poderia se dedicar mais atenção à compreensão das estruturas sociais e suas implicações em todos os âmbitos da educação superior. Concentrando-se menos em potencializar o currículo e mais nas necessidades da sociedade. Fazendo os frutos das aprendizagens serem benéficos para todos. Pensar, por exemplo, sobre o que importantes teóricos políticos do passado tinham a dizer e sua relevância ainda hoje. Compreender as religiões em um contexto comparativo. Tentar aprender um pouco mais sobre a natureza humana segundo as descobertas dos psicólogos. Ler Platão, para não dizer Kant, falando sobre os reis-filósofos! Os alunos terminariam sua formação um pouco mais sábios e, espera-se, um pouco mais modestos, menos inclinados a acreditar que, por terem um diploma universitário, são, portanto, superiores àqueles cuja educação terminou no ensino médio.

Indo para o outro extremo, a hostilidade das pessoas com baixa escolaridade com relação àquelas mais bem sucedidas na sociedade, assim como com a imigração, não é suficiente para criticar aqueles que sofrem preconceito. Tenha sempre em mente os efeitos terríveis que a perda de emprego tem na vida das pessoas das classes baixas. De uma vida com sentido e segurança ao nada. Nada a não ser alimentação inadequada, moradia inadequada e tudo o mais inadequado, isso somado ao ressentimento dos outros, para voltar ao tema da última seção. Algo deve ser feito para abordar as preocupações, algo realista. Notoriamente, em 1867, durante o debate sobre a Lei da Reforma [Reform Bill], que concedia direito de voto para a classe trabalhadora, o político inglês Robert Lowe disse, ecoando Disraeli: "O momento que você confia poder às massas, algo deve ser feito com relação à sua educação". Verdade, mas tornar obrigatório o ensino universitário para todos não vai funcionar. Comece a pensar em alternativas, a infraestrutura é algo que vem à mente; independente de outros aspectos, não será fácil terceirizá-la. Outra opção é pensar de modo mais sério sobre empregos de serviços. Nem todos precisam ser um neurocirurgião – ou um professor de filosofia, aliás.

Se a pandemia nos ensinou algo, foi que asilos, residências para idosos e instituições similares estão em péssimas condições. Pouquíssimos trabalhadores, com baixa formação, em condições que não são dignas nem para bichos de estimação. Há enormes oportunidades aqui para atrair pessoas atualmente com baixa escolaridade. Um ou dois anos de treinamento prático, em uma comunidade universitária, lidando, por exemplo, com pessoas idosas – sua higiene, suas necessidades nutricionais, sua saúde, seu bem-estar psicológico em geral – compreende que, mesmo para aqueles sem demência ou outras deficiências terríveis, envelhecer não é fácil. Perde-se a habilidade de realizar tarefas simples que eram fáceis aos 20 anos de idade – arrastar uma churrasqueira pesada de um lugar a outro no jardim, por exemplo. Não apenas projetos formativos como esses criam empregos, mas também, ou ainda mais importante, ajudam as pessoas a desenvolver um senso de autoestima e orgulho. Nesse aspecto, esse é o maior problema: "o foco exclusivo na educação teve um efeito colateral prejudicial: a erosão da estima social concedida àqueles que não frequentaram a faculdade" (Sandel, 2020b, p.89).

Não pense que estou sendo condescendente, sugerindo que deveríamos fazer as pessoas acreditarem serem melhores do que são. Todos já encontramos pessoas, sem altas posições ou escolaridade, às quais instintivamente recorremos se queremos compreensão e apoio – secretárias, faxineiros, zeladores. Pessoas cuja empatia faz nos sentirmos humildes na mesma medida que somos gratos. Pessoas de sensibilidade social muito maior que a de um professor de filosofia comum (que não é difícil encontrar!). Minha questão é a mesma de Rousseau: se você é criado para se considerar menos que excelente, você internaliza isso, ainda que se ressinta. Meu ponto também é que mudanças podem acontecer. Essas coisas custarão dinheiro, não é preciso ser um socialista extremo para acreditar que os ricos e bem-sucedidos podem ter uma contribuição maior — tal como era a norma há cinquenta anos. Não é uma demanda ou prescrição para um controle governamental total. Pode-se muito bem imaginar que asilos privados, devidamente regularizados, procurariam métodos inovadores e abordagens mais imediatas que aquelas dirigidas por funcionários públicos. Para mim, é impensável lecionar em algum local que não uma universidade pública. O tempo de uma vida é muito curto para pagar novamente minha dívida com a Lei de Butler. Mas, ah, com qual frequência eu me vejo com inveja da liberdade dos docentes nas universidades da Ivy League e nas melhores faculdades liberais de arte. Estou apenas dizendo que, atualmente, as coisas não estão boas; nossa ciência nos diz que não estamos presas a elas, e que, logo, é hora de começar a repensar e a mudar.

## Raça

O ornitólogo Edmund Blyth, escrevendo sobre a Rebelião Indiana de 1857, ao seu correspondente frequente, que o mencionou cinquenta(!) vezes no segundo volume de *Descendência* [*Descent*]: "Como é surpreendente a força de caráter dos nossos homens e mulheres do campo que se evidenciou no curso dessa luta terrível! A incrível superioridade dos europeus com relação aos asiáticos, desde os dias de Xenofonte e Alexandre até hoje!". Isso é apenas um aquecimento para seu tema. "Contra tais excessivas adversidades, ninguém aqui nunca concebeu a possibilidade da insurreição se provar bem-sucedida – essa grande luta da barbárie contra um civilização superior enobreceu a aplicação de toda as ciências" (carta a Darwin, 8 jan. 1858 apud Darwin, 1985-, v.7, p.3). O pior tipo de jingoísmo vitoriano, que ainda ganhou força no século XX, apesar, como de costume, com base em frágeis premissas. Se há diferenças, elas são culturais e mutáveis, não escritas em pedra – ou, melhor, no DNA. Graças à ciência impulsionada pela humanidade, nós agora sabemos que absolutamente não há razão para acreditar que as pessoas negras – ou pessoas de qualquer outro grupo – não têm a inteligência de pessoas brancas. Mesmo antes de se realizar um teste psicológico e coisas do gênero, a biologia é contra isso (Templeton, 2013). "Uma raça ou subespécie necessita um grau de diferenciação genética que está muito acima do nível de diferenças genéticas que existem entre populações locais. Um limiar comumente utilizado é que duas populações com fronteiras nítidas são consideradas raças distintas se 25% ou mais da variabilidade genética que elas compartilham são diferentes entre as populações" (Smith et al., 1997). As diferenças entre chimpanzés e humanos são realmente impressionantes. A evidência empírica "confirma a realidade da raça em chimpanzés utilizando a definição limiar, pois 30,1% da variação genética é encontrada no componente entre raças [...]. Em comparação com os chimpanzés, as cinco principais "raças" de humanos contabilizam apenas 4,3% de variação genética – bem abaixo do limiar de 25%. A diferenciação genética em nossas espécies é esmagadoramente variação entre os indivíduos (93,2%)". Isso é consistente com o que vimos na Introdução. *Homo sapiens* passaram por gargalos. Simplesmente não há muita variação genética em nossa espécie.

Isso não significa que não há ligação entre genes e grupos geográficos. Uma pesquisa muito discutida descobriu que há algumas correlações consistentes – europeu surgem como um grupo e os africanos como outro. Algumas vezes as divisões são bastante sutis. De acordo com a similaridade de linguagem e crenças, os de algum modo isolados Kalashs, no norte do Paquistão, tem origens que os ligam aos europeus, e a genética respalda isso: "Grupos genéticos geralmente correspondem estreitamente a grupos e populações regionais pré-definidos ou a coleções de populações geográfica e linguisticamente similares" (Rosenberg et al., 2002, p.2.384). A questão aqui é que esses grupos, no geral, embora detectáveis, são muito sutis, frequentemente inferidos de gradações na frequência dos genes em vez de genótipos diagnósticos distintos. De forma alguma forte o suficiente para justificar o uso tão carregado do conceito de "raça". Como destacado anteriormente, onde as diferenças são de algum modo adaptativamente significantes, elas estão relacionadas a questões como proteção contra o sol, e não têm quaisquer implicâncias sobre a inteligência, por exemplo.

Sem ser Poliana, a raça parece ser uma área que mostra que as pessoas de boa vontade podem e fazem a diferença. Na Primeira Guerra Mundial, apesar da grande bravura, os afro-americanos tinha de lutar com os franceses, porque os estadunidenses brancos não lutavam ao lado deles (ver Figura 5.4). Em meados do século XX, as coisas começaram a mudar. A contribuição dos afro-americanos para a Segunda Guerra Mundial não foi um

*Por que odiamos*

fator menor. Em 1948, o anteriormente segregacionista presidente Harry Truman integrou as forças armadas. Em 1954, a Suprema Corte, no caso Brown contra o conselho de educação [Brown v. Board of Education], argumentou que escolas "separadas, mas iguais" eram inerentemente desiguais, e então a segregação escolar foi declarada inconstitucional e legalmente proibida, sem grande pressa — Emmett Till foi assassinado em 1955 —, mas como a água gotejando das rochas. Poucos que viveram nos anos 1960 terão memórias claras e imaculadas de Lyndon Johnson. A terrível Guerra do Vietnã paira como uma névoa sombria, úmida e infectada por doenças sobre todas as lembranças. No entanto, se já houve um presidente estadunidenses a quem a sociedade deveria ser eternamente grata, este é Lyndon Johnson. Ele — e certamente apenas ele era capaz — aprovou a Lei dos Direitos Civis de 1964, banindo a discriminação em locais públicos, garantindo que os negros estadunidenses recebessem educação apropriada, ajudando a promover o acesso ao voto e muito mais.

Johnson não terminou o trabalho, ainda temos um longo caminho a percorrer. A corrente avalanche de mortes de pessoas negras por policiais — notavelmente George Floyd em 25 de maio de 2020, que morreu asfixiado por um policial apoiando o joelho em seu pescoço por quase dez minutos — nos mostra isso de maneira bastante vívida. "Vidas negras importam" [Black lives matter] é uma petição para a compreensão e para a mudança, a palavra de ordem largamente divulgada de um movimento social em boa parte instigado por acontecimentos como esse. E isso é apenas a ponta de um enorme iceberg (Wilkerson, 2020). Pense na grande controvérsia instaurada

Figura 5.4 – Cartaz de recrutamento de 1918 direcionado aos afro-americanos

no podcast Project 1619, do *New York Times*, reivindicando que a Revolução Americana tinha mais relação com a proteção de uma sociedade escravocrata do que com as ideias de liberdade do Iluminismo (Hanna-Jones, 2019). Muitos historiadores reputados acreditaram que isso era um exagero grosseiro, mas poderia se pensar que algo assim deveria ao menos ser um tema para um debate em sala de aula. No fim das contas, George Washington era proprietário de 124 escravizados e administrativa aproximadamente 200 outros. Quando suas obrigações o levaram a viver na Pensilvânia, porque o estado tinha uma legislação que libertava os escravos após seis meses de residência no local, Washington fazia rodízio de seus escravos para que nenhum deles fosse libertado (Larson, 2020). Muitos estados, especialmente no Sul, já aprovaram leis que excluem da sala de aula a discussão desse item e de todas ideias semelhantes contidas na "teoria crítica de raça".

Em comparação com a Alemanha e seus esforços para reconhecer seus atos nocivos com relação aos judeus (dos quais trataremos em breve), os Estados Unidos está bastante atrasado. (Wilkerson, 2020, especialmente o capítulo 27). Mas ocorreram mudanças e elas seguem acontecendo. O colégio de ensino médio em que meus filhos estudaram e a universidade em que fui professor há 60 anos eram segregados. Eu me sento ao lado de pessoas negras em restaurantes, minha filha namorou um jovem negro por alguns anos, alguns de seus amigos tinham inveja. O meu primeiro voto para uma eleição presidencial – assim como o da minha esposa – foram em um homem negro. Meu último voto foi em uma (bem-sucedida) candidata a vice-presidente mulher e negra. E, apesar da oposição do antigo presidente Donald Trump, memoriais celebrando a Confederação – e estátuas semelhantes – estão sendo removidas de lugares importantes no *campus* e retiradas de museus, como ilustrações do que nunca deve acontecer novamente. No colégio de ensino médio em que minha filha estuda, o Robert E. Lee, com uma predominância de alunos negros (cerca de 70%), cujo nome homenageia um comandante das forças da confederação na Guerra Civil, em Jacksonville, Flórida, acabou de ocorrer uma votação para mudar seu nome (ver Figura 5.5).

Figura 5.5 – Colégio de ensino médio Robert E. Lee

Mudar é possível. De igual importância, aqueles há muito sob o fardo do preconceito racial estão percebendo isso e já não se contentam mais em ficar nos baixos escalões da sociedade. De Rosa Parks, e antes dela, a Stacey Abrams, e sem dúvida depois dela, a mudança é possível. Barack Obama captura bem isso:

*Por que odiamos*

Há a abolição e a Guerra Civil, então há uma reação e o surgimento da K.K.K., logo a Reconstrução termina e emerge Jim Crow, então há o movimento dos direitos civis, o movimento moderno dos direitos civis e o fim da segregação. E isso, por sua vez, leva a uma reação e, por fim, à estratégia sulista de Nixon. O que me conforta é que no tradicional dois passos em frente, um passo atrás, desde que você esteja dando os dois passos, o passo para trás, sabe, é o preço de agir. (Klein, 2021)

## *Orientação sexual*

Muitos de nós têm grandes dúvidas com relação a Freud e suas teorias. Mas é possível perdoar muita coisa ao ler sua "Carta a uma mãe estadunidense", escrita em 1935:

> Cara senhora ... Eu compreendo de sua carta que seu filho é um homossexual. Eu estou muito impressionado pelo fato de você não mencionar esse termo para si mesma em sua informação sobre ele. Posso te perguntar por que você evita o termo? A homossexualidade certamente não é uma vantagem, mas tampouco é motivo para se envergonhar, não é um vício, não é degradação, não pode ser classificada como uma doença; a consideramos como uma variante da função sexual produzida por uma determinada obstrução no desenvolvimento sexual. Muitos indivíduos respeitáveis dos tempos antigos e modernos foram homossexuais, muitos dos maiores homens, entre os quais Platão, Michelangelo, Leonardo da Vinci etc.). É uma grande injustiça perseguir a homossexualidade como um crime, e uma crueldade também. Se você não acredita em mim, leia os livros de Havelock Ellis. Ao me perguntar se eu posso ajudar, você quer dizer, imagino, se

eu posso abolir a homossexualidade e fazer a heterossexualidade normal assumir seu lugar. A resposta, de modo genérico, é não podemos prometer conseguir isso. Em um certo número de casos conseguimos desenvolver os germes de tendências heterossexuais presentes em todos os homossexuais, na maior parte dos casos não é mais possível. É uma questão da qualidade e da idade do indivíduo. O resultado do tratamento não pode ser previsto. O que a análise pode fazer para seu filho segue por uma linha distinta. Se ele é infeliz, neurótico, cingido por conflitos, inibido em sua vida social, a análise pode lhe trazer harmonia, paz de espírito, eficiência completa, independente se ele se mantiver homossexual ou se mudar [...] Atenciosamente com os melhores votos, Freud.

Um pouco fora de moda em alguns aspectos — antes que se comece a falar sobre "obstrução de desenvolvimento", é necessário muitos outros argumentos para se persuadir de que a estrutura freudiana estava correta —, mas à frente de seu tempo ao argumentar o que, hoje, cremos como verdade. A homossexualidade não é uma questão de escolha e, se os homossexuais são infelizes, não é devido a sua orientação sexual, mas sim porque a sociedade os torna infeliz.

"À frente de seu tempo." Mas não vindo completamente do nada. Freud tinha suas influências e fontes, e uma das mais importantes foi Charles Darwin e sua obra *Descendência...* Freud a colocou entre os dez livros mais significativos que ele conhecia (Freud, 1960, p.269). A questão central é que, assim como com os estrangeiros, com a raça, conhecimento é muito importante. Um melhor entendimento é a chave para mudança. Hoje, ao refletir sobre as causas próximas, a maior parte dos pesquisadores pensam em termos hormonais, par-

## Por que odiamos

ticularmente se afetam o desenvolvimento cerebral do feto. Níveis comparativos de testosterona durante os terceiro e sexto meses do desenvolvimento do hipotálamo parecem ser fatores muito importantes (LeVay, 2010). O possível papel causal da seleção natural é, como eles dizem, muito contestado. Repetidos estudos estimam que o número de homens homossexuais está em torno de 3% a 4%; as mulheres são um pouco menos. É claro, ser homossexual não significa que não terão filhos, mas os estudos de Kinsey mostram que a orientação (sobretudo para homens) é um fator (comportamental) muito significativo para uma prole menor (Bell e Weinberg, 1978). A causa seletiva poderia ser uma seleção de parentesco, com irmãos e irmãs ajudando outros membros da família a se reproduzir? Isso poderia ser "manipulação parental", com a mãe biológica assumindo o controle da reprodução de sua prole? Pode não ser algo bom ter todos competindo igualmente, se os recursos são limitados. Poderia ser um caso de aptidão heterozigota, em que o heterozigoto (possuidor de diferentes genes, alelos, no mesmo lugar, *locus*, em cromossomos pareados) tem uma prole maior equilibrando com o fato de que os homozigotos (os mesmos alelos em um *locus*) têm prole menor? Independente de qual seja o caso, parece que a homossexualidade é "natural" e não há nenhuma razão para pensar que ela seja um desvio, como uma psicopatia.

Fatos como esses levaram a uma mudança, ainda que lentamente. Nos anos 1950, como os leitores do jornal (inglês) de domingo *News of the World* [Notícias do mundo] sabem bem, a polícia era extremamente ativa em cumprir a lei contra a atividade homossexual (masculina), conhecida como "carta do chantagista", porque quando uma vítima miserável chamava atenção para sua situação difícil, não apenas o chantagista era processado, mas a vítima também. Por conta disso tudo, conforme as críticas despontavam, enviar um homossexual para a prisão era quase tão efetivo quanto enviar um alcoólatra para a cervejaria. Em 1954, mais de mil homens homossexuais foram presos por conta de suas atividades ilegais. A lei só foi revogada em 1967. Mesmo depois disso havia restrições que só foram levantadas nos anos 2000. O sexo homossexual era proibido em hotéis ou em casas onde houvesse outra pessoa presente, mesmo se essa pessoa estivesse em outro quarto! Ao mesmo tempo, lentamente homossexuais de ambos os sexos (assim como outros LGBT) tiveram garantidos os mesmos direitos que os heterossexuais. Uniões civis foram permitidas a partir de 2005 e o casamento de pessoas do mesmo sexo a partir de 2014. (Uma história semelhante pode ser contada com relação aos Estados Unidos.)

Os pronunciamentos recentes do papa nos alertam de que ainda temos um longo caminho pela frente. Há, de algum modo, uma tendência a acreditar que o preconceito contra homens é maior do que contra as mulheres. Isso pode ser verdade. O lesbianismo não era ilegal na Grã-Bretanha. Não há causa para a complacência. "Quem é um pai melhor, um assassino ou uma lésbica? Em 1996, Mary Ward descobriu a resposta quando ela perdeu a guarda de sua filha Cassey para seu ex-marido, John Ward, porque ela era lésbica." Cassey, agora com 12 anos de idade, havia sempre vivido com sua mãe. "Em sua decisão, o juiz explicou que ele concedeu a guarda ao pai, porque ele acreditava que 'deveria ser dada a oportunidade a Cassey viver em um mundo não lésbico'" (Anderson, 2010, p.193). Refletidamente, o juiz citou como evidência de estabilidade o fato de que o quarto casamento de John Ward tinha durado dois anos inteiros. "Não faz mal que John Ward cumpriu pena de oito anos na prisão por um assassinato em segundo grau por ter matado sua primeira esposa a tiros". Isso traz à lembrança Edward Blythe sobre a submissão dos indianos. A mudança é possível, ela tem ocorrido, mas ainda não estamos no fim da jornada.

## Religião

Preconceito e religião são um processo de duas vias. O preconceito dos religiosos com relação aos outros, homossexuais por exemplo, e dos não religioso com relação aos religiosos. Pense nas piadas que fazemos sobre pessoas sérias de terno na porta das casas, as testemunhas de Jeová, entregando *A sentinela*. Ninguém consegue chegar perto de Richard Dawkins: "Por mais odioso que seja o abuso físico de crianças por padres, sem dúvida, desconfio que isso possa lhes causar menos dano duradouro que o abuso mental de terem sido criadas como católicas" (2002, p.9). Note que, em geral, pessoas religiosas jogam o jogo apresentado anteriormente neste livro, argumentando que eles são legitimamente contrários a determinados grupos. Logo, não consideram a condenação daqueles como preconceito. Não é preconceito ser contra os pedófilos, contra os homossexuais. Só se pode dizer que, ao contrário, isso começa a soar cada vez mais como preconceito à medida que descobrimos gradativamente coisas como as causas da orientação sexual. Obviamente, alguém será contra os homossexuais se eles se envolverem em comportamento sexual com crianças causando não apenas dor para elas, mas destruindo significativamente sua futura felicidade sexual. Mas se não há boa razão para pensar isso, então os julgamentos podem e devem mudar.

*Michael Ruse*

Minha atitude com relação a testemunhas de jeová mudou de desprezo para humildade quando soube de sua inacreditável bravura em se opor a Hitler durante o Terceiro Reich. Resolutos até a morte nas mãos de seus executores. Eles ganharam o seu espaço em minha porta.

Eu não estou sozinho em não ser estático. Os cristãos, desde os tempos de Agostinho, têm sido bons em mudar interpretações e injunções. Pense como eles fugiram do pacifismo. Levítico pode parecer proibir a atividade sexual com o mesmo sexo. Se for possível argumentar que a proibição de fato é contra a prostituição, sobretudo a homossexual religiosa, então a pessoa pode ser liberada com relação ao comportamento sexual não comercial (Bailey, 1955). Em contrapartida, é possível achar a religião cada vez menos ameaçadora e, então, há cada vez menos razão para ter preconceito contra tal comportamento. Um bom começo é o fato de que o comprometimento religioso, incluindo o comparecimento na igreja, é cada vez menor, mesmo nos Estados Unidos, a tradicional exceção no que toca aos debates das sociedades ocidentais se tornando cada vez menos religiosas. Seja como for, o preconceito religioso, de qualquer maneira, está menor e não há razão por que as coisas não deveriam continuar dessa maneira. Isso, é claro, falando do Ocidente, em outros lugares a história pode ser diferente. As novas leis indianas contra o casamento inter-religioso não são animadoras.

## *Deficiência*

Fanny Cleaver, no último romance acabado de Charles Dickens, *Nosso amigo em comum*, é mais conhecida pelo nome que escolheu para si, Jenny Wren. Ela é uma pessoa com uma terrível deficiência: "minhas costas são ruins e minhas pernas esquisitas". Ela sente muitas dores e é um retrato muito mais profundo da deficiência do que Pequeno Tim, em *Um conto de Natal*, a famosa, extremamente sentimental figura da criança sofredora. Jenny anseia ser como os outros, saudável e completa. Ela sonha – pois isso só pode ser um sonho – com um marido. "Jenny Wren tinha suas vaidades pessoais – felizmente para ela – e não havia intenções mais fortes em seu peito que os vários julgamentos e tormentas que deviam, na completude do tempo, ser impostos sobre 'ele'". Para sua boa amiga, Lizzie Hexam, ela afirmava confidentemente: "quando eu for cortejada, farei com que ele faça algumas das coisas que você faz por mim". Acrescenta: "O levarei para passear, posso dizer isso a ele!". Que fantasia mais triste e compreensível. Além de sua deficiência física, a vida de Jenny – ela se sustenta fazendo vestidos para bonecas – é difícil, principalmente porque ela sustenta o seu patético e necessitado pai alcóolatra – seu "menino malvado". Não é de surpreender que, para o mundo ao seu redor, Jenny seja perspicaz, cautelosa e até mesmo hostil. Assim como com seu marido imaginário, como com seu pai excessivamente real, ela infantiliza os homens. Mas, ao lado de Lizzie, ela tem um amigo cuidadoso, o senhor Riah, um velho judeu que trabalha para um agiota ganancioso. Riah mostra compaixão – amor – ao tentar sempre que possível tornar mais fácil a triste jornada de Jenny pela vida. Ele tem pouco a oferecer, mas sempre que pode, ele está presente. No telhado de sua residência, ele criou um refúgio no qual Jenny poderia, por uma ou duas horas, esquecer seus fardos. Um refúgio, onde "talvez com algum antigo instinto de sua raça, o nobre judeu havia estendido um tapete".

Vamos aproveitar, tomando o tema deste livro, que os seres humanos são uma mistura contraditória. Ao lado da exclusão e do ódio, há amor e amizade. Nesse espírito, embora reconhecendo o que a evolução forjou, perguntemos sobre as melhorias nas condições das pessoas com deficiência e de nossas atitudes com relação a elas. Coisas realmente terríveis aconteceram no século XX, mas – talvez, em parte como reação a essas coisas terríveis – as pessoas começaram, de fato, a avançar. E isso inclui as atitudes e respostas às deficiências. Vários países – desde os grandes como a China e Índia, até os pequenos como Mônaco e Malta – têm aprovado leis para reduzir atos preconceituosos contra as pessoas com deficiência. Para tomar um exemplo do Reino Unido, a Lei da Igualdade de 2010 menciona explicitamente as deficiências e prescreve ações que devem ser tomadas. Por exemplo, na questão da educação, as escolas financiadas publicamente devem ter "estratégias acessíveis" para estudantes com deficiência.

Uma estratégia de acessibilidade é uma estratégia, por um período específico, para:

(a) aumentar o grau de participação de alunos com deficiência no currículo escolar;

(b) melhorar o ambiente físico das escolas para aumentar o grau de aproveitamento da educação e dos benefícios, instalações ou serviços fornecidos ou oferecidos pelas escolas aos alunos com deficiência;

(c) melhorar a transmissão de informações para os alunos com deficiência que sejam acessíveis aos alunos sem deficiência.

*Por que odiamos*

A maior parte das pessoas com deficiência não são crianças; mas colocar bastante esforço no cuidado das crianças paga os maiores dividendos, preparando-os para uma vida completa e digna. Ao mesmo tempo – e já vimos muito para concordar que isso é tão ou mais importante – cumpre ensinar sobre as pessoas com deficiência, vendo que são seres humanos e não aberrações, perigosos ou mandões.

Nos Estados Unidos, a Lei dos Estadunidenses com Deficiência, de 1990, estabelece francamente as necessidades e desafios procurando soluções. No preâmbulo, a lei afirma como um fato: "deficiências físicas ou intelectuais não diminuem de modo algum o direito de participar totalmente em todos os aspectos da sociedade, ainda que muitas pessoas com deficiências físicas e intelectuais tenham sido impedidas de fazê-lo devido à discriminação; outros que tenham algum registro de deficiência ou sejam considerados deficientes também têm sofrido discriminação". Ela reconhece os modos de discriminação e faz, então, a declaração moral: "as devidas metas da Nação considerando indivíduos com deficiência são: garantir igualdade de oportunidade, participação total, vida independente e autossuficiência econômica para tais indivíduos". Acrescenta ainda razões pragmáticas para atacar a discriminação contra as pessoas com deficiência: "a existência persistente das injustas e desnecessárias discriminações e preconceitos negam às pessoas com deficiência a oportunidade de concorrer, nas mesmas bases, e de perseguir aquelas oportunidades pelas quais nossa sociedade livre é devidamente reconhecida, e custa, aos Estados Unidos, bilhões de dólares em gastos desnecessários provenientes da dependência e não produtividade". Daí em diante a lei adentra todos os detalhes que isso implica,

*Michael Ruse*

por exemplo: "Os efeitos benéficos das medidas mitigatórias de óculos ou lentes de contato regulares devem ser considerados ao determinar se uma deficiência limita substancialmente uma atividade vital".

Ninguém espera que a aprovação de leis proibindo o preconceito contra as pessoas com deficiência mudará as coisas do dia para noite, ou talvez até – de modo mais pessimista – mudará as coisas em tal medida que o preconceito seja algo do passado como a crinolina ou como fumar na sala de aula. É verdade que as deficiências são primeiro e antes de tudo um problema familiar, algo que a filósofa Martha Nussbaum (2006) destaca, perceptivamente, que tende a diminuir de forma desproporcional em mulheres. A sociedade pode fazer muito mais do que faz agora, mas lidar com ressentimento e repulsa – "por que eu?" – é, e continuará a ser, algo que deve começar em âmbito pessoal. Mas, para usar um chavão, toda jornada começa com um primeiro passo. Saber que o Estado está fornecendo uma educação formal própria para sua criança com deficiência é um bom começo. O fardo passa a ser compartilhado.

Evolutivamente falando, tal tentativa de reduzir o preconceito é plausível? Há bases para otimismo. Comece com o fato de que, essencialmente, somos seres sociais e que a moralidade é uma importante ferramenta para tornar isso possível. Importar-se com as pessoas com deficiência é uma obrigação moral. Aqueles mais envolvidos no cuidado, membros da família (como vimos), serão precisamente aqueles moral e biologicamente predispostos a ajudar aqueles em necessidade. Contudo, não se trata apenas dos membros da família. "Nenhum homem é uma ilha." Como demonstra a minha breve

*Por que odiamos*

história sobre os clubes de escoteiros e as crianças com síndrome de Down, somos todos ajudados. Ao afirmar a dignidade das pessoas com deficiência, afirma-se a dignidade de todos nós. Continue com o fato de que, como vimos repetitivamente neste livro, mudanças culturais podem desajustar e prejudicar o funcionamento adequado de nossa biologia. Termine com o pensamento que, assim como uma mudança cultural pode tornar as coisas difíceis para nós — violência na sequência do estabelecimento da agricultura —, ela também pode melhorar as coisas. Aceite que o problema com as atitudes com relação às pessoas com deficiência se origina na época em que éramos caçadores-coletores, quando os grupos simplesmente não podiam carregar aqueles que não aguentavam seu peso. Perceba que agora a cultura mudou isso. Primeiro, podemos carregar aqueles que não aguentam seu próprio peso, e, se as leis que vimos anteriormente estão próximas da verdade, como um grupo podemos nos beneficiar materialmente da integração das pessoas com deficiência. Segundo, agora nós podemos trabalhar para liberar nossa natureza social das barreiras que nossa biologia nos coloca contra as ameaças ao endogrupo. Como destacado repetidamente neste capítulo, conhecimento e tecnologia são vitais aqui. Sabemos, agora, que as pessoas com deficiência intelectual não são nem necessariamente malvados — Renfield — nem patéticos — Smike. Sabemos que alguém com deficiência física não é, portanto, cruel e uma ameaça. Também sabemos, agora, como superar as deficiências; em primeiro lugar, prevenindo-se, por exemplo, com a vacina contra a poliomielite, ou por meio da maquinaria (na falta de um termo melhor), com próteses muito mais desenvolvidas por um lado, ou terapias muito melhores, suplementadas com novas drogas recém-descobertas, por outro. E mais, isso pode sair pela culatra. Desconfia-se que, hoje, nos Estados Unidos, simplesmente pelo aumento na expectativa de vida, há mais pessoas com demência do que há 100 anos. Estima-se que na Grã-Bretanha em 2025 haverá 1 milhão de pessoas com demência. Em 2040, calcula-se que esse número estará perto de 1,5 milhão de pessoas com demência (How many..., 2021). Previsões como essa são desafios, não barricadas. A cultura cavou muitas armadilhas, agora utilizemos a cultura para construir escadas para que possamos sair delas.

## *Judeus*

Países que não a Alemanha têm muitas histórias de preconceito contra judeus. Na Inglaterra, Eduardo I expulsou todos os judeus em 12 de julho de 1290. Eles foram mantidos fora do território por mais de 350 anos, até que Oliver Cromwell permitiu o retorno deles em 1657. Houve perseguição, notavelmente um massacre (em 1190) de cerca de 150 judeus sitiados na Torre Clifford, em York. Mas, no geral, nenhum assassinato em massa se compara ao Holocausto, e, se serve de consolo, importantes cidadãos de York foram multados por deixar os assassinatos (principalmente suicídios) ocorrerem. Por que houve então tamanho preconceito contra os judeus na Alemanha a ponto de ocorrer um assassinato enorme e sancionado pelo Estado, sobretudo quando se descobre que muitos deles não foram cometidos por loucos fanáticos, sádicos, mas em geral por homens que eram realmente comuns? Em todos os outros âmbitos, particularmente aqueles que estavam no *Einsatzgruppen* – esquadrão da morte paramilitar –, eram todos bons cidadãos. Daniel Goldhagen, em seu conhecido (ou notório) *Os carrascos voluntários de Hitler: o povo alemão e o Holocausto* (1996), retomando o que vimos ser o pensamento de Martin Lutero, traz uma explicação relativamente simples e unicausal. Desde a Idade Média, pelo menos, o antissemitismo estava, como tal, no sangue alemão. Como sempre, o cristianismo tem um papel nesse preconceito. Disso tudo seguiu: "As crenças antissemitas sobre os judeus foram o agente causal central do holocausto. Elas o eram não apenas para a decisão de Hitler de aniquilar os judeus europeus (o que foi aceito por muitos), mas também para a vontade dos agressores de matar e brutalizar os judeus" (p.9)

Obviamente, mesmo se isso for verdade, há questões importantes pendentes. Mais especificamente, por que isso tudo explodiu em 1930? Hitler acionou isso, sem dúvida, mas por que a Alemanha estava madura para tal acionamento? Christopher Browning, autor de *Homens comuns: o Batalhão de Polícia da Reserva 101 e a Solução Final na Polônia* (1988), que abarca muito do mesmo material que Goldhagen, questiona o suposto profundo antissemitismo dos alemães. Trazendo considerações que tratamos aqui anteriormente, Browning argumenta que, mesmo sob o Terceiro Reich, embora, óbvio, as pessoas foram preparadas para deixar as coisas acontecerem, em geral houve apatia e indiferença combinada, frequentemente, com desgosto com relação ao que estava acontecendo, mas com uma tendência a desviar o olhar. Desgosto, mas também uma afirmação do Estado. "Em todos os lugares, as pessoas tendem a aceitar a definição de realidade fornecida por 'especialistas', seu governo e sua cultura" (Staub, 1992, p.88). E isso condiz com o fato de que, como temos insistido, um fator principal por

*Michael Ruse*

trás do massacre foi o impulso – algo que remonta ao século XIX e à unificação da Alemanha – de ver o país unido com um todo, com um caráter distinto, um *Volk*. O preconceito contra os judeus teve mais relação com enfatizar a natureza do grupo internos de alemães "puros" do que enfatizar a natureza do grupo externo dos judeus. Juntando as coisas, Browning vê a prontidão de pessoas comuns para fazer coisas terríveis como parte desse desejo de se adaptar, de ser parte do grupo interno, logo, hostil ao grupo externo.

> Os "mitos" de *Kameradschaft* e *Volksgemeinschaft* (camaradagem e comunidade) são cruciais para compreender o comportamento de alemães comuns de maneira uniforme. Esses poderosos "mitos" devem ser compreendidos tal como os alemães o faziam, pois eles eram as lentes pelas quais os alemães viam o mundo, construíam sua realidade e derivavam a estrutura moral que, por sua vez, moldava seu comportamento.
>
> O mito do *Volksgemeinschaft* derivou do senso eufórico alemão e da memória coletiva da unidade que transcende classe, partido e confissão tal como proclamado pelo *kaiser* em agosto de 1914. Com os alemães traumatizados pela derrota de 1918 e a Grande Depressão, os nazistas foram capazes de se apropriar do poder emotivo do mito, embora transformando sua essência de uma inclusão política, social e religiosa em uma exclusão racial. (p. 240)

Os nazistas utilizavam o senso alemão, e o desejo, de uma adesão holística ao grupo interno para promover sua versão do ódio ao grupo externo, principalmente o preconceito contra os judeus. Não era tanto uma questão de o que os judeus eram de forma inerente, mas de como a existência deles poderia ser rebaixada pelas inseguranças com relação à adesão ao grupo interno. O historiador Robert Gellately (2001) registra um número significativo de alemães comuns que denunciavam judeus e, aliás, outros que para eles estavam minando a coesão do Reich. Ouvir a uma rádio estrangeira era uma razão comum para informar as autoridades, em particular a Gestapo. "Longe de passar todos os seus momentos despertos se preocupando com a Gestapo e estar dilaceradas pela ansiedade com relação ao sistema de vigilância e terror, muitas pessoas se conformaram com isso" (p.199).

Combine isso com um forte impulso de obediência aos líderes. O experimento clássico de Stanley Milgram (no qual ele levava pessoas para dar choques horríveis em estranhos se eles não estivessem dentro de um padrão) demonstra como esse impulso está entranhado. Não tem nada a ver com macacos assassinos ou pecado original, mas tem tudo a ver com grupos – especialmente os de caçadores-coletores – funcionando sem percalços.

> Milgram reconheceu que os humanos devem sempre funcionar dentro de organizações. Ele argumentou que uma tendência evolutiva favorece a sobrevivência de pessoas que podem se adaptar favoravelmente a situações hierárquicas e à atividade social organizada. Como resultado, de acordo com Milgram, nós desenvolvemos um potencial evolutivo para a obediência. Não é um simples instinto de obediência, ele afirma, mas um potencial para tanto que interage com a influência da sociedade e situações. Em suma, os funcionamentos padrões da pressão seletiva nos deixaram com uma propensão inerente, uma tendência comportamental profundamente entranhada, em obedecer àqueles hierarquicamente superiores a nós. (Waller, 2007, p.113)

*Michael Ruse*

"Muitos alemães expressaram concordância não porque eram robôs sem cérebro, mas porque se convenceram das vantagens de Hitler e dos lados 'positivos' de novas ditaduras" (Gellately, 2001, p.257). Se a Alemanha tivesse vencido a Primeira Guerra Mundial, não haveria tido necessidade dos nazistas e de seus ódios. Se não tivesse sido a Alemanha, onde a cultura da obediência era praticamente um comando religioso – para muitos, não apenas "praticamente" –, duvida-se que os ódios teriam levado tão diretamente para terríveis consequências.

Essa é a principal lição para nós aqui. O preconceito contra os judeus não é uma parte inevitável da natureza humana ou da sociedade humana. De maneira pessimista, o ponderado pensador judeu Richard Rubenstein escreveu: "Eu considero o nazismo e os campos de concentração muito mais que um esporte da história. Eles revelaram a potencialidade completa do demoníaco como um atributo permanente da natureza humana" (1966, p.216). É verdade? A Alemanha moderna dá razões para otimismo com relação a mudança. Por um lado, o país está enfrentando o passado. A filósofa estadunidense Susan Nieman (2019), há muito estabelecida em Berlim, levanta a questão que ressoa fortemente em mim. Assim como os britânicos e os sul-americanos têm suas narrativas reconfortantes, os alemães também as têm. Por longos vinte anos depois do fim da Segunda Guerra Mundial, os alemães se eximiram da culpa fazendo-se de vítimas. Sempre que o tema da guerra é levantado, minha madrasta alemã imediatamente se refere ao sofrimento do povo alemão por conta do bombardeio de destruição, falta de comida e aquecimento no fim da guerra e nos cinco anos seguintes, e da violência das tropas invasoras. Somente com a sucessão dessa geração por seus filhos, que não

*Por que odiamos*

tiveram nenhuma experiência próxima de guerra, que a Alemanha começou a encarar sua culpa, a reconhecer os danos e a iniciar a tarefa de uma contrição genuína. Em grande medida, isso ainda não aconteceu totalmente nos Estado Unidos com relação à escravidão.

Por outro lado: "Do nosso pó evolutivo nasce a flor da bondade humana". A Alemanha demonstra como se pode e se deve comportar moralmente com relação às pessoas do grupo externo. Vinculando isso às discussões anteriores deste capítulo, foi a Alemanha que em 2015 recebeu 1,2 milhão de refugiados do Oriente Médio, cerca de 1,5% do total da população do país (Rogers, 2021, p.29). No passado, a Alemanha tinha uma relação tensa com seus imigrantes, muitos da Turquia, mas dessa vez a história foi de muito sucesso. Encontraram empregos, iniciaram estágio, até 10 mil estudantes entraram na universidade, não é um sucesso total. Normalmente os novos empregos são menos prestigiosos que os anteriores, e existe sim preconceito. Mas, no geral, os imigrantes foram bem recebidos e integrados. Mitigando algumas das preocupações que poderão ter surgido na cabeça dos leitores a partir da discussão anterior: "regiões rurais provaram ser tão hábeis em gerenciar as integrações quanto as grandes cidades" (p.30). Com um pensamento cauteloso e gerenciamento: "experiências recentes tem mostrado que mesmo pequenas comunidades na Alemanha 'podem lidar com a imigração'". Não se trata de um otimismo injustificado por parte dos que não têm experiência. Ainda bem. Assim como a Grã-Bretanha, a Alemanha "precisa desesperadamente de imigrantes para manter sua base de impostos e rede de seguridade social nas próximas décadas. Estatísticas federais preveem que 27% dos alemães terão mais de 67 anos

*Michael Ruse*

em 2060" (p.31). Não é de se admirar que "o país precisa de 260 mil trabalhadores adicionais todo ano para salvaguardar sua economia e os benefícios da assistência social". Desconfia-se que, nos próximos anos, muitas dissertações, artigos e livros serão escritos sobre esse tema, comparando Grã-Bretanha e Alemanha.

## Mulheres

Uma sociedade que elege Donald Trump como seu presidente, em vez de Hillary Clinton, dificilmente pode ser considerada completamente livre de preconceito de gênero. Contudo, as coisas mudaram e continuam a mudar. As mulheres já tiveram ganhos significativos em relação à escolaridade e na sociedade em geral. As mulheres têm ou estão alcançando um status superior na medicina e em outros lugares. Ainda há muito a ser feito, mas é possível e será feito. Em um ponto como esse, vale enfatizar que tanto para a guerra quanto para o preconceito a chave para a compreensão é que, como destacam os psicólogos evolutivos Leda Cosmides e John Tobby: "Nosso crânio moderno abriga uma mente da idade da pedra". Explicam: "Em muitos casos nossos cérebros são melhores em resolver os tipos de problemas que nossos antepassados enfrentavam nas savanas africanas do que resolver as tarefas mais familiares que encaramos em uma sala de aula de faculdade em uma cidade moderna" (1997, p.11). E isso, mais do que qualquer coisa, é a tese conclusiva deste livro. Primeiro e antes de tudo, somos seres sociais, temos adaptações para fazer a sociabilidade funcionar. Algumas delas estão dentro da tribo, como a moralidade e dominância e a obediência e violência virtuosa, em alguma medida. Algumas outras são sem a tribo, tratando os outros com uma cautela amigável ou com uma hostilidade aberta. No novo mundo em que a agricultura lançou nossos ancestrais caçadores-coletores, as antigas adaptações se mostraram inadequadas, e porque não houve tempo suficiente para a seleção natural adaptar radicalmente a natureza humana, o ódio surgiu – guerra e preconceito.

Essa é uma conclusão grave, mas assim como as circunstâncias alteradas a trouxeram à tona, as circunstâncias alteradas por nós podem nos fazer avançar. Não precisamos fazer o trabalho da seleção natural. Não há um chamado para enormes planos de reconstrução genética, encontrando e inserindo genes que nos tornem pessoas melhores – que não querem nem ir para guerra, nem odiar pessoas porque elas não são como nós. Esses potenciais genéticos já estão no lugar. A agricultura acabou com o seu equilíbrio, agora a tarefa é desfazer e isso é uma tarefa cultural. As diferenças de gênero são um exemplo paradigmático. Se, como parece plausível, as sociedades de caçadores-coletores foram significativamente mais igualitárias, então muito da dominação masculina é cultural, apoiada nas sociedades pela mudança para condições novas e não familiares. A tarefa adiante não é mudar os homens e mulheres biologicamente. É contrapor as condições novas e não familiares, não por uma reversão simplista ao passado. Não temos que voltar a ser caçadores-coletores, devemos restabelecer aquelas condições que tornaram a verdadeira igualdade feminina uma realidade.

Como esperado, os luditas estão revidando. Nos Estados Unidos, governo após governo – quase todos compostos inteiramente por homens (brancos) – decreta leis antiaborto. Se isso não é planejado para manter as mulheres no lugar em que

*Michael Ruse*

estão, é difícil saber para que serve. O apelo comum, além da pseudociência, é ao cristianismo. Esse é um terreno um tanto instável. Aristóteles argumentou inicialmente que o feto tem uma alma vegetativa, e a "infusão da alma" acontece depois de quarenta dias para os homens e noventa dias para as mulheres. Santo Agostinho seguiu o filósofo ao pensar que a alma humana não entra no feto até alguns momentos após a concepção. Essa foi a tradição até meados do século XIX. Teodoro de Tarsus, o arcebispo de Cantebury (668-690), antecipando Linda Lovelace, determinou que a penitência para sexo oral era de sete anos a uma vida inteira; para o aborto era de apenas 120 dias. Então, em 1854, a igreja católica proclamou o dogma da "concepção imaculada", ou seja, que Maria foi concebida sem pecado original. Foi só uma questão de tempo até todo aborto ser considerado um assassinato. Essa foi a grande contribuição do papa Pio IX, em 1869, uma posição que hoje é abraçada não apenas pelos católicos, mas também pelos evangélicos protestantes. Quando um aborto é negado a uma mulher, carregando um feto deformado que pode sofrer dores lancinantes por anos depois do nascimento, é difícil não simpatizar com as visões de Richard Dawkins sobre as religiões organizadas.

Encaminhando a discussão sobre preconceito para um fim, enfatizo novamente algo que já tratei antes. Assim como é errado considerar as divisões dos tipos de guerra de maneira absoluta – a guerra da Crimeia foi ofensiva ou defensiva? –, também é errado considerar que os preconceitos estão sempre separados. Em 1970, as igrejas evangélicas permitiram (encorajavam) abertamente o aborto por uma variedade de motivos. Uma afirmação de uma convenção batista do Sul, de 1971: "Fica ainda decidido, que clamamos aos batistas do Sul para elaborarem uma legislação que permitirá a possibilidade de aborto sob condições como estupro, incesto, clara evidência de severa deformidade fetal, e evidência minuciosamente assegurada de probabilidade de danos emocionais, mentais e físicos para a saúde da mãe". Em seguida, a Suprema Corte suspendeu a isenção de impostos de escolas privadas criadas para evitar a integração. Conscientemente, os líderes evangélicos começaram a promover a oposição ao aborto como um ponto de convergência (Edsall, 2021), percebendo que dificilmente poderiam promover as virtudes em escolas somente para brancos. O professor de religião Randall Balmer escreve:

> Em um tempo em que o racismo aberto estava se tornando antiquado, esses políticos precisavam de uma questão mais generosa, uma que não os compelisse a renunciar a sua orientação política fundamental. E, é claro, a beleza de defender um feto é que não se exige nada em troca — moradia, saúde, educação —, então é uma defesa de baixo risco.

Outras questões férteis para o preconceito foram rapidamente incorporadas na história: deficiência, religião e classe. O cientista político David Leege escreveu: "As pessoas vistas como as que pressionavam o governo para desempenhar seu papel em oportunidades iguais e integração racial eram agora as mesmas que estavam pressionando por leis a favor do aborto, isto é, aqueles com alta escolaridade de New England, do setor bancário, universidades, as cidades do Norte e de outros lugares". Sem dúvida, se se continuasse procurando logo surgiriam outras áreas de oposição a essas ideias e seus promotores, como o preconceito dos evangélicos e simpatizantes.

*Michael Ruse*

A biologia não é destino, ou talvez, biologia seja destino. É tudo uma questão de compreender a biologia e, então, trabalhar com ela pela cultura para alcançar os resultados que desejamos. A guerra e o preconceito, sem dúvidas, existem e causam grande infelicidade e prejuízos. Apesar dos esforços de políticos conservadores, não é o destino necessariamente inevitável da humanidade carregar fardo tão pesado. As mudanças aconteceram e não há razão teórica ou empírica para que elas não sigam ocorrendo.

# Epílogo

Como expliquei no início deste livro, o tópico ódio é muito pessoal. Eu fui criado como *quaker* nos anos após o pior conflito que o planeta já viu. Questões sobre como compreender a guerra ou como prevenir sua recorrência foram boa parte de meu legado infantil, como Laurel e Hardy ou *O vento nos salgueiros* ou *Messias de Handel* na época do Natal. O preconceito era uma preocupação – uma obsessão – em minha adolescência. A horrível hostilidade que os ingleses demonstravam aos estrangeiros, não apenas alemães. Você sempre pode dar boas risadas às custas dos estadunidenses, ressentidos porque eles agora são os líderes mundiais e não nós [ingleses]. Então, as tensões britânicas internas entre aqueles com linhagem estabelecida e aqueles sem. Eu dou graças ao meu Deus não existente que migrei para o Canadá aos 22 anos de idade, indo para longe de tudo isso. E, pairando sobre tudo isso havia o problema – e era um problema – da homossexualidade. Na escola éramos alertados: "Fiquem longe dos banheiros públicos, principalmente no sábado à tarde". Você poderia acabar em um tribunal na segunda de manhã. "Porém, pela graça de Deus, eu vou." Eu pessoalmente nunca senti a necessidade da graça de Deus, mas eu simplesmente não conseguia entender como alguém que a natureza fizera diferente de mim precisaria da graça divina. Se alguém é culpado, é o próprio Deus.

Se eu disser que este livro foi um trabalho de amor, é verdade. Mais que isso, foi uma obrigação com os meus professores — em minha infância *quaker*, no ensino fundamental e médio, nas universidades na Inglaterra, Canadá e Estados Unidos — e com meus colegas na universidade em que eu lecionei, e com o mundo acadêmico mais amplo, na filosofia e em outras áreas como (obviamente) biologia, história e religião. Mais recentemente antropologia e arqueologia. Acima de tudo, obrigação com meus alunos, especialmente aqueles com deficiência. Quando você ensina os outros, não leva muito tempo para perceber como se sabe pouco e o tanto de trabalho que há pela frente. Eu vejo este livro como uma viagem de descobrimento. Quando eu a iniciei, eu tinha pouca previsão com relação às visões que eu teria das terras que visitaria. Eu não tinha a mínima ideia da importância da agricultura, apesar de ter lecionado por 35 anos em uma universidade associada à Faculdade Agrícola de Ontário [Ontario Agricultural College]. Eu tinha ainda menos ideia da importância, quando éramos caçadores-coletores, da solidariedade de grupo — endogrupo — contra estranhos — exogrupo. Isso, apesar de eu ter sido, por toda minha vida, torcedor apaixonado do time de futebol Wolverhampton Wanderers (os "lobos") e abominar todos os outros times de Lancashire.

O romancista existencialista Albert Camus disse que a vida é "absurdo". Se você puder sentir um pouco da empolgação que tive ao escrever este livro, aprendendo coisas novas e estabelecendo novas conexões, entenderá por que ele não poderia estar mais errado. Leia, aprenda com isso e agora pegue o bastão e faça melhor.

# *Referências*

ADOVASIO, J. M.; SOFFER, O.; PAGE, J. *The Invisible Sex*: Uncovering the True Roles of Women in Prehistory. New York: Collins, 2007.

ALLPORT, A. *Britain at Bay*: The Epic Story of the Second World War, 1938-1941. New York: Knopf, 2020.

ALLPORT, G. *The Nature of Prejudice*. Garden City, NY: Doubleday, [1954]1958.

AMBROSE, S. E. The last barrier. In: COWLEY, R. (Coord.). *No End Save Victory*: New Second World War Writing. London: Putnam Adult, 2002. p.527-551.

ANDERSON, D. *Histories of the Hanged*. New York: Norton, 2005.

ANDERSON, K. J. *Benign Bigotry*. Cambridge: Cambridge University Press, 2010.

ANSCOMBE, G. E. M. Mr Truman's degre". In: _____ (Coord.). *Ethics, Religion and Politics*: Collected Philosophical Papers, Volume III. Oxford: Blackwell, [1957]1981. p.62-71.

_____; Daniel, N. The Justice of the Present War Examined. In: ANSCOMBE, G. E. M. (Coord.). *Ethics, Religion and Politics*: Collected Philosophical Papers. Oxford: Blackwell, [1939]1981. v.3, p.72-81.

APOSTOLOU, M. Is Homosexuality More Prevalent in Agropastoral than in Hunting and Gathering Societies? Evidence from the Standard Cross-Cultural Sample. *Adaptive Human Behavior and Physiology*, v.3, n.2, p.91-100, 2017.

AQUINAS, St. T. *Summa Theologica*. Trad. padres da English Dominican Province. London: Christian Classics, 1981.

ARDREY, R. *African Genesis*: A Personal Investigation into the Animal Origins and Nature of Man. New York: Atheneum, 1961.

ARQUILLA, J. The Big Kill: Sorry, Steven Pinker, the World Isn't Getting Less Violent. *Foreign Policy*. Disponível em: https://foreign policy.com/2012-12/03/the-big-kill/.

ATRAN, S. *In Gods We Trust*: The Evolutionary Landscape of Religion. New York: Oxford University Press, 2004.

BADA, J. L.; LAZCANA, A. The origin of life. In: RUSE, M.; TRAVIS, J. (Coord.). *Evolution*: The First Four Billion Years. Cambridge, Mass.: Harvard University Press, 2009. p. 49-79.

BAILEY, D. S. *Homosexuality and the Western Christian Tradition*. London: Longmans, Green, 1955.

BALL, J. Here's Who Voted for Brexit – and Who Didn't. *BuzzFeed News*, 2016. Disponível em: https://www.buzzfeed.com/jamesball/heres-who-voted-for-brexit-and-who-didnt 2016.

BANG, J. P. *Hurrah and Hallelujah*: The Teaching of Germany's Poets, Prophets, Professors and Preachers. New York: George H. Doran, 1917.

BARNES, J. (Coord.). *The Complete Works of Aristotle*. Princeton: Princeton University Press, 1984.BARRIE, J. M. *Peter and Wendy*. London: Hodder and Stoughton, 1911.

BARTOV, O. Savage War. In: BURLEIGH, M. (Coord.). *Confronting the Nazi Past*: New Debates on Modern German History. London: Palgrave Macmillan, 1996. p.125-139.

BELL, A.; WEINBERG, S. *Homosexualities*: A Study of Diversity among Men and Women. New York: Simon and Schuster, 1978.

BELLAH, R. *Religion in Human Evolution*: From the Paleolithic to the Axial Age. Cambridge, Mass.: Harvard University Press, 2011.

BENTHAM, J. *The Rationale of Reward*. London: Robert Heward, 1830.

BIERMAN, J.; SMITH, C. *War without Hate*: The Desert Campaign of 1940-43. London: Penguin, 2004.

BLIGHT, J. G.; LANG, J. M. *The Fog of War*: Lessons from the Life of Robert S. McNamara. Lanham, Md.: Rowman and Littlefield, 2005.

BOEHM, C. The Biocultural Evolution of Conflict Resolution between Groups. In: FRY, D. P. (Coord.). *War, Peace, and Human Nature*: The Convergence of Evolutionary and Cultural Views. Oxford: Oxford University Press, 2013. p.315-340.

BOWLER, P. J. *Evolution*: The History of an Idea. Berkeley: University of California Press, 1984.

BOWLER, P. J. *The Mendelian Revolution*: The Emergence of Hereditarian Concepts in Modern Science and Society. London: The Athlone Press, 1989.

BOYLE, R. *A Free Enquiry into the Vulgarly Received Notion of Nature*. Ed. E. B. Davis e M. Hunter. Cambridge: Cambridge University Press, 1996.

BREWER, M. B. The Psychology of Prejudice: Ingroup Love or Outgroup Hate? *Journal of Social Issues*, n.55, p.429-444, 1999.

BRIGDEN, S. *New Worlds, Lost Worlds*: The Rule of the Tudors, 1485-1603. London: Penguin, 2000.

BROGAARD, B. *Hatred*. New York: Oxford University Press, 2020.

BROOKS, R. Darwin's Closet: The Queer Sides of the *Descent of Man* (1871). *Zoological Journal of the Linnean Society*, v.191, n.2, p.323-346, 2021.

BROPHY, A. L. *Reconstructingthe Dreamland* – The Tulsa Riot of 1921: Race, Reparations, and Reconciliation. Oxford: Oxford University Press, 2003.

BROWN, P. *Augustine of Hippo*: A Biography. London: Faber and Faber, 1967.

BROWN, W. *In the Ruins of Neoliberalism*: The Rise of Antidemocratic Politics in the West. New York: Columbia University Press, 2019.

BROWNE, J. *Charles Darwin*: Voyaging. Volume 1 of a Biography. London: Jonathan Cape, 1995.

BROWNE, J. *Charles Darwin*: The Power of Place. Volume 2 of a Biography. London: Jonathan Cape, 2002.

BROWNING, C. *Ordinary Men*: Reserve Police Battalion 101 and the Final Solution in Poland. New York: Harper, 1998. [Ed. bras.: *Homens comuns*: o Batalhão de Polícia da Reserva 101 e a Solução Final na Polônia. Campinas: Vide Editorial, 2023.]

BUTOVSKAYA, M. L. Aggression and Conflict Resolution among the Nomadic Hadza of Tanzania as Compared with their Pastoralist Neighbors. In: FRY, D. P. (Coord.). *War, Peace, and Human Nature*: The Convergence of Evolutionary and Cultural Views. Oxford: Oxford University Press, 2013. p. 278-296.

CALVIN, J. *Institutes of the Christian Religion*. Grand Rapids: Eerdmans, [1536]1962.

CECI, S. J.; WILLIAMS, W. M. *The Mathematics of Sex*: How Biology and Society Conspire to Limit Talented Women and Girls. New York: Oxford University Press, 2009.

CHAGNON, N. Life Histories, Blood Revenge, and Warfare in a Tribal Population. *Science*, n.239, p.985-992, 1988.

CHORLEY, W. R. *RAF Bomber Command Losses.* Hinkley: Midland Counties, 2007. v.7.

CHURCHILL, S. E. Cold Adaptation, Heterochrony, and Neandertals. *Evolutionary Anthropology*, n.7, p.46-61, 1998.

CICERO, M. T. *De Re Publica*. Trad. G. W. Fetherstonhaugh. New York: G. and C. Carville, 1829.

CICERO, M. T. *De Officiis*. Trad. W. Miller. Cambridge, Mass.: Harvard University Press, 1913.

CLARK, C. *Iron Kingdom*: The Rise and Downfall of Prussia, 1600-1947. Cambridge, Mass.: Harvard University Press, 2009.

COOK, T. *No Place to Run*: The Canadian Corps and Gas Warfare in the First World War. Vancouver, B.C.: UBC Press, 1999.

COSMIDES, L.; TOOBY, J. The Past Explains the Present: Adaptation and the Structure of Ancestral Environments. *Ethology and Sociobiology*, n.11, p.375-424, 1990.

COSMIDES, L.; TOOBY, J. Evolutionary Psychology: A Primer, 1997. *Center for Evolutionary Psychology*, p.1-36, 1990. Disponível em: http/wwwpysch.ucsb.edu/research/cep/primer.html.

CRAIG, O. E. et al. Earliest Evidence for the Use of Pottery. *Nature*, n.496, p.351-354, 2013.

CRAMER, K. J. For Years, I've Been Watching Anti-Elite Fury Build in Wisconsin: Then came Trump. *Vox*, 2016. Disponível em: https://www.vox.com/the-big-idea/2016/11/16/13645116/rural-resentment-elites-trump.

DART, R. The Predatory Transition from Ape to Man. *International Anthropological and Linguistic Review*, v.1, n. 4, p.201-217, 1953.

DARWIN, C. *On the Origin of Species by Means of Natural Selection, or the Preservation of Favoured Races in the Struggle for Life*. London: John Murray, 1859.

_____. *The Variation of Animals and Plants under Domestication*. London: John Murray, 1868.

_____. *The Descent of Man, and Selection in Relation to Sex*. London: John Murray, 1871.

_____. *The Autobiography of Charles Darwin 1809-1882*. With the Original Omissions Restored. Edição, apêndice e notas de sua neta, Nora Barlow. London: Collins, 1958.

_____. *The Correspondence of Charles Darwin*. Cambridge: Cambridge University Press, 1985.

_____. *Charles Darwin's Notebooks, 1836-1844*. Ed. P. H. BARRETT; P. J. GAUTREY; S. HERBERT; D. KOHN; S. SMITH. Ithaca, N.Y.: Cornell University Press, 1987.

DAWKINS, R. *The Selfish Gene*. Oxford: Oxford University Press, 1976.

_____. Religion's Real Child Abus". *Free Inquiry*, v.22, n.4, p.9, 2002.

_____. *The God Delusion*. New York: Houghton, Mifflin, Harcourt, 2006.

DETTWYLER, K. A. Can paleopathology provide evidence for 'compassion'?. *American Journal of Physical Anthropology*, v.84, n.4, p.375-384, 1991.

DE WAAL, F. *Chimpanzee Politics*: Power and Sex among Apes. 25.ed. Baltimore: Johns Hopkins University Press, 2007.

DICKENS, C. *Oliver Twist*. Oxford: Oxford University Press, [1837]1948.

DICKENS, C. *Nicholas Nickleby*. Oxford: Oxford University Press, [1839]1948.

_____. *Barnaby Rudge*. Oxford: Oxford University Press, [1841]1948.

_____. *A Christmas Carol*. Oxford: Oxford University Press, [1843]1948.

_____. *Bleak House*. Oxford: Oxford University Press, [1853]1948.

_____. *Little Dorrit*. Oxford: Oxford University Press, [1857]1948.

_____. *Our Mutual Friend*. Oxford: Oxford University Press, [1865]1948.

DOVER, K. J. *Greek Homosexuality*. Cambridge, Mass.: Harvard University Press, 1978.

DURKHEIM, É. *The Elementary Forms of the Religious Life*. Trad. J. W. Swain. New York: Macmillan, [1912]1915.

DYBLE, M. et al. Sex Equality can Explain the Unique Social Structure of Hunter-Gatherer Bands. *Science*, v.348, n.6236, p.796-798, 2015.

EDSALL, T. B. "Trump Has a Gift for Tearing Us Apart: There Are a Lot of DifFerent Ways to Build Walls". *New York Times*, 11 dec., 2019.

_____. The Resentment that Never Sleeps. *New York Times*, 9 dec. 2020. Disponível em: https://www.nytimes.com/2020/12/09/opinion/trump-social-status-resentment.html.

_____. "bortion Has Never Been just About Abortion. *New York Times*, 15 set. 2021. Disponível em: https://www.nytimes.com/2021/09/15/opinion/abortion-evangelicals-conservatives.html.

_____. Is America Ungovernable Now. *New York Times*, 20 jan. 2021. *Disponível em*: https://www.nytimes.com/2021/01/20/opinion/joe-biden-inauguration.html.

ELLSWORTH, S. *Death in a Promised Land*: The Tulsa Race Riot of 1921. Baton Rouge: LSU Press, 1992.

EPSTEIN, J. Is There a Doctor in the White House? Not If You Need an M.D. *Wall Street Journal*, 11 dec., 2020. Disponível em: https://www.wsj.com/articles/is-there-a-doctor-in-the-white-house-not-if-you-need-an-m-d-11607727380.

EVANS, R. J. *The Coming of the Third Reich*. New York: Penguin, 2003.

_____. *The Third Reich in Power*. New York: Penguin, 2005.

_____. The Third Reich *at War*. New York: Penguin, 2009.

EWANS, M. *European Atrocity, African Catastrophe*: Leopold II, the Congo Free State and Its Aftermath. London: Routledge, 2002.

FAULKNER, W. *Absalom! Absalom!* New York: Vintage, [1936]1986.

FERGUSON, N. Prisoner Taking and Prisoner Killing in the Age of Total War: Towards a Political Economy of Military Defeat. *War in History*, v.11, n.2, p.148-192, 2004.

FERGUSON, R. B. Pinker's List: Exaggerating Prehistory War Mortality. In: FRY, D. P. (Coord.). *War, Peace, Human Nature*: The Convergence of Evolutionary and Cultural Views. Oxford: Oxford University Press, 2013a. p.112-131.

_____. The Prehistory of War and Peace in Europe and the Near East. In: FRY, D. P. (Coord.).*War, Peace, and Human Nature*: The Convergence of Evolutionary and Cultural Views. Oxford: Oxford University Press, 2013b. p.191-240.

_____. "History, Explanation, and War among the Yanomami: A Response to Chagnon's Noble Savages". *Anthropological Theory*, v.15, p.377-406, 2015.

FISKE, A. P.; RAI, T. S. *Virtuous Violence*: Hurtingand Killingto Create, Sustain, End, and Honor Social Relationships. Cambridge: Cambridge University Press, 2014.

FORD, J. C. The Morality of Obliteration Bombing. *Theological Studies*, v.5, p.261-309, 1944.

FRANKLIN, J. H.; HIGGINBOTHAM, E. *From Slavery to Freedom*: A History of African Americans. 9.ed. New York: McGraw-Hill, 2010.

FREUD, S. Letter to an American mother. *Gay/Lesbian Resources,* 1935. Disponível em: http:// psychpage.com/gay/library/freudsletter. html.

_____. *Letters of Sigmund Freud*: 1873-1939. Trad. e ed. T. Stern e J. Stern. New York: Basic Books, 1960.

FRIEDLANDER, S. *Nazi Germany and the Jews*: The Years of Persecution 1933-39. London: Weidenfeld and Nicolson, 1997.

_____. *Nazi Germany and the Jews*: 1939-1945. The Years of Extermination. New York: Harper Perennial, 2008.

FRY, D. P. War, Peace, and Human Nature: The Challenge of Achieving Scientific Objectivity. In: _____ (Coord.). *War, Peace, and Human Nature*: The Convergence of Evolutionary and Cultural Views. Oxford: Oxford University Press, 2013a. p.1-21.

_____. "The Evolution of Cooperation: What's War Got to Do with It? *Reviews in Anthropology*, v.42, p.102-121, 2013b.

_____. Group Identity as an Obstacle and Catalyst of Peace. In: LECKMAN, J. F.; PANTER-BRICK, C.; SALAH, R. (Coord.). *Pathways to Peace*: The Transformative Power of Children and Families. Cambridge, Mass.: MIT Press, 2014. p. 79-92.

FRY, D. P.; KEITH, C. A.; SÖDERBERG, P. Social Complexity, Inequality and War Before Farming: Congruence of Comparative Forager and Archaeological Data. In: MOREAU, L. (Coord.). *Social Inequality before Farming. Multidisciplinary Approaches to the Study of Social Organization in Prehistoric and Ethnographic Hunter Gatherer-Fisher Societies.* Cambridge: McDonald Institute for Archaeological Research, 2020. p.303-320.

FUSSELL, P. *The Great War and Modern Memory*: New Edition. Oxford: Oxford University Press, [1970]2013.

GELLATELY, R. *Backing Hitler*. Oxford: Oxford University Press, 2001.

GERBER, D. A. Heroes and Misfits: The Troubled Social Reintegration of Disabled Veterans in "The Best Years of Our Lives". *American Quarterly*, v.46, p.545-574, 1994.

GEST, J. *The New Minority*: White Working Class Politics in an Age of Immigration and Inequality. New York: Oxford University Press, 2016.

GHIGLIERI, M. P. *The Dark Side of Man*: Tracing the Origins of Male Violence. Reading, Mass.: Perseus Books, 1999.

GIDRON, N.; HALL, P. A. Populism as a Problem of Social Integration. *Comparative Political Studies*, v.53, n.7, p.1.027-1.059, 2019.

GILMOUR, D. *The British in India*: A Social History of the Raj. New York: Farrar, Straus, and Giroux, 2018.

GODDARD, H. H. *The Kallikak Family*: A Study in the Heredity of Feeble-Mindedness. New York: Macmillan, 1912.

GOLDHAGEN, D. *Hitler's Willing Executioners*: Ordinary Germans and the Holocaust. New York: Knopf, 1996. [Ed. Bras.: *Os carrascos voluntários de Hitler*: o povo alemão e o Holocausto. São Paulo: Companhia das Letras, 1997.]

GOOCH, J. UK (Introduction). In: DEAR, I. C. B. (Coord.). *The Oxford Companion to the Second World War.*. Oxford: Oxford University Press, 1995. p.1129-1130.

GOODALL, J. *The Chimpanzees of Gombe*: Patterns of Behavior. Cambridge, Mass.: Belknap, 1986.

GORDIN, M. D. *Five Days in August*: How World War II Became a Nuclear War. Princeton, N.J.: Princeton University Press, 2007.

GRAY, J. G. *The Warriors*: Reflections on Men in Battle. Lincoln, Neb.: Bison, 1998.

GRAYLING, A. C. *Among the Dead Cities*: Is the Targeting of Civilians in War ever Justified? London: Bloomsbury, 2006.

_____. *War*: An Enquiry. New Haven: Yale University Press, 2017.

GREENE, J. *Moral Tribes*: Emotion, Reason, and the Gap between Us and Them. New York: Penguin, 2013.

GROSSMAN, D. *On Killing*: The Psychological Cost of Learning to Kill in War and Society. New York: Back Bay Books, 2009.

GROTIUS, H. *The Rights of War and Peace, including the Law of Nature and of Nations*. Ed. A. M. Campbell. New York: M. Walter Dunne, [1625]1901.

HAAS, J.; PISCITELLI, M. The Prehistory of Warfare: Misled by Ethnography. In: FRY, D. P. (Coord.). *War, Peace, and Human Nature*: The Convergence of Evolutionary and Cultural Views. Oxford: Oxford University Press, p.168-190, 2013.

HAECKEL, E. *Generelle Morphologie der Organismen*. Berlin: Georg Reimer, 1866.

HAIDT, J. *The Righteous Mind*: Why Good People Are Divided by Politics and Religion. New York: Vintage, 2012.

HANNA-JONES, N. The 1619 Project. *The New York Times*, 14 ago. 2019. Disponível em: https://www.nytimes.com/interactive/2019/08/14/magazine/1619-america-slavery.html.

HARRINGTON, A. *Reenchanted Science*: Holism in German Culture from Wilhelm II to Hitler. Princeton, N.J.: Princeton University Press, 1996.

HARRIS, S. *The End of Faith*: Religion, Terror, and the Future of Reason. New York: Free Press, 2004.

HAYDEN, B. Alliances and Ritual Ecstasy: Human Responses to Resource Stress. *Journal for the Scientific Study of Religion*, v26, p.81-91, 1987.

_____. Social Complexity. In: CUMMINGS, V.; JORDAN, P.; ZVELEBIL, M. (Coord.). *The Oxford Handbook of the Archaeology and Anthropology of Hunter-Gatherers*. Oxford: Oxford University Press, 2014. p.643-662.

_____. Was Le Placard Used by Secret Societies? In: DELAGE, C. (Coord.). *The Grotte du Placard at 150*. Oxford: Archeopress, 2019, p.186-97.

_____. Foragers or Feasters? Inequalities in the Upper Paleolithic. *Open Edition Journals*, p.36-49, 2020.

HAYWOOD, I.; Seed, J. *The Gordon Riots*: Politics, Culture and Insurrection in Late Eighteenth-Century Britain. Cambridge: Cambridge University Press, 2015.

HEFFER, S. *Like the Roman*: The Life of Enoch Powell. London: Weidenfeld and Nicholson, 1998.

HERF, J. *The Jewish Enemy*: Nazi Propaganda during World War II and the Holocaust. Cambridge, Mass.: Harvard University Press, 2006.

HERSCH, S. M. *Cover-Up*: The Army's Secret Investigation of the Massacre at My Lai 4. New York: Random House, 1972.

HEGEL, G. W. F. *Phenomenology of Spirit*. Trad. A. V. Miller. Oxford: Oxford University Press, [1807] 1977.

HETHERINGTON, M.; WEILER, J. *Prius or Pickup?* How the Answers to Four Simple Questions Explain America's Great Divide. Boston: Houghton Mifflin Harcourt, 2018.

HILLIS, N. D. *The Blot on the Kaiser's 'Scutcheon*. New York: Fleming H. Revell, 1918.

HITLER, A. *Mein Kampf*. Trad. J. V. Murphy. London: Hurst & Blackett, [1925] 1939.

HOBBES, T. *Leviathan*. Harmondsworth, Mddx.: Penguin, [1651] 1982.

HOLMES, A. F. (Coord.). *War and Christian Ethics*. 2.ed. Grand Rapids, Mich.: Baker Academic, 2005.

HOW MANY people have dementia in the UK? *Alzheimer's Society Blog*, 2021. Disponível em: https://www.alzheimers.org.uk/blog/how-many-people-have-dementia-uk.

HOWARD, M. *The Lessons of History*. New Haven: Yale University Press, 1991.

HRDY, S. B. *Mother Nature*: A History of Mothers, Infants, and Natural Selection. New York: Pantheon Books, 1999.

HUGHES, T. *Tom Brown at Oxford*. London: Macmillan, 1861.

HUME, D. *A Treatise of Human Nature*. Oxford: Oxford University Press, [1739-1740] 1978.

_____. A Natural History of Religion. *Hume on Religion*. Ed. R. Wollheim. London: Fontana, [1757] 1963. p. 31-98.

HUXLEY, T. H. *Evolution and Ethics with a New Introduction*. Ed. M. Ruse. Princeton: Princeton University Press, [1893] 2009.

JACKSON, M.; GRUSKY, D. B. A Post-Liberal Theory of Stratification. *The British Journal of Sociology*, v.69, p.1096-1133, 2018.

JARVENPA, R.; BRUMBACH, H. J. Hunter-Gatherer Gender and Identity. In: CUMMINGS, V.; JORDAN, P.; ZVELEBIL, M. (Co-ord.). *The Oxford Handbook of the Archaeology and Anthropology of Hunter-Gatherers.* Oxford: Oxford University Press, 2014. p.1243-1265.

JASPER, R. C. D. *George Bell, Bishop of Chichester.* Oxford: Oxford University Press, 1967.

JENKINS, P. *The Great and Holy War*: How World War I Became a Religious Crusade. New York: Harper One, 2014.

JOHANSON, D.; WONG, K. *Lucy's Legacy*: The Quest for Human Origins. New York: Crown, 2009.

JOHNSON, G. R. Kin Selection, Socialization, and Patriotism: An Integrating Theory. *Politics and the Life Sciences*, v.4, p.127-140, 1986.

JONES, E. *The Land Monopoly*: The Suffering and Demoralization Caused by It, and the Justice and Expediency of Its Abolition. London: Charles Fox, 1849.

JONES, H. *My Lai, Vietnam, 1968, and the Descent into Darkness.* Oxford: Oxford University Press, 2017.

KANT, I. *Foundations of the Metaphysics of Morals.* Indianapolis: Bobbs-Merrill, [1785]1959.

_____. *Perpetual Peace*: A Philosophical Sketch. Trad. M. Campbell Smith. London: Allen and Unwin, [1795]1903.

KEEGAN, J. *A History of Warfare.* New York: Vintage, 1993.

KELLOGG, V. L. *Headquarters Nights*: A Record of Conversations and Experiences at the Headquarters of the German Army in France and Belgium. Boston: Atlantic Monthly Press, 1917.

KELLY, R. *Warless Societies and the Origin of War.* Ann Arbor: University of Michigan, 2000.

_____. The Evolution of Lethal Intergroup Violence. *PNAS*, v.102, p.24-29, 2005.

KELSAY, J. *Arguing the Just War in Islam.* Cambridge, Mass.: Harvard University Press, 2007.

KERSHAW, I. *Hitler 1889-1936*: Hubris. New York: Norton, 1999.

KING, W. The Reputed Fossil Man of the Neanderthal. *Quarterly Journal of Science*, p.88-97, 1864.

KISHLANSKY, M. *A Monarchy Transformed*: Britain, 1603-1714. 6.ed. London: Penguin, 1997.

KISSEL, M.; KIM, N. C. The Emergence of Human Warfare: Current Perspectives. *American Journal of Physical Anthropology*, v.168, p.141-163, 2019.

KLEIN, E. Obama Explains How America Went from "Yes we can" to "MAGA." *New York Times*, 2021. Disponível em: https://www.nytimes.com/2021/06/01/opinion/ezra-klein-podcast-barack-obama.html.

KOONZ, C. *The Nazi Conscience*. Cambridge, Mass.: Belknap, 2003.

LAHR, M. M. et al. Inter-Group Violence among Early Holocene Hunter-Gatherers of West Turkana, Kenya. *Nature*, v.529, p.394-398, 2016a.

_____. Reply: Contesting the Massacre at Nataruk. *Nature*, n.539, p.E10-E11, 2016b.

LARSON, E. J. *Franklin & Washington*: The Founding Partnership. New York: William Morrow, 2020.

LEACHMAN, C.-E. "It's a National Crisis": UK's Birth Rate is Falling Dramatically. *The Conversation*, 2019. Disponível em: https://theconversation.com/its-a-national-crisis-uks-birth-rate-is-falling-dramatically-121399.

LEARS, J. Orthodoxy of the Elites. *New York Review of Books*, v.68, n.1, p.8-11, 2021.

LEDREW, S. *The Evolution of Atheism*: The Politics of a Modern Movement. New York: Oxford University Press, 2016.

LEVAY, S. *Gay, Straight, and the Reason Why*: The Science of Sexual Orientation. Oxford: Oxford University Press, 2010.

LIEBERMAN, D. E. *The Story of the Human Body*: Evolution, Health, and Disease. New York: Vintage, 2013.

LIVINGSTONE SMITH, D. *The Most Dangerous Animal*: Human Nature and the Origins of War. New York: St. Martin's Press, 2007.

_____. *Less Than Human*: Why We Demean, Enslave, and Exterminate Others. New York: St Martin's Griffin, 2011.

LODGE, D. *How Far Can You Go?* London: Secker and Warburg, 1980.

LORENZ, K. *On Aggression*. London: Methuen, 1966.

LOVEJOY, A. O. The Supposed Primitivism of Rousseau's *Discourse on Inequality*. *Modern Philology*, v.21, p.165-186, 1923.

LOWENSTEIN, S. M. Jewish Intermarriage and Conversion in Germany and Austria. *Modern Judaism*, v.25, p.23-61, 2005.

LUTHER, M. *Luther's Works*. Ed. J. Pelikan et al. (Coord.). Saint Louis: Concordia Publishing House, 1955-.

MACMILLAN, M. *Paris 1919*: Six Months That Changed the World. New York: Random House, 2002.

_____. *The War that Ended Peace*: The Road to 1914. New York: Random House, 2014.

MALTHUS, T. R. *An Essay on the Principle of Population*. 6.ed. London: Everyman, [1826]1914.

MARCUS, G. *The Birth of the Mind*. New York: Basic Books, 2004.

MARCUS, L.; Mueller, J.; Rose, M. (Coord.). *Elizabeth I*: Collected Works. Chicago: University of Chicago Press, 2002.

MARLOWE, F. *The Hadza Hunter-Gatherers of Tanzania*. Berkeley: University of California Press, 2010.

MARRIN, A. *The Last Crusade*: The Church of England in the First World War. Durham, N.C.: Duke University Press, 1974.

MAYNARD, J. *Bennett and the Pathfinders*. Tintern: Arms and Armour, 1996.

MEAGHER, R. E. *Killing from the Inside Out*: Moral Injury and Just War. Eugene, Ore.: Cascade, 2014.

MELLEN, R. Regarding Same-Sex Unions, Pope Francis Must Navigate a Divided Church. *Washington Post*, 16 mar. 2021. Disponível em: https://www.washingtonpost.com/world/2021/03/16/catholic-opinion-gay-marriage-pope-francis/.

MIDDLETON, R. *War of American Independence 1775-1783*. London: Routledge, 2011.

MILAM, E. L. *Creatures of Cain*: The Hunt for Human Nature in Cold War America. Princeton, N.J.: Princeton University Press, 2019.

MILL, J. S. *Principles of Political Economy*. London: Longmans, Green, Reader and Dyer, [1848]1871.

MIVART, S. G. J. [Review] Researches into the Early History of Mankind [etc.]. *Quarterly Review*, n.137, p.40-77, 1874.

MILL, J. S. Utilitarianism. Ed. J. Bennett, [1863]2008. Disponível em: http://www.earlymoderntexts.com/assets/pdfs/mill1863.pdf.

MONTGOMERY, L. M. *Rilla of Ingleside*. Toronto: McCelland and Stewart, 1921.

MORISON, I. *A Journey through the Universe*. Cambridge: Cambridge University Press, 2014.

MOZLEY, J. B. *War*: A Sermon Preached before the University of Oxford. London: Longman's, Green, 1871.

NEVELS, C. S. *Lynching to Belong*: Claiming Whiteness through Racial Violence. College Station: Texas A & M University Press, 2007.

NEWBORN, J. *Sophie Scholl and the White Rose*. Oxford: Oneworld Publications, 2006.

NEWSON, L.; RICHERSON, P. J. *The Story of Us*: A New Look at Human Evolution. Oxford: Oxford University Press, 2021.

NIEBUHR, R. Moral Man and Immoral Society. In: _____. *Major Works on Religion and Politics*. New York: Library of America, [1932]2015. p.135-350.

_____. The Bombing of Germany. In: _____. *Major Works on Religion and Politics*. New York: The Library of America, 2015. p.654-655.

NIEMAN, S. *Learning from the Germans*: Race and the Memory of Evil. New York: Farrar, Straus and Giroux, 2019.

NIETZSCHE, F. *On the Genealogy of Morality*. Ed. K. Ansell-Pearson. Cambridge: Cambridge University Press, [1887]2006.

NUSSBAUM, M. C. *Frontiers of Justice*: Disability, Nationality, Species Membership (The Tanner Lectures on Human Values). Cambridge, Mass.: Belknap Press, 2006.

O'BRIEN, W. V. Desert Storm: A just war analysis. *St. John's Law Review*, v.66, p.797-823, 1992.

PAGANO, A. S.; MIRQUEZ, S.; LAITMAN, J. T. Reconstructing the Neanderthal Eustachian Tube: New Insights on Disease Susceptibility, Fitness Cost, and Extinction. *The Anatomical Record*, n.32, p.2109-2125, 2019.

PEOPLES, H. C.; DUDA, P.; MARLOWE, F. W. Hunter-Gatherers and the Origins of Religion. *Human Nature*, n.27, p.261-282, 2016.

PERLMUTTER, P. *Divided We Fall*: A History of Ethnic, Religious, and Racial Prejudice in America. Ames: Iowa State Press, 1992.

PINKER, S. *The Better Angels of Our Nature*: Why Violence Has Declined. New York: Viking, 2011.

PLATO. *Plato: Complete Works*. Ed. J. M. Cooper. Indianapolis: Hackett, 1997.

POTTS, M. In the Land of Self-Defeat. *New York Times*, 4 out. 2019. Disponível em: https://www.nytimes.com/2019/10/04/opinion/sunday/trump-arkansas.html.

POWELL, E. *Freedom and Reality*. Kingswood: Elliot Right Way Books, 1969.

RAWLS, J. *A Theory of Justice*. Cambridge, MA: Harvard University Press, 1971.

REICH, D. *Who We Are and How We Got Here Ancient DNA and the New Science of the Human Race*. New York: Pantheon, 2018.

ROBBINS, J. Black Killings Reveal Unwelcome Racial Truth about America. *Boston Herald*, 31 ago. 2020.

ROBERTS, S.; RIZZO, M. The Psychology of American Racism. *OSF Preprints*, 2020. Disponível em: https://doi.org/10.31219/osf.io/w2h73.

ROGERS, T. Welcome to Germany. *New York Review of Books*, v.68, n.7, p.29-31, 2021. ROSENBERG, N. A. et al.. Genetic Structure of Human Populations. *Science*, n.298, p.2381-2385, 2002.

ROUSSEAU, J.-J. The Social Contract. In: _____. *Selected Political Writings*. Trad. G. D. H. Cole. Las Vegas: Independently Published, [1762]2020, p.3-83.

_____. Discourse on Inequality, 1755. Disponível em: https://www.aub.edu.lb/fas/ cvsp/Documents/DiscourseonInequality.pdf879500092.pdf.

RULE, J. B. *Theories of Civil Violence*. Berkeley: University of California Press, 1988.

RUSE, M. *Atheism*: What Everyone Needs to Know. Oxford: Oxford University Press, 2015.

_____. *A Meaning to Life*. Oxford: Oxford University Press, 2019.

SANDEL, M. Disdain for the Less Educated is the Last Acceptable Prejudice: It's Having a Corrosive Effect on American Life – and Hurting the Democratic Party. *New York Times*, 2 set. 2020a. Disponível em: https://www.nytimes.com/2020/09/02/opinion/education-prejudice.html.

_____. *The Tyranny of Merit*: What's Become of the Common Good? New York: Farrar, Straus and Giroux, 2020b.

SAUSSURE, C. de. *A Foreign View of England in the Reigns of George I & II*: The Letters of Monsieur César de Saussure to his Family. Trad. M. Van Muyden. London: John Murray, 1902.

SCHAEPDRIJVER, S. de. The German Atrocities of 1914. *British Library*: World War One. 2014. Disponível em: https://www.bl.uk/world-war-one/articles/civilian-atrocities-german-1914.

SCOTT, E. Trump's Most Insulting – and Violent – Language is Often Reserved for Immigrants. *Washington Post*, 2 out. 2019. Disponível em: https://www.washingtonpost.com/politics/2019/10/02/trumps-most-insulting-violent-language-is-often-reserved-immigrants/.

SELOUS, E. An Observational Diary of the Habits – Mostly Domestic – of the Great Crested Grebe (*Podicipes cristatus*). Continued as: An Observational Diary of the Habits – Mostly Domestic – of the Great Crested Grebe (*Podicipes cristatus*), and of the Peewit (*Vanellus vulgaris*), with Some General Remarks. *Zoologist*, v.5, p.161-183; p.339-350; p.454-462; v.6, p.133-144, 1901-1902.

SINGER, P. Famine, Affluence and Morality. *Philosophy and Public Affairs*, v.1, p.229-243, 1972.

SHEPHERD, R. *Ian Macleod*. London: Hutchinson, 1994.

SMITH, A. *The Wealth of Nations*. New York: Modern Library, [1776]1937.

SMITH, H. K. *Last Train from Berlin*. New York: Alfred A. Knopf, 1942.

SMITH H. M.; CHISZAR, D.; MONTANUCCI, R. R. Subspecies and Classification. *Herpetological Review*, n.28, p.13-16, 1997.

SOBOLEWSKA, M.; FORD, R. *Brexitland*. Cambridge: Cambridge University Press, 2020.

SOSIS, R.; ALCORTA, C. Signaling, Solidarity, and the Sacred: The Evolution of Religious Behavior. *Evolutionary Anthropology*, v.12, p.264-274, 2003.

SOSIS, R.; BRESSLER, E. Cooperation and Commune Longevity: A Test of the Costly Signaling Theory of Religion. *Cross-Cultural Research*, n.37, p.211-239, 2003.

SPENCER, H. On Ancestor Worship and Other Peculiar Beliefs. *Fortnightly Review*, n.13, p.535-550, 1870.

_____. *The Principles of Ethics*. London: Williams and Norgate, 1892.

STANLEY, J. *How Fascism Works*: The Politics of Us and Them. New York: Random House, 2018.

STAUB, E. *The Roots of Evil*: The Origins of Genocide and Other Group Violence. Cambridge: Cambridge University Press, 1992.

STOJANOWSKI, C. M. et al. Contesting the Massacre at Nataruk. *Nature*, n.539, p.E8-E11, 2016.

STRAFFORD, J. *Our Fight for Democracy*: The United Kingdom and the European Union. London: The Bruges Group, 2009.

SYAL, R. UK Inquiry Blames "Pervasive Racism" for Unequal Commemoration of Troops. *The Guardian*, 21 abr. 2021. Disponível em: https://www.theguardian.com/uk-news/2021/apr/21/uk-inquiry-blames-pervasive-racism-for-unequal-commemoration-of-black-and-asian-troops.

*Por que odiamos*

TEMPLETON, A. R. Biological Races in Humans. *Studies in the History and Philosophy of Biology and the Biomedical Sciences*, n.44, p.262-271, 2013.

TESTART, A. *Les chasseurs-cueilleurs ou l'Origine des inégalités*. Paris: Société d'Ethnographie, 1982.

THATCHER, M. *Downing Street Years*. New York: Harper Collins, 1993.

TOOBY, J.; Cosmides, L. Groups in Mind: The Conditional Roots of War and Morality. In: HOGH-OLESON, H. (Coord.). *Human Morality and Sociality*: Evolutionary and Comparative Perspectives. New York: Palgrave-Macmillan, 2010. p.191-234.

TOOZE, A. *The Wages of Destruction*: The Making and Breaking of the Nazi Economy. New York: Viking, 2007.

TRUMP, D. J. Transcript: Donald Trump's Taped Comments about Women. *New York Times*, 8 out. 2016. Disponível em: https://www.nytimes.com/2016/10/08/us/donald-trump-tape-transcript.html.

TUTTLE, R. H. *Apes and Human Evolution*. Cambridge, Mass.: Harvard University Press, 2014.

UNITED KINGDOM GOVERNMENT. *Equality Act*. National Archives, 2010. Disponível em: legislation.gov.uk.

UNITED STATES CONGRESS. *The Americans with Disabilities Act*. 42 U.S.C. §12101, 1990.

VON BERNHARDI, F. *Germany and the Next War*. London: Edward Arnold, 1912.

WALLER, J. *Becoming Evil*: How Ordinary People Commit Genocide and Mass Killing. Oxford: Oxford University Press, 2007.

WALZER, M. *Just and Unjust Wars*. New York: Basic Books, 1977.

WHEWELL, W. *The Philosophy of the Inductive Sciences*. London: Parker, 1840.

WHITE, F. J.; WALLER, M. T.; BOOSE, K. J. Evolution of Primate Peace. In: D. P. Fry (Coord.). *War, Peace, and Human Nature*: The Convergence of Evolutionary and Cultural Views. Oxford: Oxford University Press, 2013. p.389-405.

WILKERSON, I. *Caste*: The Origins of Our Discontents. New York: Random House, 2020.

WILSON, M. L. Chimpanzees, Warfare, and the Invention of Peace. In: D. P. Fry (Coord.). *War, Peace, and Human Nature*: The Convergence of Evolutionary and Cultural Views. Oxford: Oxford University Press, 2013. p.361-388.

WINDER, R. *Bloody Foreigners*: The Story of Immigration to Britain. London: Little Brown, 2004.

ZILHÃO, J. The Neanderthals: Evolution, Paleoecology, and Extinction. In: CUMMINGS, V.; JORDAN, P.; ZVELEBIL, M. (Coord.). *The Oxford Handbook of the Archaeology and Anthropology of Hunter-Gatherers.* Oxford: Oxford University Press, 2014. p.191-213.

SOBRE O LIVRO

*Formato*: 13,7 x 21 cm
*Mancha*: 23 x 44 paicas
*Tipologia*: Venetian 301 12,5/16
*Papel*: Off-white 80 g/m² (miolo)
Cartão Triplex 250 g/m² (capa)

1ª *edição Editora Unesp*: 2025

EQUIPE DE REALIZAÇÃO

*Edição de texto*
Pedro Magalhães Gomes (Copidesque)
Maísa Kawata (Revisão)

*Capa*
Negrito Editorial

*Editoração eletrônica*
Eduardo Seiji Seki

*Assistente de produção*
Erick Abreu

*Assistência editorial*
Alberto Bononi
Gabriel Joppert

Rua Xavier Curado, 388 • Ipiranga - SP • 04210 100
Tel.: (11) 2063 7000
rettec@rettec.com.br • www.rettec.com.br